A MIDDLE HIGH
GERMAN READER

A MIDDLE HIGH GERMAN READER

WITH GRAMMAR, NOTES AND GLOSSARY

BY

M. O'C. WALSHE, M.A.

READER IN GERMAN IN THE
UNIVERSITY OF LONDON

CLARENDON PRESS · OXFORD

Oxford University Press, Walton Street, Oxford OX2 6DP

Oxford New York Toronto
Delhi Bombay Calcutta Madras Karachi
Kuala Lumpur Singapore Hong Kong Tokyo
Nairobi Dar es Salaam Cape Town
Melbourne Auckland Madrid

and associated companies in
Berlin Ibadan

Oxford is a trade mark of Oxford University Press

Published in the United States
by Oxford University Press Inc., New York

ISBN 0–19–872082–3

10

Printed in Great Britain
on acid-free paper by
Biddles Ltd., Guildford and King's Lynn

PREFACE

THIS Reader is the lineal successor to the *Middle High German Primer* by Joseph Wright, which first appeared in 1888, and from 1949 onwards in the fourth and fifth, considerably revised, editions by myself. With the lapse of nearly a quarter of a century again, it has become clear that even those extensive revisions no longer suffice, and the book has had to be entirely rewritten and in fact, by receiving a new title, it has become a new book. Perhaps, however, it is a case of, in the old Pāli phrase, 'neither the same nor different' (*na ca so na c'añño*): the basic plan is still visible throughout the new structure, and even some of the texts are the same, though in revised form. I am happy that this should be so, because Joseph Wright was a very remarkable man. He had no proper schooling, and yet succeeded by his own efforts in overcoming this vast handicap to become a scholar of distinction. His *English Dialect Dictionary* is, of course, his most lasting memorial, but he was the author of many other works, including the well-known *Historical German Grammar* and the *Primers* of Old and Middle High German, as well as being the English translator of that great work of Indo-European philology, Brugmann's *Grundriß*.

I am particularly glad, too, to say that the excellent typographical layout which the publishers gave the *Primer* so long ago has also survived virtually unchanged into this new version. Many traces of Wright's original presentation are left, as well as rather more of my own earlier revisions of Wright. Nevertheless, there is not a single word in either the explanatory matter or the texts which has not been rigorously scrutinized. Much has been omitted and much added.

The aim of these changes is perhaps best indicated by the new title: the purpose of this book, as it now stands, is above all to provide an introduction to the *reading* of Middle High German literature of the classical period, as found in the available editions. The information given on the MHG *language* is entirely subordinated to that end: the book is therefore not intended as an aid to the study of MHG as a branch of linguistics. All the same, since the differences between MHG and the NHG standard language are both extensive and subtle (and full of traps for the unwary), the grammatical chapters, even in their revised form and with their limited objective, continue to occupy a substantial portion of the book. The chapter on vocabulary which follows is intended as an introduction to the study of meanings, with a selection of important words which need special attention; and it will be convenient to mention at the same time the Glossary. This contains, I hope, every word and form found in the texts which is likely to cause the student (who is assumed to have a reasonable knowledge of standard NHG!) any difficulty. It also contains a few words which do not happen to occur in the texts but which are of fairly common occurrence. The Glossary contains numerous internal cross-references as well as references to the grammar and notes wherever appropriate.

The extracts, while unavoidably far fewer and briefer than I could have wished, are, as far as they go, representative and central. They have not been slavishly copied from any printed edition, but revised to a greater or lesser extent, according to my judgement, on the basis of the recorded manuscript readings. I must confess that I have had some quiet fun in doing this, but I trust I will not therefore be regarded by colleagues as irresponsible: I have made no conjectures, brilliant or otherwise, and I think all the readings I have introduced are at least defensible. In any case, opinions are much divided on the question of what the ideal 'critical edition' of a text should look like, if indeed such a thing exists at all. And it may be that even sacred cows are occasionally the better for a respectful but well-aimed poke in the ribs. Teachers who dislike any of my readings can properly inveigh against them and profitably refer students to other editions.

I am grateful to Professor A. T. Hatto for permission to quote his renderings (which it would have been foolish to try to better) of one or two passages in the notes to the *Tristan* and *Nibelungen* extracts: and I would also like to thank Professor P. F. Ganz and Professor W. R. Schwarz for some helpful comments and suggestions.

Students working on their own are advised to proceed as follows; study the pronunciation (§§ 7–11), then skim quickly through the grammar, noting at first only the most important differences between the forms of MHG and those of NHG. In the syntax, it might be advisable to refer repeatedly to, for instance, §§ 64–7 in the early stages. The two preliminary passages A and B should be worked through with some care. With the basic skill so acquired it is a good idea then to read rapidly through some considerable portion of the other texts *before* settling down to the detailed study of any 'prescribed passages', and without, at this stage, stopping at every minor difficulty as long as the general sense is understood. It is also useful to acquire the habit of reading MHG verse *aloud*, paying due attention to pronunciation, scansion, and expression. This is a valuable aid to the appreciation of the texts as literature, the furtherance of which is the principal aim of this book.

M. O'C. W.

London
November 1972

CONTENTS

ABBREVIATIONS

ATB	Altdeutsche Textbibliothek
Bav.	Bavarian
Bibl.	Bibliographical Note
CG	Central German (Middle German, *mitteldeutsch*)
Dalby, *see* Bibl.	
DKM	Deutsche Klassiker des Mittelalters
ed.	edited (by), edition
Engl.	English
Fr.	French
HG	High German
Lat.	Latin
LG	Low German
MF	*Des Minnesangs Frühling* (see Bibl.)
mhd.	*mittelhochdeutsch*(*e*, -*es*, etc.)
MHG	Middle High German
NHG	New High German
OFr.	Old French
OHG	Old High German
OS	Old Saxon
p.p.	past participle
rep.	reprinted
SG	Sammlung Göschen
SM	Sammlung Metzler
UG	Upper German

Roman numerals I–VII refer to the extracts (but *sv. I–VII* to classes of strong verbs); A and B refer to the preliminary passages.

BIBLIOGRAPHICAL NOTE

ANY detailed account of the place of MHG within a wider context lies beyond the scope of this book; this subject is treated in the histories of the German language, too numerous to list here. A useful introduction is W. B. Lockwood, *An Informal History of the German Language*, 1965.

Of the more extended MHG grammars, the best-known is the *Mhd. Grammatik* of Hermann Paul (1st ed. 1881); the 20th ed., by Hugo Moser and Ingeborg Schröbler (1969), is largely a new work. The small *Mhd. Grammatik* of H. de Boor and R. Wisniewski (SG 1108), 3rd ed. 1963, is largely historical and ignores syntax. Of dictionaries, Benecke–Müller–Zarncke, *Mhd. Wörterbuch* (3 vols., 1854–66, rep. 1963) was a fine achievement for its time but is not alphabetical. M. Lexer's alphabetical index to it turned into a new work as *Mhd. Handwörterbuch* (3 vols., 1872–8). Based on this is Lexer's *Mhd. Taschenwörterbuch* (numerous editions). An important special dictionary is D. Dalby, *Lexicon of the Mediaeval German Hunt*, 1965.

Of literary histories covering the MHG period in detail, mention may be made of: H. Schneider, *Heldendichtung, Geistlichendichtung, Ritterdichtung*, 2nd ed. 1943. G. Ehrismann's monumental *Geschichte der deutschen Literatur bis zum Ausgang des Mittelalters* (4 vols., 1922–35, rep. 1959) remains indispensable for reference; the last two vols. cover the classical period and after. Of the many-volumed *Geschichte der deutschen Literatur*, ed. H. de Boor and R. Newald, vols. 2 and 3, i, by H. de Boor (both 1962) are relevant. Two works in English, both with full bibliographies, are M. O'C. Walshe, *Medieval German Literature: A Survey*, 1962, and P. B. Salmon, *Literature in Medieval Germany* (vol. i of *Introductions to German Literature*, ed. A. Closs), 1967.

Important editions, studies, and translations of authors and works represented in this *Reader* are as follows:

Hartmann von Aue: *Iwein*, ed. G. F. Benecke and K. Lachmann, 1827 (the classic edition), 7th ed. by L. Wolff, 2 vols., 1968;

also *Hartmann von Aue, Iwein. Text der 7. Ausgabe von G. F. Benecke, K. Lachmann und L. Wolff. Übersetzung und Anmerkungen von Thomas Cramer*, 1968. Of the various editions of Hartmann's other works (*Erec, Gregorius, Der arme Heinrich*), those in the ATB, revised by L. Wolff, are convenient. There are bilingual (MHG/NHG) editions of *Erec* by T. Cramer (Fischer, 1972) and *Gregorius* by B. Kippenberg (Reclam, 1963). Hugh Sacker's *An Introductory MHG Text. Hartmann von Aue's 'Der arme Heinrich' as printed by C. H. Myller. With Introduction, Grammar, Notes and Vocabulary*, 1964, is an interesting pedagogical experiment, being based on the 1784 ed. of a manuscript burnt in 1870. Cf. also H. Sparnaay, *Hartmann von Aue. Studien zu einer Biographie*, 2 vols., 1933–8, and P. Wapnewski, *Hartmann von Aue* (SM 17), 3rd ed., 1968, with extensive bibliography, like all SM vols.

Wolfram von Eschenbach: Complete works ed. K. Lachmann, 1833, 6th ed. by E. Hartl, 1926 (7th ed., *Parzival* only, 1952); *Parzival* and *Willehalm*, ed. A. Leitzmann (ATB), 1926 ff. *Parzival* and *Titurel*, ed. E. Martin, 2 vols., 1900–3 (with valuable commentary); ed. K. Bartsch (DKM), 1875, 4th ed. by Marta Marti, 3 vols., 1927–32 (with good linguistic notes). *Parzival* translated into English by H. M. Mustard and C. E. Passage, 1961; by A. T. Hatto (Penguin), 1974. The verse rendering by Jessie L. Weston (1894) is accurate but now, stylistically, a period piece. Bilingual (MHG/NHG) ed. of *Willehalm*, with commentary, by D. Kartschoke, 1968. Useful introductions are: Margaret F. Richey, *Studies of Wolfram von Eschenbach*, 1957, and Hugh Sacker, *An Introduction to Wolfram's 'Parzival'*, 1963. Further guidance in J. Bumke, *Wolfram von Eschenbach* (SM 36), 1964.

Gottfried von Strassburg: R. Bechstein's ed. in DKM (5th ed. 1930) is useful for its notes though superseded by the critical ed. by F. Ranke (1930, rep. 1949). The selection (based on Bechstein) ed. by A. Closs (3rd ed. 1958), is helpful. The fine English translation by A. T. Hatto (Penguin), 1960, has a valuable introduction and also includes the translation of the fragments of Thomas's poem. Further literature is listed in G. Weber, *Gottfried von Straßburg* (SM 15), 1962.

Nibelungenlied: K. Lachmann's ed., based on MS. A (see p. 145), 1826, 6th ed. 1961. K. Bartsch, *Der Nibelunge Not*, 3 vols., 1870–80, after B, small ed. in DKM, 13th ed. by H. de Boor, 1958. English translation with excellent commentary by A. T. Hatto (Penguin), 1965. The vast literature reviewed by G. Weber and W. Hoffmann, *Nibelungenlied* (SM 7), 1961. Cf. also Helmut Brackert, *Das Nibelungenlied. Mhd. Text und Übertragung*, 2 vols., 1970–1.

Heinrich von Morungen and Reinmar der Alte: These and all other lyric poets before Walther von der Vogelweide in K. Lachmann, *Des Minnesangs Frühling*, 1857, 30th ed. by C. von Kraus, 1950 (*MF*). Poems are quoted by page- and line-reference to the 1st edition (e.g. *MF* 137, 10). Cf. also M. Wehrli, *Deutsche Lyrik des Mittelalters. Auswahl mit Übersetzungen*, 2nd ed. 1962; O. L. Sayce, *Poets of the Minnesang. With Introduction, Notes and Glossary*, 1967. On the melodies cf. R. J. Taylor, *Die Melodien der weltlichen Lieder des Mittelalters* (SM 34–5), 2 vols., 1964. Separate eds.: C. von Kraus, *Heinrich von Morungen*, 1950 (with NHG translations); C. von Kraus, *Die Lieder Reimars des Alten*, 1918 (see also under Walther von der Vogelweide).

Walther von der Vogelweide: K. Lachmann, *Die Gedichte Walthers von der Vogelweide*, 1827, 12th ed. by C. von Kraus, 1959; also W. Wilmanns, 4th ed. by V. Michels, 1924; F. Maurer (ATB), 2 vols., 1960–2 (with melodies); partial eds. P. Wapnewski, *Walther von der Vogelweide. Mhd. Text und Übertragung*, 2nd ed., 1963; M. F. Richey, *Selected Poems by Walther von der Vogelweide*, 3rd ed. by H. Sacker, 1965. Further literature in K. H. Halbach, *Walther von der Vogelweide* (SM 40), 1965. Walther's poems are usually quoted (like those of MF) by page- and line-reference to Lachmann's first ed. (e.g. 46, 32).

Historical and Cultural Background: J. Bryce, *The Holy Roman Empire*, 1904; F. H. Bäuml, *Medieval Civilisation in Germany, 800–1273*, 1969. Also H. Naumann and G. Müller, *Höfische Kultur*, 1928, with, as a useful corrective, J. Bumke, *Studien zum Ritterbegriff im 12. und 13. Jahrhundert*, 1964.

Arthurian Epic and Chrétien de Troyes: There is a vast literature on both subjects, much of it unreliable. Recommended: K. O. Brogsitter, *Artusepik* (SM 38), 1964; S. Hofer, *Chrétien de Troyes*, 1954. Translations of Chrétien's *Erec* and *Yvain*, etc. (not *Perceval*) by W. Wistar Comfort (Everyman 698), 1914. German translation of *Perceval* by K. Sandkühler, 1957; English by R. W. Linker, Chapel Hill, N. C., 1952.

Note: The Arthurian legends are generally known best to English-speaking readers in a form derived from Malory and Tennyson, reflecting a stage of the tradition subsequent to Chrétien de Troyes, whose works are the main sources for the MHG versions.

INTRODUCTION

§ 1. The term 'Middle High German' (MHG) as used in this book calls for some explanation. It might have been termed 'Classical Middle High German', as being the (more or less) standardized language of the major classical writers in German literature of the decades round about the year 1200. More particularly, it refers to that language as presented, usually in a normalized form, in the standard editions of the works of those writers: a type of language which is artificial to a degree, though based on the usage of good manuscripts. It is in large measure the language displayed in Karl Lachmann's edition of the *Iwein* of Hartmann von Aue, first published in 1827. The orthographic conventions established there (as a guide to pronunciation), including the use of a circumflex accent to denote long vowels, though somewhat arbitrary, are so convenient that they have continued to be used by most scholars, with only minor variations, to this day.

> This is not the place to enter into any discussion of the pros and cons of adhering to this convention. Its widespread use in editions is the justification for its employment here. But an example of the practical utility of such a standardized system is the monumental edition of the German works of the great mystic Meister Eckhart, in course of publication by Josef Quint. The exact linguistic forms used by Eckhart himself are unknown, and the numerous manuscripts are in a wide variety of dialects, so that some form of standardization was a necessity. Here, Lachmann's system was the obvious choice, even although Eckhart lived about a century after the MHG classical period.

§ 2. The following notes will suffice to place 'Classical MHG' in its wider context.

In the first place, the qualifying terms 'Middle' and 'High', as applied to the particular form of German we are here concerned with, require some explanation. 'Middle' is here used in a temporal sense, to denote the medieval period, in the same way as we refer to the medieval period of English as 'Middle English'.

As will be explained immediately, in the case of German it is not sufficient to designate this medieval language as 'Middle German', and in fact this term (*mitteldeutsch*) is somewhat confusingly used by many scholars to denote not a temporal but a regional division of German. In addition, it has in recent years acquired a new, political connotation.

The term 'High German' (*hochdeutsch*) is today often used in the sense of the standard German language as opposed to regional, especially northern forms. Historically, however, it designates the dialects of the southern part of the German language area, from which the modern standard language is chiefly derived, as opposed to the 'Low German' dialects spoken in the north. The most striking difference between these two main types of German is in the consonantal system. Certain regular changes (known as the High German Consonant-Shift) took place in High German, which is thereby distinguished not only from Low German, but also from the other related languages of the Germanic family (English, Dutch, Frisian, and the Scandinavian languages, as well as the extinct Gothic).

It is beyond the scope of this book to give full details of these changes (which can be found in the reference books), but the following points may here be noted: Germanic initial **p** and **t**, as in Eng. **pound, ten**, appear in High German (HG) as **pf, z** (= **ts**): **Pfund, zehn**. After vowels, where (e.g.) English has **p, t, k**, HG has **ff, ß** or **ss**, and **ch**: Eng. **hope, foot, make**, HG **hoffen, Fuß, machen**. HG **t** (**tun**) likewise corresponds to Eng. **d** (**do**). The consonants of Low German (LG) and the other Germanic languages normally agree with those of English in all such cases.

§ 3. 'Middle High German' (MHG) therefore denotes the middle period of the High German language.

The earliest records of continuous writing in German date from *c.* 750.

Old High German (OHG) is the language from *c.* 750 till *c.* 1050.

The MHG period is variously regarded as lasting from *c.* 1050 till *c.* 1350 or, according to an older view, *c.* 1500.

The transitional period from *c.* 1350 (or *c.* 1500) to *c.* 1650 is termed Early New High German (ENHG), while New High German proper (NHG) is the language from *c.* 1650 to the present day.

The Classical MHG we are here concerned with belongs to the period between *c.* 1170 and *c.* 1250.

§ 4. In Classical MHG, dialect differences, though they exist, are relatively slight, and will not be treated in detail in this book. The main dialect areas (whose boundaries have been determined by modern surveys) are: (*a*) *Upper German* (UG), and (*b*) *Central* (or *Middle*) *German* (CG).

The term *Central German* is used here as being less ambiguous, though many writers prefer Middle German, based on the usual German term *mitteldeutsch* (cf. § 2, note).

(*a*) *Upper German* (UG). This embraces (i) **Alemannic,** including High Alemannic (in Switzerland) and Low Alemannic (South Baden, Swabia, Alsace, Vorarlberg), and (ii) **Bavarian–Austrian** (usually referred to simply as **Bavarian**), which extends over Bavaria east of the Lech and south-east of a line passing through Nürnberg and Bayreuth, as well as the whole of Austria (with German-speaking South Tyrol) except Vorarlberg.

(*b*) *Central German* (CG). This comprises (i) *West Central German*, i.e. the *Franconian* dialects (**East Franconian** in north-west Bavaria, **Rhenish Franconian** in the Rhineland, and **Middle Franconian** in the Moselle valley and along the Rhine to Düsseldorf), and (ii) *East Central German* (in Thuringia, Upper Saxony, and Silesia). Although the NHG standard language was largely evolved on the basis of East CG (the language of Martin Luther, among others), in the MHG period this dialect-group is relatively unimportant.

NOTE: *Low Franconian,* adjoining Middle Franconian on the Lower Rhine, is historically a branch of LG, but today forms the main basis of Dutch, which developed as a separate national language. Middle Dutch is a literary language akin to MHG.

Nearly all the major writers of the MHG classical period wrote in forms of UG. Exceptions are Wolfram von Eschenbach (whose dialect was East Franconian, that form of CG which most closely resembles UG), and Heinrich von Morungen (Thuringian).

§ 5. In a somewhat over-simplified, schematic form it may be said that early medieval literature (OHG and early MHG) is overwhelmingly religious in tone, the product of clerical writers who were indeed the only literate section of the community, whereas Classical MHG literature is distinguished by being the product of a sudden brilliant flowering of a secular culture, associated with the courts and the institution of chivalry. But clerical writers did not, of course, cease to write in this period, and there are also works of a distinctly religious character written by laymen. Finally, towards the end of the period, the citizen class in the rapidly developing towns also became literate, so that late MHG literature is largely 'burgher' (*bürgerlich*) in character.

The characteristic productions of the classical period (the so-called *mittelhochdeutsche Blütezeit*) thus express aristocratic, courtly, and chivalric ideals. The principal external influence, which is immensely important, comes from France: the major epic works are largely adaptations or imitations of French works, while in lyric poetry the cult of 'courtly love', with its roots in Provence, is the predominant theme. Accordingly, the classical MHG language is strongly influenced by French, and at this period many French words found their way into German for the first time. Not all of these early borrowings have, however, survived, as many such terms were too closely associated with the courtly and chivalric way of life to maintain themselves after its decay. The knights of Flanders (whose own language was a form of Middle Dutch: § 4, note) had come under especially strong French influence, and were thus much admired as models of chivalry. Hence it came about that a certain number of Flemish words also found their way into HG at this time. One example, which has survived into the modern language, is **Wappen** 'coat-of-arms' (MHG **wâpen** from Flemish), which exists side by side with the true HG form **Waffe** 'weapon' (MHG **wâfen**).

It may be noted that forms either identical with, or similar to, those of MHG have often survived in modern German dialects, though they have been lost in the standard language. In particular, the vowel sounds of Swiss German are to this day very similar to those of MHG. It was indeed partly this fact which in the eighteenth century led to the enthusiasm displayed for the newly rediscovered

MHG texts among Swiss scholars like J. J. Bodmer, at a time when German scholars showed little interest in such matters.

§ 6. As an introduction, a small specimen of MHG may be analysed:

Ayu

Ein[1] ritter sô[2] geléret was[3]
[dass] daz,[4] er an den buochen[5] las,[6]
[whatever] ——— swaz er dar an geschriben[7] vant.[8]
Er was Hartman genant:
dienstman[9] was er zOuwe.[10]
Serving knight

1. **ei** like **ay** in Eng. **day**. 2. Long vowels are marked with a circumflex accent. 3. cf. Eng. **was**; the **w** pronounced as in English. 4. Pronounce **z** like **s** (but see later, § 11 (vii)). 5. **uo** is a diphthong: **u** + **o**. 6. Short vowel: **lăs**. 7. Short vowel: **geschrĭben**. 8. **v** = **f**, as in NHG **vor**, etc. Thus the difference between MHG **vant** and NHG **fand** is purely one of spelling, *not* of pronunciation. MHG spelling was less regulated, but such conventions as existed were often different from those prevailing now. 9. **ie** is a diphthong as in NHG **Knie** (plural). 10. Note that **zOuwe** represents **z'Ouwe**, i.e. **ze Ouwe**: apostrophes are used very sparingly in standardized MHG; **ou** is a diphthong similar to southern English **ow** in **know**.

A very literal rendering into NHG would be: 'Ein Ritter war so gelehrt, daß er (alles) in den Büchern las, was er darin geschrieben fand. Er war Hartmann genannt: "Dienstmann" war er zu Aue.'

The position of the verb **was** at the end of line 1 is (in a main clause) irregular and due to poetic licence. The past tense of the verb 'to be' in MHG is **was**, plural **wâren**, with the same alternation of **s** and **r** which still exists in Eng. **was, were** (and Dutch **was, waren**). In NHG the forms have been 'levelled out' to **war, waren** (i.e. the **r** which originally belonged to the plural has been analogically introduced into the singular).

In line 2, MHG **daz** here corresponds to NHG **daß** (conjunction), but the same form also serves without distinction for the pronoun or article now spelt **das**. Some distinction of pronunciation was still made in 1200 between **z** and **s**, which later coalesced. The plural of MHG **buoch** was normally **buoch** like the singular, and similarly with the majority of neuter nouns.

In line 3, **swaz** (for earlier **sô waz** (**sô**)) denotes 'whatever' (§ 28). This and similar forms have not survived into NHG. The word **vant** presents for the beginner a minor problem of recognition: in MHG **v** is frequently written where NHG has **f** with no change of pronunciation (though in some common words, like **Vater, von,** etc., **v** is still written, anomalously). The infinitive is **vinden,** and the final -**t** of **vant** represents the pronunciation, then as now. In NHG **fand,** a final -**d** is written in order to conform with the **d** of **finden,** etc. The MHG spelling is here more accurate phonetically.

In line 5, **dienstman** obviously does not have the *meaning* of its formal NHG equivalent **Dienstmann;** it is in fact a technical term for 'serving knight' (§ 81). Hartmann was a knight in the service of the lords of Aue (**Ouwe**)—a place whose exact location is doubtful.

Scansion. The first four lines, with a masculine (monosyllabic) rhyme have *four* full stresses. The fifth line, with a feminine (disyllabic) rhyme, has *three* full stresses with a secondary stress on the final -**e** (**Ôuwè**). In all lines, an initial dip is optional: it occurs in lines 1 and 3 (**ein, swaz**). In line 4, **Hártmán** bears two stresses, with no intermediate dip. This is probably intentional, in order to emphasize the author's name. For further details of scansion, see §§ 101–5.

I

THE SOUNDS AND SPELLING OF MIDDLE HIGH GERMAN

§ 7. The actual pronunciation of MHG must naturally have varied, probably quite considerably, according to time and place, and doubtless also the social position of the speaker. Evidence from rhymes, modern dialects, borrowings from and into other languages, and some other considerations, enables us to guess with a high degree of probability, at least approximately, the correct phonetic interpretation of the extant texts. The pronunciation actually in general use today is, like the orthography (and the entirely modern punctuation!) of the printed editions, arbitrarily standardized to some extent, but is convenient for practical purposes.

A fairly elementary, but accurate and up-to-date account of *how* our conjectured pronunciation of MHG has been arrived at, and its limitations, is given in Wolfgang Herrlitz, *Historische Phonologie des Deutschen. Teil I: Vokalismus.* Tübingen, 1970.

VOWELS

§ 8. According to the usual convention, adopted here, most long vowels are marked by a circumflex accent (â, etc.),, though in some books a macron (ā) is used instead. In the case of mutated vowels, however, other ways of marking length are used.

We thus have the oppositions:

Short vowels:	a	e	i	o	u		ä	ö	ü
Long vowels:	â	ê	î	ô	û		æ	œ	iu

It should be particularly noted that the combination **iu** is *not a diphthong*, but denotes the long **ü**-sound. All the short vowels may be read like the short vowels of NHG, and the long vowels as their long equivalents. It is important to note that many MHG short vowels have now become long. The convention of marking long vowels is seldom, if ever, consistently observed in the manuscripts, but should be carefully noted as the distinction is phonemic, i.e. relevant to meaning (e.g. **sin**, *sense*, NHG **Sinn**, but **sîn**, *his*, etc., NHG **sein**).

NOTE: A distinction is made in grammars and dictionaries between two qualities of short **e** (denoted **e** and **ë** respectively). The details of this variation are extremely complex and of little practical importance for reading purposes, except in regard to a very few words noted in the glossary. It is assumed that **ë** had a more open pronunciation than **e**.

In addition to the full vowels listed above, MHG **e** in unstressed syllables was pronounced [ə] as in NHG **Zunge**.

Besides the simple vowels, the following diphthongs occur, pronounced as indicated: **ei, ie, ou, öu (eu, öi), üe, uo.**

ei = e+i or as Eng. **ay** in **day**	**stein**, *stone* ſtouͣn
ie = i+ə	**knie**, *knee*
ou = o+u or as Eng. **ow** in **know**	**ouge**, *eye* ow͡ɢe
öu (eu, öi) = ö+ü	**fröude (freude, fröide)**, *joy*
üe = ü+ə	**grüeʒen**, *greet.*
uo = u+o	**guot**, *good.*

NOTE ON **i**-MUTATION (*Umlaut*)

§ 9. An **i** or **j** which originally stood in a following syllable usually affected the pronunciation of certain vowels in late OHG or early MHG. Thus in early OHG the plural of **gast**, *guest*, was **gasti**, which later became **gesti** (MHG **geste**). Since the **i** of the ending is no longer preserved as such in MHG, the *cause* of the change is in this and most other cases obscured. But where the conditions for mutation were originally present, the following changes normally took place:

a > e (rarely ä)	ô > œ
o > ö	û > iu (= ǖ)
u > ü	ou > öu (eu, öi)
â > æ	uo > üe

This explains the occurrence of related words and forms with mutated and unmutated vowels side by side: **gast**, *guest*, pl. **geste**; **süeʒe**, *sweet* (OHG **suoʒi**) beside **suoʒe**, *sweetly* (OHG **suoʒo**).

Mutation was at first a purely phonetic phenomenon which came to be phonemic (lexically relevant); it then assumed a grammatical function, marking in MHG, and still more frequently in NHG, the plurals of many nouns, certain verbal forms, etc. The graphic indication of mutation in MHG manuscripts was very irregular, and sometimes non-existent. It has been standardized by modern scholars along with other orthographical features. In NHG, but not usually in MHG, the mutation form of a is shown as ä wherever its grammatical function is apparent (cf. NHG **Gäste**, MHG **geste**). The change here is of spelling convention rather than pronunciation. UG shows fewer cases of mutation than CG. This explains variations such as **brucke/brücke**, *bridge* (also exemplified in the difference between the Austrian (i.e. UG) place-name **Innsbruck** and the northern **Osnabrück**).

THE NHG EQUIVALENTS OF THE MHG VOWELS

§ 10. We have to distinguish clearly between *graphic* changes and *phonetic* changes. In some cases the spelling alone has changed, as MHG **geste**, NHG **Gäste**. In some other cases the pronunciation has changed, but *not* the spelling, as in **sagen, bieten**. In most cases, however, a change in pronunciation is reflected in the spelling.

Short Vowels. In 'open' syllables (i.e. those *ending* in a vowel), these usually become long. Thus MHG **sagen, leben, loben, tugent** were all pronounced with *short* vowels, whereas the NHG equivalents **sagen**, etc., have *long* vowels. In all these cases, the change of pronunciation is *not* indicated in the spelling. In the case of MHG short **i,** the lengthening in NHG is generally indicated by the spelling **ie** (cf. MHG **siges**, NHG **Sieges**).

The only common change of *quality* in short vowels is that of **u > o** and **ü > ö** before **m** or **n**: MHG **sumer**, NHG **Sommer;** MHG **künic (künec)**, NHG **König** (with lengthening in addition to change of quality).

Long Vowels and Diphthongs. Here, the changes were more considerable:

(i) The old diphthongs **ie, uo, üe** became the long vowels **ī** (usually still *written* ie), **ū, ǖ** (for examples, see table below).

(ii) The old long vowels **î, û, iu** coalesced with the old diphthongs **ei, ou, öu** to become the new diphthongs **ai** (usually still written **ei**), **au, oi** (written **eu, äu**). The development in the dialects was more complex, but this shows the results in standard NHG. For further details, historical grammars should be consulted.

The main differences between the vowels of MHG and NHG may be best remembered by the following examples:

(i) MHG **sǎgen, lěben;** NHG **sāgen, lēben.**

(ii)

	MHG		NHG		
liebe	**guot**	**güete**	**Liebe**	**gut**	**Güte**
mîn	**hûs**	**hiute**	**mein**	**Haus**	**heute** (also Häute)
stein	**boum**	**fröude**	**Stein**	**Baum**	**Freude.**

NOTE (i) Students should remember to read all vowels (except digraphs) not marked with a circumflex as *short*. This is important for the scansion of MHG verse.

(ii) A knowledge of these equivalents is an aid to lexical recognition. It can also enable mistakes to be avoided: thus MHG **hût** = NHG **Haut,** not **Hut,** which is MHG **huot.** And whereas MHG **hiute** will normally be equivalent to NHG **heute,** in some contexts (e.g. I, 465) it may turn out to represent **Häute.**

CONSONANTS

§ 11. Most MHG consonants may be pronounced as in NHG. The following points should be noted:

(i) **b d g; p t k.** Sometimes p is found for **b,** and t for **d : ich pin** for **ich bin, tump** beside NHG **dumm,** and conversely MHG **bâbes(t),** NHG **Papst.**

C sometimes alternates with **k,** especially before l or r, and in words of foreign origin: **crône** or **krône,** *crown.*

At the end of a word (or sometimes of a syllable), **b d g** are replaced by **p t c: lop,** *praise,* gen. **lobes; tôt,** *death,* gen. **tôdes; tac,** *day,* gen. **tages.** The NHG spelling convention has in such cases restored the original consonant-signs, though the pronunciation remains as in MHG (**Lob, Tod, Tag** after **Lobes, Todes, Tages**).

(ii) **ch** was probably always the so-called *ach-Laut,* having the same value [x] in **ich** etc. as in **ach.**

(iii) **h** between vowels was sounded, never being used merely as the sign of a long vowel: **se-hen.** At the end of a word it is replaced

by **ch**: **sehen**, past sing. **sach** (but plur. **sâhen**). Note that before
s and **t**, **h** represents **ch**: MHG **naht**, *night*, like NHG **Nacht**.
MHG **fuhs**, *fox*, should be read as [**fuxs**], not like NHG **Fuchs**
[**fuks**].

(iv) **v** was, as now, normally pronounced like **f**, and is found
written in many words which in NHG are spelt with **f**: **velt, vinden,
vallen** (NHG **Feld, finden, fallen**). Before **r, l**, and **u, v** alternates
with **f**: **vride** or **fride**, *peace*; **vuhs** or **fuhs**, *fox*.

(v) The sound of NHG **pf** was represented by **pf** or **ph**: **pfunt** or
phunt (NHG **Pfund**).

(vi) **w** was probably pronounced as in English.

(vii) **s, z, ȥ.** Though it is usual today to read MHG **s** like NHG
(voiceless) **s,** its exact pronunciation was probably between that of
NHG **s** and **sch. Sp** and **st** are read as in English, though in Aleman-
nic at least, the NHG pronunciation had already developed in MHG
times.

It is clear that the symbol **z,** as used in MHG manuscripts,
represents two distinct phonemes, though as their distribution
was almost completely complementary, confusion is rarely possible.
They are distinguished here and in other grammars (though *not*
in most editions) as **z** and **ȥ**. Z occurs normally initially and after
consonants, and is like NHG **z: zît**, NHG **Zeit; herze**, NHG
Herz. In editions which do not use a separate character for **ȥ, z**
should be taken to denote **ȥ** in nearly all cases after vowels, corre-
sponding normally to NHG **ß** or **ss**. The pronunciation of **ȥ** was
probably originally like a lisped **s** (MHG **vuoȥ, grôȥ**, NHG
Fuß, groß). The evidence of rhymes and spellings shows that the
sounds of **ȥ** and **s** had not coalesced before about 1250, after which
time they become increasingly confused.

MINOR CONSONANTAL CHANGES

§ 12. (i) Initial **j** became, or at least was written, **g** before a
following **i**: thus **jehen**, *assert* (past. sing. **jach**: § 11 (iii)) has pres.
sing. **gihe, gihest, gih(e)t**, plur. **jehen**, etc.

(ii) **w** in final position had disappeared in OHG. This explains
forms like **blâ**, *blue*, gen. **blâwes**. After **l** and **r**, MHG **w** became

b in NHG, hence MHG **gel**, *yellow*, gen. **gelwes;** NHG **gelb, gelbes** shows levelling out of forms.

(iii) Intervocalic **h** sometimes disappeared after a long vowel: **hân** for **hâhen**, *hang*; **vlên** beside **vlêhen**, *implore*.

(iv) **t** sometimes became **d** after nasals or **l** (rarely **r**): **nande** for **nante**, *named*; **halden** for **halten**, *hold*.

(v) MHG **mb** became **mm** in NHG: **kumber**, *distress*, NHG **Kummer**. In words of the type of **lamp**, gen. **lambes**, the modern language has analogically introduced the **mm** into the nom.: **Lamm, Lammes**. It is noteworthy that English *spelling* (but not pronunciation) retains **mb** in such words (**lamb**).

CONTRACTED FORMS

§ 13. Between vowels, **b d g** sometimes disappeared. When this happened, **-ibe-, -ide-, -ige-** became **-î-**: thus **gîst, gît** for **gibest, gibet**, *givest, gives*; **quît** (or **kît**) for **quidet**, *says*; **Sîvrit** for **Sigevrit**, *Siegfried*. Similarly, **-age-, -ege-** sometimes become **-ei-**; hence **seit** for **saget**, *says*; **leit** for **leget**, *lays*; **meit**, *maiden* (NHG archaic **Maid**) beside **maget** (NHG **Magd**); **gegen** or **gein** (sometimes **gên**), *against* (cf. NHG **gen** beside **gegen**).

LOSS OF UNSTRESSED e

§ 14. The loss of final **-e** is specially marked in UG: **name, nam**, *name*. Here, too, the **-e-** of the prefixes **be-, ge-** is usually dropped. In some cases the NHG forms are without the **-e-**: **blîben** beside **belîben**, NHG **bleiben; genâde** or **gnâde**, NHG **Gnade; gelouben** or **glouben**, NHG **glauben**.

In verse, unstressed final **-e** is normally elided before a following vowel: **dem volget sæld(e) und êre**.

For further details and other minor changes, compendious works such as Paul's *Mittelhochdeutsche Grammatik* should be consulted.

II

DECLENSION

§ 15. In MHG there are, in all three genders, two main types of declension (with variations), traditionally termed *Strong* and *Weak*. In NHG the weak declension as such survives only in masculine nouns.

I. MASCULINE NOUNS

§ 16. Paradigms: **tac,** *day*; **sê,** *sea, lake*; **hirte,** *shepherd*; **gast,** *stranger, guest*; **bote,** *messenger*.

		(a) Strong Declension				(b) Weak Declension
Sg. N	tac	sê	hirte	gast	bote
A	tac	sê	hirte	gast	boten
G	tages	sêwes	hirtes	gastes	boten
D	tage	sêwe	hirte	gaste	boten
Pl. NAG	tage	sêwe	hirte	geste	boten
D	tagen	sêwen	hirten	gesten	boten

NOTES: (1) In a few nouns like **sê,** the **w** which has disappeared in final position in the Nom. sing. (cf. § 12 (ii)), normally reappears in the oblique cases.

(2) As the presence or absence of mutation (§ 9) in the plural is the only difference between the types of **tac** and **gast,** many nouns formerly declined like **tac** came to have mutation in the plural by analogy: **hof,** *court*, pl. **hove** or **höve** (this word shows **f** in final position in the nom./acc. sing., and **v** in other cases, similarly to the alternation **tac/tages,** etc.: cf. § 11 (i), (iv)). The process has greatly increased in NHG, many nouns now mutating in the plural which did not do so in MHG.

(3) **Vater,** *father*, and **bruoder,** *brother*, often have gen. forms without **-s**: **des vater.** In the plural they mutate: **veter, brüeder. Man,** *man*, doubles the **-n** (gen. **mannes**), but is also found un-inflected throughout (**des man,** pl. **die man,** etc.), whence the uninflected form in NHG **zwanzig Mann,** etc.

(4) Nouns, whether strong or weak in MHG, which ended in **-e** have undergone some redistribution in NHG, largely according to whether they denote *animate beings* or *inanimate objects*. The weak class is now practically confined to *animates*, and some strong animates like **hirte** have now joined this class. Some MHG weak animates have now lost the final **-e**, as **grâve,** *count*, NHG **Graf.** Nouns denoting *inanimate objects*, whether originally strong or weak, have now frequently joined a new mixed declension unknown in MHG, as **fride** (gen. **frides**), *peace*, NHG **Friede(n),** gen. **Friedens,** other cases **Frieden;** or **Brunnen,** *fountain*, with fixed **-n** in the nom. sing. (MHG **brunne,** weak). MHG **site,** *custom*, is now fem. (NHG **Sitte**), while **Käse** (MHG **kæse**), *cheese*, alone among inanimates has retained the old declension like **hirte.**

(5) *Proper Names.* Names of persons ending in **-e** follow the weak declension: **Hagene,** acc., etc., **Hagenen.** Apart from this, masc. names of persons normally add **-en** in the acc., **-es** in the gen., and **-e** in the dat.: **Sîfrit,** acc. **Sîfriden,** gen. **Sîfrides,** dat. **Sîfride.** But sometimes **-e** is found in the acc. and **-en** in the dat., or the acc. and dat. are uninflected.

2. NEUTER NOUNS

§ 17. Paradigms: **wort,** *word*; **netze,** *net*; **knie,** *knee*; **blat,** *leaf*; **herze,** *heart*.

(a) Strong Declension

		wort	netze	knie	blat
Sg.	NA	wort	netze	knie	blat
	G	wortes	netzes	kniewes, knies	blates
	D	worte	netze	kniewe, knie	blate
Pl.	NA	wort	netze	kniewe, knie	bleter
	G	worte	netze	kniewe, knie	bleter
	D	worten	netzen	kniewen, knien	bletern

(b) Weak Declension

Sg.	NA	**herze**
	GD	**herzen**
Pl.	NAGD	**herzen**

NOTES: (1) Most neuter nouns in MHG have the nom. sing. and plur. alike, being chiefly distinguished in context by the article, etc. (**daz wort,** *the word*; **diu wort,** *the words*). In NHG the majority have adopted the distinctive **-er** plural (with mutation where possible) on the analogy of **blat,** etc. A few masc. nouns like **Mann, Geist,** etc., have joined this type in NHG. In the case of NHG **Wort,** the alternative plur. **Worte** (*'connected words'*) has developed beside **Wörter.** As in the case of masc. nouns, final **p t c** appear in MHG in alternation with **b d g: grap,** *grave,* gen. **grabes.** In **lamp,** gen. **lambes,** pl. **lember,** internal **-mb-** has regularly become **-mm-** (§ 12 (v)) and hence, analogically, a new nom. sing. **Lamm** has developed.

(2) The type of strong neuter nouns in **-e** with unchanged plural survives in NHG in collectives like **Gebirge**; others, like **netze,** have lost the final **-e** in the sing. but retained it as a distinguishing mark in the plural.

(3) The neuter *weak declension* in MHG contained only four nouns: **herze,** *heart*; **ôre,** *ear*; **ouge,** *eye*; **wange,** *cheek.* They sometimes have NA plur. **herze,** etc. In NHG, **Wange** is now fem., while **Herz** alone retains traces of the weak declension in the sing. (dat. **Herzen,** but gen. now **Herzens**); **Auge** and **Ohr** are weak in the plur. only. They have been joined by **Ende, Hemd, Bett.**

3. FEMININE NOUNS

§ 18. Paradigms: **gâbe,** *gift*; **zal,** *number*; **kraft,** *strength*; **zunge,** *tongue.*

(a) Strong Declension

		I		II
Sg.	NA	**gâbe**	**zal**	**kraft**
	GD	**gâbe**	**zal**	**krefte, kraft**
Pl.	NA	**gâbe**	**zal**	**krefte**
	G	**gâben**	**zaln**	**krefte**
	D	**gâben**	**zaln**	**kreften**

(b) Weak Declension

Sg. N	zunge
AGD	zungen
Pl. NAGD	zungen

NOTES: (1) There was some fluctuation in MHG itself between strong fem. nouns of Type I and weak nouns: **erde**, *earth*, gen./dat. **erde** or **erden**. NHG has combined the two classes by reserving the **-en** (**-n**) termination for the plural. In nouns of the type of **kraft**, the mutated forms in the gen./dat. sing. have been dropped, thus again achieving a clear distinction between sing. and plur. The bulk of fem. nouns in NHG are thus reduced to two types, of which I is by far the larger group:

	I	II
Sg. NAGD	Zunge	Kraft
Pl. NAG	Zungen	Kräfte
D	Zungen	Kräften

(2) *Proper Names*. Names of persons ending in **-e** are weak: **Uote,** acc., etc., **Uoten.** Fem. names of persons ending in a consonant generally add **-e** in the acc., gen., and dat.: **Kriemhilt,** acc., etc., **Kriemhilde.** Occasionally they remain uninflected.

APPENDIX: SUFFIXES

§ 19. The MHG forms corresponding to the NHG suffixes **-er, -ig** (nouns and adj.), **-heit/-keit, -in, -ung** are as follows:

(i) NHG **-er**: this suffix denoting the agent is originally in MHG **-ære: vischære,** *fisherman*; but the reduced form **-er** is also found: **vischer.** The form **rîtære** for **rîter, ritter,** *knight*, is very rare.

(ii) NHG **-ig** (nouns and, especially, adj.): beside **-ic** the reduced form **-ec** is common: **künic, künec,** *king,* **sælic, sælec,** *blessed* (inflected forms **küniges, -eges; sæliges, -eges,** etc.).

(iii) NHG **-heit/-keit**: the original form of this twin suffix is always **-heit,** which also exists as an independent noun **heit** (strong fem.), *nature, kind* (obsolescent in classical MHG). The form **-keit** developed from **-ic** (**-ec**) + **-heit**: e.g. **sælic-heit > sælikeit.** In

NHG the adjectival **-ig** was restored: **Seligkeit,** and the use of **-keit** for **-heit** was later extended to **Heiterkeit,** etc.

(iv) NHG **-in:** the MHG fem. suffix **-inne** had a reduced form **-in,** from which a form with a long vowel **-în** developed: thus we find **küneginne,** *queen,* beside **künegin, künegîn,** etc.

(v) NHG **-ung:** the fem. deverbal nouns end in MHG in **-unge** (strong): **handelunge.** There is also the strong masc. **-unc** in proper names such as **Nibelunc** (pl. **Nibelunge**).

ADJECTIVES

§ 20. (*a*) DECLENSION

MHG adjectives are declined *strong* or *weak* according to much the same rules as in NHG, but with less fixity of usage. Adjectives in the predicate have no ending, as in NHG. Example **guot,** *good.*

Strong Declension

| | Sing. | | | Plur. | |
	Masc.	Neut.	Fem.	Masc. Fem.	Neut.
N	guoter	guoteʒ	guotiu	guote	guotiu
A	guoten	guoteʒ	guote	guote	guotiu
G		guotes	guoter	guoter	
D		guotem(e)	guoter	guoten	

Weak Declension

| | Sing. | | | Plur. |
	Masc.	Fem.	Neut.	All Genders
N	guote		guote	guoten
A	guoten		guote	guoten
G		guoten		guoten
D		guoten		guoten

NOTES: (1) In the strong declension, the ending **-iu** is characteristic of the nom. (but *not* acc.) sing. fem., and the nom./acc. pl. neut. In **al,** *all,* and **ander,** *other, second,* this ending often causes mutation: **elliu, endriu (älliu, ändriu)** beside **alliu, andriu.**

(2) In the weak declension, the *only* difference from NHG is the acc. sing. fem., which should be specially noted: MHG **guoten,** NHG **gute.**

(3) Some adjectives which have lost a **-w** in the uninflected form show this in all other forms: **gel,** *yellow,* gen. **gelwes** (NHG **gelb, gelbes:** cf. § 12 (ii)).

§ 21. (*b*) FORMATION OF ADVERBS FROM ADJECTIVES

Adjectives not already ending in **-e** add **-e: eben,** *even, level*; **hôch,** *high*; adv. **ebene, hôhe** (§ 11 (iii)). The adverb corresponding to **guot,** *good,* is normally **wol.** Adjectives ending in **-e** with a mutated stem-vowel change this to the unmutated vowel: **schœne,** *beautiful*; **herte,** *hard*; **süeʒe,** *sweet*; adv. **schône, harte, suoʒe.** Some adjectives add **-lîche(n): flîʒec,** *diligent*: adv. **flîʒeclîche(n).**

§ 22. (*c*) COMPARISON OF ADJECTIVES AND ADVERBS

The comparative is formed with the ending **-er(e),** and the superlative with **-est(e).** Some adjectives mutate the stem-vowel in comparison (but with much fluctuation). In the comparative and superlative of adverbs there is normally no mutation:

Adjective	**lanc,** *long*	**lenger — lengest**
Adverb	**lange**	**langer — langest**

IRREGULAR FORMS

Adjectives

guot, *good*	**bezʒer — bezʒeste, beste**
übel, *bad*	**wirser — wirste**
lützel, *little*	**minner, minre — minnest, minste**
michel, *great*	**merre, mêrer — meiste**

Adverbs

wol, *well*	**baʒ — beste**
übele, *ill*	**wirs — wirsest, wirste**
lützel, *little*	**min, minner, minre — minnest, minste**
vil, *much*	**mê, mêre — meist(e)**
	ê, *formerly* — **êrest, êrste,** *first*

NUMERALS

§ 23. Ein, *one,* is the numeral, and also serves as the indefinite article. It is declined like an adjective: **einer, -iu, -eʒ.** Before nouns, the fem. nom. is **ein**. It can be used in the plural: **zeinen** (= **ze einen**) **pfingesten**, *one Whitsuntide*. In the sense of *only*, *alone*, **ein** is declined weak: **ich eine**, *I alone*; sometimes with the addition of **al**: **al eine**, **aleine**, *alone*. The ordinal is **êrste**, *first.*

Two is **zwêne** (m.), **zwô** (**zwuo**, **zwâ**) (f.), **zwei** (n.), with gen. and dat. for all three genders **zweier** (**zweiger**), **zwein**. The ordinal is **ander**, *second*.

> NOTE: The old fem. **zwo** survived into modern times, and then was officially introduced for use on the telephone to avoid confusion with **drei**.

Three is **drî(e)** (m.f.), **driu** (n.), with gen., dat. **drîer** (**drîger**), **drin** (**drîn**).

The other numerals up to 12 may be inflected, in which case they decline thus:

	Masc. Fem.		*Neut.*
NA	**viere**		**vieriu**
G		**vierer**	
D		**vieren**	

Of the other cardinal numerals, the mutated form **ehte** (**ähte**) beside **aht**, *eight*, should be noted, as well as the following forms: **einlif**, **eilif**, *eleven*; **zwelf**, *twelve*; **zweinzic** (**-zec**), *twenty*. 100 is **zehenzic** or **hundert**, and in multiples often **hunt** beside **hundert**.

Other numeral words are:

Anderhalp, *one and a half*, **drittehalp**, *two and a half*, etc.

Eines, *once*; **zwir**, **zwirunt**, **zwirent**, *twice*; **drîstunt**, *three times*, etc.; **drîer leie**, **drîer hande**, *of three kinds*, etc.

PRONOUNS

§ 24. I. PERSONAL

	1. Sing.	Plur.		2. Sing.	Plur.
N	**ich**	**wir**		**dû, du**	**ir**
A	**mich**	**uns (unsich)**		**dich**	**iuch**
G	**mîn**	**unser**		**dîn**	**iuwer**
D	**mir**	**uns**		**dir**	**iu**

	3. Sing.			3. Plur.
	Masc.	*Neut.*	*Fem.*	*All Genders*
N	er	eʒ (iʒ)	si, sî, sie, siu	si, sie (Neut. also siu)
A	in	eʒ (iʒ)	si, sie	si, sie (Neut. also siu)
G	sîn (es)	es (sîn)	ir(e)	ir(e)
D	im(e)		ir(e)	in

NOTES: (1) The forms **siu,** the masc. gen. **es,** and the gen./dat. forms **ire, ime** are uncommon. The acc. **unsich** is rare.

(2) **ir,** *you,* is the polite form of address (modelled on OFr. **vos**), and corresponds approximately to NHG **Sie.** In MHG the 3rd pl. pronoun **si** is never used for *you.*

(3) *Contracted forms.* Many contractions occur with the unstressed pronouns, as **ichʒ = ich eʒ; ichn, ine, in = ich ne** (*not*); **dun = du ne; hâstu = hâst du; eist, êst, est = eʒ ist; deiʒ = daʒ ez; deist, dêst, dês = daʒ ist** (and **deiswâr = daʒ ist wâr,** *truly*); **mohter = mohte er; baten = bat in; wirʒ = wir eʒ,** etc.

25. II. REFLEXIVE

The *only* forms of the reflexive pronoun are **sich** (acc.) and **sîn** (gen. masc., neut.), the remaining forms being supplied from the personal pronouns (asterisked) as shown:

	Sing.			Plur.
	Masc.	*Neut.*	*Fem.*	
A		sich		sich
G	sîn		*ir	*ir
D	*im		*ir	*in

§ 26. III. POSSESSIVE

Mîn, *my;* **dîn,** *thy;* **sîn,** *his, its* (dat. usually **mîme, dîme, sîme**); **unser,** *our;* **iuwer (iur),** *your,* are declined as strong adjectives. For *her, their,* the gen. (**ir**) of the personal pronoun is used, with or without the inflectional endings of **sîn,** etc. Thus **ir sunes** or **ires sunes,** *of her son.*

§ 27. IV. DEMONSTRATIVE

	Sing.			Plur.		
	Masc.	*Neut.*	*Fem*	*Masc.*	*Fem.*	*Neut.*
N	**der**	**daz**	**diu**	**die**		**diu**
A	**den**	**daz**	**die**	**die**		**diu**
G		**des**	**der**		**der**	
D		**dem(e)**	**der**		**den**	

This pronoun serves as *definite article, demonstrative,* and *relative* with no difference in declension.

NOTES: (1) **die** is often used for **diu.** In CG **die** occurs for **der** (nom.). After certain prepositions, an old 'instrumental' form **diu** is sometimes found for **dem** (neuter) (§ 54).

(2) The various cases are often combined with prepositions: **anme, am(e)** = **an dem; zem(e)** = **ze dem; ûfem** = **ûf dem; zer, zen** = **ze der, ze den,** etc.

This,	Sing.			Plur.		
Masc.		*Neut.*	*Fem.*	*Masc.*	*Fem.*	*Neut.*
N **dirre, diser**		**ditz(e), diz**	**disiu**	**dise**		**disiu**
A **disen**		**ditz(e), diz**	**dise**	**dise**		**disiu**
G	**dises**		**dirre, diser**	**dirre, diser**		
D	**disem(e)**		**dirre, diser**	**disen**		

§ 28. V. RELATIVE

Der, diu, daz (§ 27) function as relative pronouns with appropriate word order: **ein ritter der gelêret was.** Sometimes **dâ** is added: **der dâ,** etc. They can also mean *he who,* etc., or *if anyone*: **Der uns freude wider bræhte,** *if anyone were to . . .* **Sô** sometimes replaces the relative pronoun.

Indefinite relatives are **swer** (for **sô wer (sô)),** *whoever*; **swaz,** *whatever*; **swel(î)ch,** *whichever*; **sweder,** *whichever of the two* (cf. § 29). Cf. also the conjunction **swie** (§ 70), *however.*

§ 29. VI. INTERROGATIVE

	Masc. Fem.	*Neut.*
N	**wer,** *who*	**waʒ,** *what*
A	**wen**	**waʒ**
G	**wes**	
D	**wem(e)**	

A neuter 'instrumental' form **wiu** occurs after prepositions (cf. § 27, n. (i)). **Welîch, welch,** *which,* and **weder,** *which of two,* are declined as strong adjectives.

§ 30. VII. INDEFINITE AND NEGATIVE

(*a*) **einer, -iu, -eʒ,** *somebody, anybody;* **einic (-ec),** *any.*

(*b*) **dechein (dehein, dekein, kein,** also **nehein,** etc.), **-er, -iu, -eʒ** can be used both positively, *any,* and negatively, *no, not any:* **dehein man (kein man),** *any man, no man.*

(*c*) **man,** *one;* **ieman (iemen),** *somebody;* **nieman (niemen),** *nobody.*

(*d*) **ete(s)wer,** *somebody;* **ete(s)waʒ,** *something;* **ete(s)lîche, etslîche** (pl.), *some;* **sume, sumelîche,** *some.*

(*e*) **solîch, solch (sölch, sülch),** *such.*

(*f*) **iege(s)lîch,** *every;* **mannegelîch, manlîch, mänlîch,** *every man.*

(*g*) **deweder,** *either;* **ie(de)weder, ietweder,** *each (of two);* **neweder,** *neither.*

(*h*) **iht (iewiht, ieht),** *anything;* **niht (niewiht, niuwet, nieht),** *nothing.*

III

VERBS

I. STRONG VERBS

§ 31. These can be arranged in seven classes (§ 32) according to the vowel changes involved. A main difference from NHG is that in many cases the vowel in the pret. plural differs from that in the singular. Strong verbs are conjugated on the following model:

Infinitive **nemen,** *to take.*

		Present		*Preterite*	
		Indicative	Subjunctive	Indicative	Subjunctive
Sing.	1	**nime**	**neme**	**nam**	**næme**
	2	**nimes(t)**	**nemes(t)**	**næme**	**næmes(t)**
	3	**nimet**	**neme**	**nam**	**næme**
Plur.	1	**nemen**	**nemen**	**nâmen**	**næmen**
	2	**nemet**	**nemet**	**nâmet**	**næmet**
	3	**nement**	**nemen**	**nâmen**	**næmen**

Present participle **nemende**   *Past participle* **genomen**

'Gerund' (*inflected infinitive*)	*Imperative*
Gen. **nemen(n)es**	Sing. 2 **nim(e)**
Dat. **nemen(n)e**	Plur. 1 **neme(n)**
	2 **nemet**

NOTES: (i) In certain types of strong verb there is a difference in the vowel or diphthong in the present indic., sing. and plur. See §§ 35 ff.

(ii) The form of the 2nd sing. preterite indic. should be specially noted: it resembles the 1st and 3rd sing. pret. subjunctive. In the other 2nd sing. forms, the **-t** was originally the pronoun **du** used enclitically: **nimistu.** The normal MHG ending is **-est.**

(iii) Before **wir** the **-n** is sometimes dropped: **neme wir** =
nemen wir.

(iv) In normal MHG the 3rd pl. pres. indic. ends in **-ent,** and
in the other tenses the ending is **-en.** Alemannic texts often have
-ent in all cases, and also in the 2nd plur.

§ 32. CLASSIFICATION OF STRONG VERBS

Strong verbs are allocated to the following classes. For details
see §§ 35 ff.

	Infin.	Pres. sing.	Pret. sing.	Pret. plur.	Past part.
I.	**snîden,** *cut*	**snîde**	**sneit**	**sniten**	**gesniten**
	lîhen, *lend*	**lîhe**	**lêch** (§ 11 (iii))	**lihen**	**gelihen**
II.	**biegen,** *bend*	**biuge** (pl. **biegen**)	**bouc**	**bugen**	**gebogen**
	sieden, *boil*	**siude** (pl. **sieden**)	**sôt**	**suten**	**gesoten**
III.	**binden,** *bind*	**binde**	**bant**	**bunden**	**gebunden**
	helfen, *help*	**hilfe** (pl. **helfen**)	**half**	**hulfen**	**geholfen**
IV.	**nemen,** *take*	**nime** (pl. **nemen**)	**nam**	**nâmen**	**genomen**
V.	**geben,** *give*	**gibe** (pl. **geben**)	**gap**	**gâben**	**gegeben**
VI.	**graben,** *dig*	**grabe** (2, 3 gre-best, grebet)	**gruop**	**gruoben**	**gegraben**
VII.	**loufen,** *run*	**loufe**	**lief**	**liefen**	**geloufen**

§ 33. ALTERNATION OF CONSONANTS IN STRONG VERBS (*Verner's Law*)

In certain strong verbs, the final consonant of the stem is varied
in the pret. plural and the past participle. Thus **d** alternates with **t**
(cf. **snîden** above), **h** with **g** (as still in NHG **ziehen, gezogen**)
or **ng, s** with **r,** and **v** (**f**) with **b.** The incidence of this alternation
is irregular and it is often obscured by analogy. The explanation
lies in certain consonantal changes governed by Verner's Law, for
details of which historical grammars should be consulted. The term
'grammatical change' is sometimes used to denote these alternations.

§ 34. DEVELOPMENTS IN NHG

The principal change in NHG is that in all cases levelling of vowels
and, usually, consonants has taken place between the sing. and plur.
of the preterite (exception: the now obsolescent **ward** from **werden**

beside **wurde**). Some MHG strong verbs are now conjugated weak (the reverse is very rare). Some indications of these changes are given below.

§ 35. *Class I*

Pres. **î**, **i** and 3 pret. sing. **ei** (**ê** before **ch** and finally) [for 2 sing. pret. cf. § 31, note (ii)], pret. plur. and past part. **i**: **bîten**, *wait*, **beit, biten, gebiten.**

With alternation of consonants (§ 33):

snîden, *cut*	**sneit**	**sniten**	**gesniten**
dîhen, *thrive*	**dêch**	**digen**	**gedigen**[1]
rîsen, *fall*	**reis**	**rirn (risen)**	**gerirn (gerisen)**

and similarly **lîden**, *suffer*, **mîden**, *avoid*, **nîden**, *hate*, **lîhen**, *lend*, **zîhen**, *accuse*.

Schrîen, *cry*, and **spîwen**, *spew*, have various alternative forms:

schrîen	**schrê**	**schriuwen**	**geschriuwen**
	schrei	**schrûwen**	**geschrûwen**
		schrirn	**geschrirn**

In NHG, levelling in this class has occurred in favour of the pret. plur.: e.g.

schweigen schwieg schwiegen geschwiegen

§ 36. *Class II*

Pres. **ie** (but pres. sing. **iu**), pret. sing. **ou** (but before certain consonants **ô**), pret. plur. **u**, past part. **o**: **biegen**, *bend*, **bouc, bugen, gebogen** and similarly **liegen**, *lie* (*tell falsehood*), **triegen**, *deceive*.

With alternation of consonants:

sieden, *boil*	**sôt**	**suten**	**gesoten**
ziehen, *draw*	**zôch**	**zugen**	**gezogen**
kiesen, *choose*	**kôs**	**kur(e)n**	**gekor(e)n**

---

[1] Hence NHG **gediegen**, adj., as opposed to p.p. **gediehen** with levelling.

Irregular verbs of this class are:

(*a*) **bliuwen**, *strike*, **briuwen**, *brew*, **kiuwen**, *chew*, **riuwen**, *grieve* (trans.):

bliuwen	**bliuwe**	**blou**	**blûwen**	**geblûwen**
			bliuwen	**gebliuwen**
			blouwen	**geblouwen**

(*b*) **lûchen**, *shut*, **sûfen**, *swallow*, **sûgen**, *suck*:

lûchen lûche louch luchen gelochen

In NHG, levelling in this class has occurred in favour of the past part., e.g.

biegen bog bogen gebogen

§ 37. *Class III*

(a) pres. **i**, pret. sing. **a**, pret. pl. and p.p. **u** (before *nasal +* consonant or double nasal): **binden**, *bind*, **bant, bunden, gebunden.**

Similarly **rinnen**, *flow*, **brinnen**, *burn* (intrans.), **vinden**, *find* (p.p. **funden**), **beginnen**, *begin* (pret. sg. also **begunde, begonde, begonste**, pl. **begunden**).

(*b*) pres. **e**, pret. sing. **a**, pret. pl. **u**, p.p. **o** (before **l, r** + consonant, or double **l, r**): **bergen**, *hide*, **birge, barc, burgen, geborgen.**

In NHG, levelling has occurred in favour of the pret. sing.: **binden, band, banden, gebunden.** Verbs with **mm, nn** in NHG have **o** in the p.p.: **geschwommen, geronnen.**

§ 38. *Classes IV and V*

Pres. **e** (sing. **i**), pret. sing. **a**, plur. **â**, p.p. **o** (IV) or **e** (V):

IV	**nemen,** *take*	**nime**	**nam**	**nâmen**	**genomen**
V	**geben,** *give*	**gibe**	**gap**	**gâben**	**gegeben**

Komen, *come* (OHG **queman**) belongs to Class IV but has variant forms:

komen	**kume**	**kam**	**kâmen**	**komen**
		kom	**kômen**	
		quam	**quâmen**	

Bit(t)en, *pray,* **ligen,** *lie (prone),* and **sitzen,** *sit* **(saʒ, sâʒen, geseʒʒen)** belong to Class V.

§ 39. *Class VI*

Pres. **a** (2 and 3 sing. **e**), pret. sing. and pl. **uo,** p.p. **a: graben,** *dig,* **gruop, gruoben, gegraben.**
With consonantal change (extended to pret. sing.):

> **slahen (slân),** *strike* **sluoc** **sluogen** **geslagen**

and similarly **twahen,** *wash.*
With irregular present: **stân, stên,** *stand* **(stuont,** etc.) (§ 47), **heben (heven),** *raise,* **entseben,** *perceive,* **swern,** *swear,* **gewähenen,** *mention* **(gewuoc, gewagen).**

Schepfen, *create,* **schuof, schuofen, geschaffen** has also a 'regular' infin. **schaffen.** From its MHG forms are derived NHG **schöpfen** (weak) and **schaffen** (strong and weak) with various distinctions of meaning.

§ 40. *Class VII*

Various vowels in the present, **ie** in pret. sing. and plur., and the present vowel in past part: **bannen,** *excommunicate,* **bien, bienen, gebannen; loufen,** *run,* **lief, liefen, geloufen,** and similarly **slâfen,** *sleep,* **spalten,** *split,* **scheiden,** *part,* etc.
With consonantal change:

hâhen (hân), *hang*	**hie(nc)**	**hiengen**	**gehangen**	§ 49
vâhen (vân), *catch*	**vie(nc)**	**viengen**	**gevangen**	

For **gân, gên,** *go,* and **lâʒen, lân,** *leave,* see §§ 47, 49.

II. WEAK VERBS

§ 41. Weak verbs are all conjugated alike, but they fall into two classes. In Class I the stem vowel is retained throughout, while in Class II there is a mutated vowel in the present which appears in unmutated form in the past tense and, usually, in the past participle.

§ 42. Conjugation of a weak verb: **loben,** *praise* (Class I)

Present

		Indic.	Subj.	Imper.
Sing.	1	**lobe**	**lobe**	
	2	**lobes(t)**	**lobes(t)**	**lobe**
	3	**lobet**	**lobe**	
Plur.	1	**loben**	**loben**	**loben**
	2	**lobet**	**lobet**	**lobet**
	3	**lobent**	**loben**	

Preterite

Indic. and Subj.

Sing.	1	**lobete (lopte,** etc.)	*Infin.* **loben**
	2	**lobetes(t)**	
	3	**lobete**	*Pres. part.* **lobende**
Plur.	1	**lobeten**	*Past part.* **gelobet**
	2	**lobetet**	
	3	**lobeten**	

NOTE: The same variations in endings occur as in the strong verbs (§ 31, note).

Contracted forms (§ 13) occur in **legen,** *lay,* and **sagen,** *say:*

> 2 sing. pres. **leist, seist** beside **legest, sagest**
> 3 sing. pres. **leit, seit** beside **leget, saget**

Pret. **leite, seite** beside **legete, sagete;** p.p. **geleit, geseit** beside **geleget, gesaget.**

§ 43. In weak verbs of Class II there was originally an **i** or **j** in the infin. and present endings, but not in those of the past tense, with the result that certain verbs show a mutated vowel in the infin. and present beside the corresponding unmutated vowel (cf. § 9) in the preterite. The past part. has variant forms with both types of vowel:

nennen, *name*	**nante**	**genant (genennet)**
hœren, *hear*	**hôrte**	**gehôrt (gehœret)**
küssen, *kiss*	**kuste**	**gekust (geküsset)**
wænen, *imagine*	**wânte (wânde)**	**gewânt (gewænet)**

Setzen, *set, put* has pret. **satzte, saste, satte.**

NOTE: This class includes a number of factitives derived from the pret. stems of strong verbs: **senken, sancte,** *sink* (trans.), from **sinken, sanc,** *sink* (intr.); **verderben,** *destroy,* from **verdërben** (cf. § 8, note), **verdarp,** *perish.*

§ 44. Special attention should be paid to verbs with stem ending in **ck,** or in consonant + **k, g.** In these, **ht** often appears beside **ct:** **decken,** *cover,* **dahte** or **dacte,** and similarly **smecken,** *taste,* **drucken (drücken),** *press,* etc.

Note the loss of **n** with lengthened vowel in:

> **denken,** *think*   **dâhte**   **gedâht**
> **dünken, dunken,** *seem*   **dûhte**   **gedûht**

and the irregular verb

> **bringen,** *bring* **brâhte, brâht** (past part. without **ge-** : cf. § 60)

In NHG, widespread levelling has abolished nearly all of the above variations: **hören hörte gehört, decken deckte gedeckt,** etc. But verbs with stems in **-nn-, -nd-** still show the MHG variation: **kennen kannte gekannt,** while **denken** and **bringen** have merely shortened the vowel of the pret. and past part.

III. MINOR GROUPS

A. 'PRETERITE-PRESENTS'

§ 45. The present tense of these verbs is like a strong preterite (except for the 2 sing.). The preterite and the p.p. (where found) are weak. The group corresponds largely to the functional group of 'modal auxiliaries'. The form shown first is the 1 and 3 sing. pres. indic. The subj. is formed like the pl. and inf.: e.g. **wizze,** etc.

1. **weiz,** *know,* 2 sg. **weist,** pl. **wizzen,** &c., inf. **wizzen;** pret. **wisse, wesse (wiste, weste);** p.p. **gewist (gewest).**

2. **touc,** *am of use* (cf. NHG inf. **taugen**), no. 2 sg., pl. & inf. **tugen (tügen);** pret. **tohte** (subj. **töhte**). Often used impersonally.

3. **gan,** *grant* (cf. NHG inf. **gönnen**), pl. and inf. **gunnen**
(**günnen**); pret. **gunde (gonde)**; p.p. **gegunnen, gegunnet**
(**gegunst**); and similarly **erban,** *grudge*.

4. **kan,** *can,* pl. and inf. **kunnen (künnen)**; pret. **kunde (konde)**.

5. **darf,** *need,* pl. and inf. **durfen (dürfen)**; pret. **dorfte,** p.p.
bedorft.

6. **tar (getar),** *dare,* pl. and inf. **turren (türren)**; pret. **torste**
(cf. Eng. **durst**).

7. **sol (schol, sal),** *shall, ought,* pl. and inf. **suln (süln)**, pret.
solte (solde).

8. **mac,** *can, may,* 2 sg. **maht,** pl. and inf. **mugen (mügen,**
magen, megen); pret. **mohte** (subj. **möhte**).

9. **muoʒ,** *must,* 2 sg. **muost,** pl. and inf. **müeʒen;** pret. **muose,**
muoste (subj. **mües(t)e**).

With this group we may also associate:

10. **wil,** *want,* 2 sg. **wil(t),** pl. and inf. **wellen (wollen)**, pret.
wolte (wolde).

NOTES: (1) The original meanings of **darf** and **mac** are preserved
in the NHG compounds **bedürfen, vermögen.** (2) **kan** generally
denotes knowing how to do a thing (cf. French **savoir (faire)**),
while **mac** implies physical possibility (Fr. **pouvoir**); **mac,**
möhte does NOT in MHG have the sense of *like, would like* as in
NHG. (3) The subj. **müeʒe** + inf. often = *may* (expressing a wish:
NHG **möge**).

B. ANOMALOUS VERBS

§ 46. (1) **tuon,** *do*

		Present		Preterite	
		Indic.	Subj.	Indic.	Subj.
Sing.	1	**tuo(n)**	**tuo (tüeje,** etc.)	**tet(e)**	**tæte (tete)**
	2	**tuost**	**tuost**	**tæte**	**tætest**
	3	**tuot**	**tuo**	**tet(e)**	**tæte**
Plur.		**tuon,** etc.	**tuon,** etc.	**tâten (teten),** etc.	**tæten,** etc.

Past part. **getân**

NOTE: The pret. forms **tet, teten** survived into the eighteenth century as **tät, täten: Die Augen täten ihm sinken,** Goethe.

§ 47. (2) gân, gên, *go*; stân, stên, *stand*

	Present		*Present*	
	Indic.	Subj.	Indic.	Subj.
Sing. 1	**gân, gên**	**gê (gâ, gange)**	**stâ(n), stê(n)**	**stâ, stê (stande)**
2	**gâst, gêst**	**gêst**	**stâst, stêst**	**stâst, etc.**
3	**gât, gêt**	**gê**	**stât, stêt**	**stâ, etc.**
Plur.	**gân, gên, etc.**	**gên, etc.**	**stân, stên**	**stân, etc.**
Imper.	**ganc, genc, gâ, gê**		**stant, stâ, stê**	

	Preterite		*Preterite*	
	Indic.	Subj.	Indic.	Subj.
Sing. 1, 3	**gienc, gie**	**gienge**	**stuont**	**stüende**
2	**gienge**	**giengest**	**stüende**	**stüendest**
Plur.	**giengen, etc.**	**giengen, etc.**	**stuonden, etc.**	**stüenden, etc.**
Past. part.	**(ge)gangen, gegân**		**gestanden, gestân**	

§ 48 (3) sîn, wesen, *be*

	Present		*Preterite*	
	Indic.	Subj.	Indic.	Subj.
Sing. 1	**bin**	**sî (sî(g)e), wese**	**was**	**wære**
2	**bist**	**sîst, etc.**	**wære**	**wærest**
3	**ist**	**sî, etc.**	**was**	**wære**
Plur. 1	**birn, sîn**	**sîn, etc.**	**wâren**	**wæren**
2	**birt, sît (sint)**	**sît, etc.**	**wâret**	**wæret**
3	**sint (sîn)**	**sîn, etc.**	**wâren**	**wæren**

Imper. sing. **wis, bis,** pl. **sît, weset**
Past part. **gewesen (geweset), gesîn**

NOTES: For the consonantal alternation **was, wâren** in the pret., cf. Eng. **was, were.** The past part. **gesîn** is typically Alemannic, and survives in Swiss German **gsi.**

C. CONTRACTED VERBS

§ 49. (1) **lân** = **lâʒen,** *leave, let*; **vân** = **vâhen,** *catch.*

In addition to the regular conjugation (Class VII), these verbs have the following contracted forms:

lân: pres. ind. **lân, lâst (læst), lât (læt), lân,** etc. (subj. rarely **lâ,** etc.) imper. **lâ, lât;** pret. sing. **lie, lieʒe, lie,** pl. always **lieʒen;** p.p. **gelân.**

vân: pret. sing. **vie, vienge, vie,** pl. always **viengen.**

Hâhen, *hang,* sometimes has contracted forms **hân, hie** like **vân.**

§ 50. (2) **haben, hân,** *have, hold, stop*:

Pres. indic.   **hân   hâst   hât**   Subj.   **habe   habest   habe**
            hân   hât   hânt   **haben   habet   haben**

(uncontracted forms in the indic., and contracted forms in the subj., are rare)

Pret. indic.   **hâte, hete (hæte, hiete), habete**
     subj.   **hæte, hete, hiete,** etc.
Past part.   **gehabet, gehapt, gehât**

The uncontracted forms are most frequently found in the sense of *hold, stop* (for this meaning cf. **halten** in both MHG and NHG).

IV

SYNTAX

CASES

§ 51. *Accusative.* Contrary to NHG usage, **helfen** usually takes an acc., and a double acc. occurs with **lêren,** *teach,* **(ver)heln,** *conceal,* and **verdagen** or **verswîgen,** *keep secret.* **Wern** (i.e. **wërn,** § 8 n.), *grant,* requires acc. of person and gen. of thing granted: **er werte in des,** *he granted him that.* The acc. is sometimes used where a preposition would be required in NHG: **sîne venje vallen,** *fall to one's prayers.* After **wol,** acc. or dat. is found: **wol mich,** *well to me,* but **sô wol dir wîp.**

§ 52. *Genitive.* This is much more widely used than in NHG. Its chief uses are:

(i) Possessive: **des küneges man,** *the king's vassal.*

(ii) Denoting material etc.: **ein brünne rôtes goldes,** *a breastplate of ruddy gold.*

(iii) Adverbial: **maneger hande (slahte, leie),** *in many ways;* **des tages,** *by day;* **des, wes,** *therefore, wherefore.*

(iv) Comparative: **dicker eines dûmen,** *thicker by a thumb's breadth.*

(v) With interrogative, indefinite, or negative pronouns: **waʒ mannes,** *what kind of a man;* **iht guotes,** *anything good;* **niht schœners,** *nothing more beautiful.* With **vil,** *much, many;* **wênig, lützel,** *few;* **genuoc,** *plenty,* and often with numerals: **vil volkes,** *many people;* **zweinzec starker man,** *twenty strong men.*

(vi) With many verbs: **râmen,** *aim at;* **sich vlîʒen,** *practise industriously,* and especially:

(a) Verbs denoting lack, need, refusal, deprivation etc.: **wünschen,** *wish for;* **erlâʒen,** *let off, free from;* **darben,** *lack;* **ânen,** *deprive of* (from **âne,** *without*); **sich abe tuon,** *get rid of;* **hindern,** *hinder;* **sûmen,** *delay* (trans.).

(b) Impersonal verbs: **des (ge)zimet mich,** *that suits (pleases)* *me*; **des verdriuʒet mich,** *I am tired of that, don't like it.*

(vii) Interjections often take a gen.: **owê des,** *alas for that.*

§ 53. *Dative.* **Ruofen,** *call,* **schirmen,** *protect,* take the dat. Note **einem wol (übel) sprechen,** *speak well (ill) of somebody.* Adverbial dative: **den worten, daʒ,** *on condition that.*

§ 54. *Instrumental.* The neuter instrumental forms **diu, wiu** (§§ 27, 29) are found with prepositions: **von diu,** *on that account;* also **diu gelîche,** *like that.*

PRONOUNS

§ 55. The polite form of address is **ir** (2nd person pl.) (§ 24 (iii)). **Sich** has no dative of its own (§ 25), and **im, ir,** pl. **in** are used instead: **daʒ vuorte er mit im,** *he carried it with him.* **Der** is sometimes pleonastic: **der brunne der was küele,** *the spring was cool.* But a pronoun is often omitted with change of subject: **dar vuorte si in bî der hant und sâʒen zuo einander,** *she led him there by the hand and (they) sat down together.*

PREPOSITIONS AND PREPOSITIONAL ADVERBS

§ 56. The following main differences from NHG prepositional usage should be noted:

(i) **durch** + acc., *through,* but also frequently *on account of, for the sake of:* **durch mich** or **durch mînen willen,** *for my sake;* **durch daʒ,** *on that account.*

(ii) **für (vür)** + acc. is normally local in meaning: *in front of, past,* where motion is implied, position at rest being denoted by **vor.** Thus **für daʒ hûs** = NHG **vor das Haus** (or **an dem Haus vorbei**), while **vor dem hûse** = NHG **vor dem Haus.** Note also **er gienc für den künec stân,** *he went and stood in front of the king.* **Für sich** = *straight ahead.*

(iii) **gegen, gein, gên (engegen)** + dat. (rarely acc.), *towards, opposite, in the direction of* (not normally *against*); sometimes = *with* (in comparisons).

(iv) **hinder** + acc., dat., *behind*; **hinder sich treten,** *step back.*

(v) **wider** + acc., dat., *towards, against*; **wider einen sprechen,** *speak to somebody.*

(vi) **zuo, ze** + dat., *to, at.* Sometimes doubled: **zuo ze; ze diu** (§ 27, n. (i)), *for that purpose.*

§ 57. Many prepositions are used as the adverbial complements of verbs: **ûȥ gân,** *go out,* etc. The adverbial form of **in** is **în** (NHG **ein**), and that of **mit** is **mite: în gân** = NHG **eingehen; mite gân** = NHG **mitgehen.** For use of these forms with **dâ,** etc., see § 69 and note.

VERBS

§ 58. *Number.* A singular verb is sometimes found with a plural subject: **dort kom geschûftet her drî rîter,** *three knights came galloping along.* In such cases the verb usually precedes the subject.

§ 59. *Tenses.* The present tense often has future meaning: **sô genise ich,** *then I shall be cured;* **daȥ ist schiere getân,** *that will soon be done.* Otherwise, futurity is expressed by **sol, wil, muoȥ:** **ich sol gân,** *I shall go.*

The present participle with **sîn** denotes continuous action: **daȥ er im bitende wese,** *that he may continually pray for him.*

NOTE: The use of **werden** to express the future occurs in late MHG, also at first with the present part.: **ich wirde sehende,** *I shall see,* and later with the infin., but this is a post-classical development.

In subordinate clauses, the preterite often has pluperf. meaning: **dô dû von ir schiede,** *when you had left her.*

§ 60. The prefix **ge-** can be added to almost any verb, sometimes with little obvious difference in meaning, but often giving it 'perfective' force, i.e. implying completion of the action: **sitzen,** *be seated,* **gesitzen,** *sit down,* etc. Some verbs whose meaning is already perfective form the p.p. without **ge-: brâht** (from **bringen**), **komen, worden.** Added to the present tense, **ge-** can give a future perfect meaning: **swenne iuwer sun gewahset,** *when your son has* (= *shall have*) *grown up.* With the preterite, it often has pluperf. force: **dô ich in gesach,** *when I had seen him.*

§ 61. *Subjunctive.* This is more widely used than in NHG. It occurs:

(i) after imperatives: **nû sehet wie genæme er ê der werlte wære,** *now see how pleasing he was to the world before.*

(ii) after generalizing indef. pronouns: **swer daz tuo,** *whoever does that.*

(iii) after comparatives; **und wirde werder danne ich sî,** *and I shall become worthier than I am.*

(iv) in wishes, **müeze** = NHG **möge** (§ 45, n. (iii)): **dîn sêle müeze wol gevarn,** *may your soul fare well.*

The pret. subj. is (unlike its formal equivalent in NHG) a true past tense: **gerne sliefe ich iemer dâ** (= NHG **gerne hätte ich immer da geschlafen**).

§ 62. *Passive.* The present and preterite passive are expressed by **werden: ich wirde gelobet,** *I am praised*; **ich wart gelobet,** *I was praised.* The corresponding perfect tenses are **ich bin (was) gelobet,** constructions like **ich bin gelobet worden** being very rare.

§ 63. *Position of the Verb.* The general rules are **as in NHG,** though in poetry they are not always observed for metrical reasons. The use of inversion to express *if* is more frequent in MHG than in NHG: **kan ich rehte schouwen,** *if I can rightly observe.*

The finite verb stands at (or near) the end of a subordinate clause as in NHG, but the auxiliary often precedes the participle: **die ich in der werlde hân erkant.**

The position of the verb shows whether the pronouns **der,** etc., or the particles **dâ, dô,** etc. (§ 69), are relative or not.

§ 64. *Negation.* The original negative particle is **ne.** This can appear attached to the verb as **en-,** or appended to the pronoun as

-n: **er ne tuot, er entuot, ern tuot,** *he does not*. **Ich ne** can appear as **in (i'n): ich enweiz, in weiz,** *I do not know*.

Normally, the verb so negated is followed by **niht** (cf. French **ne . . . pas): dô cnsprach or niht,** *thon he did not speak*. Since **niht** was originally a pronoun (= *nothing*, § 30 (h)), the object of a verb so negated is usually in the gen.; **des enweiz ich niht,** *I do not know that* (lit. *I know nothing of that*). In later MHG, **niht** alone suffices to negate the verb: **er ist niht,** *he is not*. Multiple negatives occur: **ichn gehôrte nie solches niht gesagen,** *I never heard tell of any such thing*.

Instead of the negative, words like **lützel, wênic, selten** are used with negative meaning: **lützel iemen,** *nobody*. The negative is also expressed by **(niht) ein hâr, ein brôt, ein strô,** etc.: **daz ist gar ein wint,** *that is a mere breath of wind* (*nothing at all*).

§ 65. In subordinate clauses **iht, ie, iemer, ieman, iender** often stand for the negatives **niht, nie, niemer, nieman, niender** (*nowhere*): **daz er sîner arbeit iht** (= **niht**) **âne lôn belîbe,** *that he may not remain without reward for his toil*.

§ 66. *Special uses of the negative particle* **en-.** An important special use of **en-** is with the subjunctive in the sense of *unless, except that*, etc.; **den lîp wil ich verliesen, si enwerde mîn wîp,** *I am willing to lose my life if she will not become my wife;* **ich wæne nieman in der werlte lebe, ern habe ein leit,** *I believe no one lives in the world who has not some sorrow*.

NOTE: from this construction arose the NHG **es sei denn, daß** (MHG **ez ensî denne, daz**).

§ 67. A similar construction occurs with verbs of negative sense implying preventing, refraining, and the like: **ich mac daz niht bewarn, mirn werde mîn ritterschaft benomen,** *I cannot prevent my knightly adventure being taken from me;* **mîn vrouwe sol iuch niht erlân, irn saget iuwer mære,** *my lady will not release you from telling your story*. (Cf. the Latin construction with **quin.**)

CONJUNCTIONS AND PARTICLES

§ 68. *Co-ordinating conjunctions.* Note especially:

Wande (want), wan, *for* (NHG **denn**): **wan ich wil iu gehôr-sam wesen,** *for I wish to be obedient to you.* This should not be confused with **wan,** *only, except, but*: **wan als in sîn herze lêret,** *except as his heart teaches him.* Sometimes only the context will show which is meant. Yet another **wan** (older form **wande ne, wanne**) means *why not?, if only!*: **wan wære dîn schœne mîn!,** *if only thy beauty were mine!*

Sô is often used to link sentences, even when they involve a contradiction. It must then be rendered *but, on the other hand,* etc. With subordinate order, **sô** means *as, when, since,* etc. (§ 70).

§ 69. **Dô** and **dâ** are both adverbial and relative; **dô** = *then, when*; **dâ** = *there, where.* In the relative sense, they require subordinate order (§ 70):

> **dô kom er,** *then he came*
> **dâ kom er,** *there he came*
> **dô er kom,** *when he came*
> **dâ er kom,** *where he came*

Similarly: **dar,** *thither*; **dannen (dan),** *thence*; **dar umbe,** *on that account*; **dâ mite,** *therewith* (NOT as in NHG *in order that*); **dâ bî,** *thereby,* etc. When used relatively, these require subordinate order (§ 70). To them correspond the interrogatives **wâ,** *where,* **war,** *whither* (NHG **wohin**), **wannen,** *whence* (NHG **woher**), **war umbe,** *why,* etc., and the indef. relatives **swâ,** *wherever,* etc. (cf. § 28).

NOTE: Forms like **dâ von, dâ bî,** etc., are often widely separated: **dâ muget ir alle schouwen wol ein wunder bî,** *thereby* (**dâ . . . bî**) *you can all witness a miracle.*

§ 70. *Subordinating conjunctions.* These require subordinate order: **dô,** *when* (past: NHG **als**); **dâ,** *where*; **swanne, swenne,** *whenever*; **sô,** *as, when*; **alsô, alse, als,** *as* (modal); **(al)sam,** *as, as if*; **daʒ,** *that*; **unz, biʒ,** *till, as long as*; **sît (sint),** *since* (which has

a comparative **sider,** *later*); **ê,** *before*; **nû,** *now that*; **ob,** *if*; **doch** +
subj., *although*: **doch ich ein leie wære,** *although I was a layman.*

§ 71. *Other particles*: **eht, et (oht, ot),** *nevertheless, as long as*;
joch, *yet, too*; **niuwan,** *only, except*; **halt,** *furthermore, indeed;* **jâ,**
indeed, yes, with pronoun **jâ ich,** *yes, I am* (*did,* etc.), similarly
nein eʒ, etc.

§ 72. *Interjections*: **â,** *ah,* added to imperatives, etc., for emphasis:
wîchâ herre wîche!, *give way, sir, give way!*; **ach; ahâ, ahî; hei;**
ô; owê, *alas*; **pfî,** *fie*; **wâfen!,** *to arms!, alas!, help!*; **zahî,** *hurrah!*

V

VOCABULARY

§ 73. Obviously, very many MHG words are immediately re-
cognizable from a knowledge of NHG, though they may have changed
to some extent in form, meaning, or both.

Changes of form are frequently in accordance with regular de-
velopments as outlined in §§ 10 ff. Knowledge of these soon enables
the student to recognize, e.g., MHG **mîn, sîn** as equivalent to NHG
mein, sein, MHG **hûs, liute** as representing NHG **Haus, Leute,**
and so on. It will be recognized too that, e.g., MHG **hût** is not equi-
valent to NHG **Hut** but to **Haut;** in fact NHG **der Hut** = MHG
der huot, while NHG **die Hut** = MHG **diu huote.** By observing
such points, the *approximate* meanings of a very large number of
MHG words can be established with little difficulty.

The real difficulty, in fact, arises precisely because in many such
cases the meaning of the MHG word is only *approximately* the same
as its NHG formal equivalent. Thus even in such a seemingly simple
case as that of MHG **guot,** it will be found that this can by no
means be automatically rendered by NHG **gut,** or indeed Eng. **good.**
The difference in such cases, which is often conditioned by the very
different social structures of the times, may be a matter of more or
less subtle shades, or it may be substantial.

In the case of **guot,** and of the corresponding noun **güete,** it
may be necessary to consider carefully the context in which it
occurs: whether, for instance, it refers to the 'goodness' of God, of
man, and so on. In the one case it may have connotations of 'holi-
ness', in the other, of 'nobility' (in terms of the chivalric and courtly
code), and the like. As has been well remarked, translation in such
cases inevitably involves some measure of interpretation. Some key
terms of the MHG vocabulary are discussed in the following para-
graphs.

§ 74. Medieval society was hierarchically stratified, and this is reflected in the language. This can be clearly seen in the case of words such as **herre, frouwe, man, wîp.** These cannot be automatically equated with their NHG reflex forms. **Herre (hêrre, hêr, her)** can often be rendered into English as *lord*. It can be applied to God, to a ruler, a member of the aristocracy or higher clergy. As a predicate it can stand before the name of a knight: **Her Hartman,** *Sir Hartmann.* The feminine equivalent is **frouwe.** In classical MHG this means (*noble*) *lady*, and should not be rendered *woman*, though after about 1300 this usage begins to come in. **Man** is the general term for *man*, irrespective of class, but is sometimes used for *vassal* (= **dienstman**). **Wîp,** similarly, is the general term for *woman*, and generically includes the concept of **frouwe.** It can also mean wife, and often has the sense of *married woman* as distinct from **maget,** *maiden, unmarried girl.* **Juncvrouwe** originally denotes a *young noble lady*, and later comes to replace **maget** in the sense of *virgin* (NHG **Jungfrau**).

§ 75. Some words are best understood in connection with their correlative opposites. Such are, for instance, **wirt** and **gast.** It is true that the renderings *host* and *guest* are often appropriate, but this represents a certain specialization of meaning. **Wirt** primarily means *lord of a territory, castle*, etc. **Gast** denotes the stranger within the domain of another (who is, therefore, the **wirt**). Such a stranger may be welcome or unwelcome, *guest* or *enemy*. This reflects the etymological connection of **gast** with Latin **hostis,** which incidentally also originally had the neutral connotation of *stranger*.

SOME WORDS REQUIRING SPECIAL ATTENTION

§ 76. Ar(e)beit f., *heavy toil, travail, distress.* Acquires a positive value as a means of pursuing **êre** (§ 85), salvation, etc. It is then contrasted with **gemach,** *ease* (cf. *Iwein* 76), which may incline one to sinful or dishonourable sloth.

§ 77. Art, m. (f.), *inborn nature, heredity.* The more general sense of NHG **Art** is found in MHG, but the former sense predominates.

§ 78. Âventiure f. (OFr. **avanture**). The literal meaning is *that which comes to one*, and the rendering *adventure* is often appropriate. In the romances, knights go on perilous and mysterious quests in search of **âventiure** (somewhat ironically defined in *Iwein* 527 ff.). The range of meanings is wide: *chance occurrence, good* (or *bad*) *fortune, combat*. Stress on its mysterious connotations leads to the sense of *magic power* (of precious stones and the like). It can also mean *tale of adventure*, hence *this story* or *its* (*French*) *source*. The thirty-nine chapters into which the *Nibelungenlied* is divided are called **âventiure.**

§ 79. Bœse adj., *worthless, base, of poor quality*; (of persons) *dishonourable, unworthy, vulgar, of low degree*. The modern meaning of *evil* is only marginally possible in MHG. The Eng. **base,** though not etymologically connected, is often a good rendering.

§ 80. Buoʒe f., lit. *betterment* (cognate with **baʒ, bezʒer**), hence *amendment, compensation; penance; punishment*. The short form **buoʒ** occurs in fixed phrases like **buoʒ tuon,** *free from, deprive of*.

§ 81. Dienest m. (gen. **dienstes**), *service*, esp. feudal service to an overlord; by transference, service of a lady in accordance with the conventions of courtly love. **Dienstman** m., *vassal*, performing services (military or otherwise) for an overlord, *serving knight* (Lat. **ministerialis**). Hence also applied to a knight performing love-service to a lady. Sometimes **man** alone is used for **dienstman.**

§ 82. Dinc n., orig. *assembly*, then *lawsuit, contract, affair*, and finally *thing* (concrete object). Often used periphrastically: **mit vreislîchen dingen** = **vreislîche,** *terribly*: cf. NHG **(nicht) mit rechten Dingen.**

§ 83. Ê f., *law*, etymologically connected with **ewig,** hence = *eternal law*, etc. **Kristen ê,** Christianity (the Christian dispensation); **diu alte (niuwe) ê,** *the Old* (*New*) *Testament*. The sense of *legal contract* became narrowed to that of the marriage contract in particular, while the form of this excessively short word was reinforced by making it disyllabic: NHG **Ehe.**

§ 84. Edel adj., orig. *of noble birth, aristocratic*; first used by mystics in sense of spiritual nobility (closeness to God); **diu edele sêle,** and analogically by Gottfried for his concept of the 'noble hearts' (**diu edelen herzen**) capable of grasping the message of *Tristan.* Also used of precious stones, etc. In sense of *aristocratic* now replaced by **adelig.**

§ 85. Êre f. The development of the meaning of this word is somewhat parallel to that of **edel.** The earlier meaning, still normal in MHG, is that of *outward respect,* 'honour' accorded to a person by convention, etc. The ethical sense of *honourable behaviour,* etc., comes slowly to the fore in the MHG classical period, and is strongly marked in Wolfram's works.

§ 86. Genâde, gnâde f., *grace, favour.* Primarily denotes benevolent inclination towards an inferior. Hence (1) the *grace* of God, *state of grace*; (2) *mercy, forgiveness*; (3) the *favour* of a ruler, etc., towards a subject; (4) a lady's *favour* (platonic or otherwise) to her lover. Further meanings are *friendship, comfort, bliss.* **Gnâde sagen, thank,** probably renders French **merci.** NHG has adopted the UG form which dropped the **e** in the prefix (§ 14).

§ 87. Geniezen *sv. II* + gen. (acc.), *benefit from.* Connected with NHG **Nutzen.** This verb may be contrasted with **engelten** + gen., *suffer on account of* (lit. *pay for*): thus **eines dinges geniezen** means to experience the pleasant results, and **eines dinges engelten** the unpleasant results of something (whether deserved or not). The NHG sense of **genießen,** *enjoy,* is due to a slight shift of emphasis.

§ 88. Leit, gen. **leides,** n., *suffering, sorrow, pain*; often in the sense of *wrong* done to a person, *insult, injustice* (cf. F. Maurer, *Leid,* 1951): cf. **liebe.** The adj. **leit,** *painful, unpleasant,* has virtually disappeared in NHG, but French **laid,** *ugly,* is derived from a form of it. MHG/NHG **leider** is orig. the comparative of **leide,** adv. to **leit,** adj.

§ 89. Liebe f., *joy, pleasure; charm, attractiveness.* The meaning *love* is a late development, not firmly established in classical MHG. **Liebe** (or **liep** n.) is sometimes contrasted with **leit.** Note **lieben** *wv. I +* dat., *gladden, give pleasure to* (NOT *love*). Cf. **minne.**

§ 90. Lîp, gen. **lîbes,** m., *body, life.* Often used periphrastically: **mîn lîp,** *I*; **des küneges lîp = der künec,** etc. Means the *living person,* or *being alive,* sometimes in slight contrast to **leben,** *way of life,* e.g. **ritters leben,** *the life (way of life) of a knight.*

§ 91. Mâȝe f., *measure.* In the classical period esp. in sense of *self-restraint, due measure* which avoids extremes, as an ideal of courtly and chivalrous behaviour (cf. Old French **mesure**). Personified by Walther as **Frouwe Mâȝe.** NHG **Maß** n., but the fem. survives in Bav. for a *measure* (1 litre) of beer.

§ 92. Minne f., *love.* Original meaning *remembrance,* hence *thinking kindly* or *affectionately* of someone. The principal word for *love* in MHG, whether divine (e.g. **gotes minne**) or secular, especially the cult of courtly love. Personified as **Frouwe Minne** (sometimes identified with Venus). The noun, and the corresponding verb **minnen,** developed away from the idea of spiritual or elevated, largely platonic love to a less exalted sphere, and in late MHG became obscene. Revived (in its loftier sense) in the eighteenth century.

§ 93. Muot m. (rarely n.), *mind.* Cognate with Eng. **mood.** Means *mind* in general (rendering Latin **mens**), *state of mind,* hence *intention, will,* etc. The collective **gemüete** denotes the sum total of one's mental qualities (**sîn gemüete** *Iwein* 2 = 'his whole mind'). NHG **Mut,** *courage,* represents a narrowing. **Hôher muot,** *elevation of spirits,* aristocratic *self-confidence,* is a frequent expression in courtly literature, and is generally used in a positive sense, whereas **hôchmuot** denotes overweening, sinful *pride* (Lat. **superbia**).

§ 94. Ritter, rîter, riter m., *knight.* There is a whole chapter of social history associated with this word, which corresponds to OFr.

chevaliers. Heavy cavalry was the most effective military weapon of the period, and those who served thus gradually made their way as a military élite, especially as a result of the Crusades. The social advancement of the knights was rapid in the twelfth century, and the seal was set on chivalry as an institution in Germany in 1184 when Frederick I (Barbarossa) knighted his two sons at a splendid festival at Mainz. When kings and princes were knighted, this conferred a vicarious status on the lower ranks of knighthood, on whom a demanding code of honourable and polite behaviour was made theoretically incumbent. Knights in the romances are generally idealized almost out of recognition, but there is nevertheless no doubt that a very considerable refinement of manners was achieved by 1200. See Bumke (Bibl.).

§ 95. **Sælde** f., **sælec, -ic** adj. The noun has disappeared in NHG, while the adj., NHG **selig,** is now popularly but wrongly associated with **Seele.** As in the case of, e.g., **genâde,** these words can be used in both a religious and a secular sense, and a certain ambiguity sometimes results. The most general sense of **sælde** is *happiness, bliss,* hence in the religious sense *blessedness,* also *perfection,* sometimes *salvation*; in the secular sphere *good fortune, happiness,* also worldly *perfection, virtue,* even the possession of courtly *accomplishments.* Personified as **frouwe Sælde,** who really represents the Roman **Fortuna.** The meanings of the adjective correspond generally to those of the noun.

§ 96. **Triuwe** f., *steadfastness, faithfulness, loyalty* (cognate with Eng. **true**). In a feudal sense **triuwe** denotes the bond of loyalty, sealed by an oath, between lord and vassal, hence also *word of honour, treaty, truce.* In general ethical sense *loyalty, dependability, responsible behaviour* towards a person, and thus in the religious sphere *love* (**caritas**); in *Parzival* God is said to be **ein triuwe** (virtually rendering the Biblical *God is Love*). From **in triuwen (entriuwen, triuwen, trûwen)** is derived the NHG interjection **traun.**

§ 97. **Tugent, -de** f. Connected with **touc, tugen** (§ 45, 2), the basic meaning is *usefulness, skill,* etc. As such it can be applied to things as well as people. The ethical connotations only develop gradually. In purely secular writings **tugent** is most likely to mean (1) *bravery, skill as a warrior*; (2) *courtliness*; (3) *fitting behaviour* in a given situation, *decorum*, etc. The equation in Christian writings with Latin **virtus** (which itself had undergone a similar development of meaning) led to an increasing implication of religious and ethical qualities. Thus the rendering *virtue*, while often correct, is only one of several possibilities in MHG.

§ 98. **Wert, werdes** adj., **werdekeit** f. From the sense of *having a price or value* (which continues to exist), **wert** comes to denote *worthy, valuable* as a person, *distinguished, noble*. Its development may be compared (and contrasted) with that of **edel**. Whereas **edel** originally denoted aristocratic birth without reference to character, and only gradually came to be used for 'inner nobility', **wert** became increasingly a conventional epithet, applicable in particular to a knight as such. But **werdekeit** remains for the best poets an ideal of seemly behaviour. The noun has now been replaced by **Würde.** The adj. is now declined with -t- throughout: **wertes** not **werdes.** Care should be taken in translating MHG **wert**: thus to render **daʒ werde wîp** as *the worthy woman* sounds ridiculous; the true sense is more like *the noble lady*, etc.

§ 99. **Zuht** f. A derivative of **ziehen.** Hence can mean *drawing* in various senses. In particular *education* (NHG **erziehen,** from the same root, is calqued on Latin **educare**). Since education sometimes involves *punishment*, MHG **zuht** often has this meaning (**gotes zuht,** *divine chastisement*), or more generally, that of *discipline*. Hence *measured, restrained* or *dignified behaviour*; (good) *upbringing* or *breeding* (this word is often a good rendering in more senses than one, including the breeding of animals).

§ 100. **Zwîvel** m. Cognate with **zwei,** implies hesitation or fluctuation between two alternative positions, hence *vacillation* or *pusillanimity* in whatever sphere. Thus it can mean *lack of steadfast courage, unreliability* or, as we should say today, *poor morale*. The general sense of *doubt* can extend to the religious sphere, up to and (sometimes) including *despair* of God's grace—the unforgivable sin. The use of **zwîvel** in the programmatic declaration at the beginning of Wolfram's *Parzival* is important but highly debatable. It may perhaps be taken generally as implying the young Parzival's *inconsistency* of behaviour due to his *uncertainty* concerning his duty towards God and his fellow men (despite all good intentions). NHG **Zweifel** retains the sense of *doubt*, but not that of *unreliability*, etc., as a trait of character or behaviour.

VI

NOTES ON MHG VERSE-FORMS

§ **101.** The subject of MHG versification is complex and controversial. Here only a few general indications can be given. Further details, and an introduction to the problems of this vexed subject, can be found in S. Beyschlag, *Altdeutsche Verskunst in Grundzügen*, 6th ed., 1969, or W. Hofmann, *Altdeutsche Metrik* (SM 64), 1967. Cf. also M. O'C. Walshe, *Medieval German Literature*, 1962, pp. 77–85. The courtly romances are nearly all composed in rhymed couplets, while the *Nibelungenlied* and the heroic epics which followed this model are in strophic form. Besides these we find a wealth of verse forms in the lyric poetry.

§ **102.** *The verse of the Courtly Romances.* These are in rhymed couplets. The rhymes may be either 'masculine' or 'feminine'. A masculine rhyme consists of either (*a*) a single syllable whether short or loñg, as **man, hûs, guot, lant,** or (*b*) a *short* syllable followed by one containing or consisting of a weak **-e,** as **habe, vater, komen** (since many of these have become long in NHG, it is necessary to bear this in mind: cf. § 10). A feminine rhyme consists of a (metrically) *long* syllable followed by one with a weak **-e,** as **ougen, wære, schilte.** In practice it may be noted that a short vowel followed by any two written consonants (including **ch, ng**) constitutes a metrically long syllable.

The normal masculine-type line has four stresses:

Ein rítter sô geléret wás

whereas when the rhyme is feminine, the place of the fourth stress is taken by a metrical pause:

er nám im mánege schóuwe

so that there are only *three* full stresses with, probably, a slight secondary stress on the final -e.

This type of cadence is designated *klingend* in German, being distinguished from the rare type where there are four full stresses, as:

die ríter vón der távelrúnden

which is termed *weiblich voll*: for further details see the works mentioned.

The rhymes in the best poets are almost invariably pure, and poets avoided using rhymes which were pure in their own dialect, but not in those of others. The rhythm could be varied in different ways: by starting with a dip (or sometimes more than one: *mehrsilbiger Auftakt*), and by the omission of intermediate dips, so that two stressed syllables came together, etc. The practice of different poets varied in this respect, and while Hartmann von Aue used such devices with deliberate artistic effect, later poets tended to prefer a strict alternation of lifts and dips. Where an unstressed final -e was followed by a word beginning with a vowel it was usually, but not always, elided. The principle known as *Reimbrechung* was much favoured, i.e. a sentence was made to finish with the first line of a couplet, while the second began a fresh sentence.

§ 103. The first few lines of *Der arme Heinrich* will serve to illustrate the principles. The stressed syllables are marked with acute accents:

> Ein rítter số geléret wás
> dáʒ er án den búochen lás
> swaʒ ér dar án geschríben vánt;
> dér was Hártmán genánt,
> díenstman wás er z(e) Óuwe.
> er nám im mánege schóuwe
> an míslíchen búochen, &c.

The occurrence of two stressed syllables together in line 4 is clearly intentional, as it brings out the author's name with special emphasis, and similarly with line 7.

§ 104. *The* Nibelungen *Stanza*. This consists of four long lines, each divided by a caesura into two halves. The long lines rhyme in pairs. The first half of each long line has three full stresses and a type of feminine ending. The second half of lines 1–3 has three stresses and a masculine rhyme, while the eighth half-line has *four* stresses with a masculine rhyme. The rhythm is very varied owing to the frequent omission of dips, and in the last half-line the second and third stresses *normally* have no dip between them. Occasionally the initial half-lines rhyme together in pairs. An example of the *Nibelungen* stanza is:

Eʒ wúohs ín Burgóndèn	ein vil édel mágedín,
dáʒ in állen lándèn	niht schǿners móhte sín,
Kríemhílt gehéiʒèn:	si wárt ein schǿne wíp.
dar úmbe múosen dégenè	víl verlíesèn den líp.

§ 105. *Lyric Poetry*. It is impossible to review here the many and often complicated strophic forms of the lyric poetry. These poems were sung to melodies composed by their authors, and accordingly their metrical structure is stricter than that of the epics. Each poet invented his own strophic forms. Most lyric poems consist of one or more stanzas (*liet*) which are each divided into two parts, called respectively *Aufgesang* and *Abgesang*, according to a terminology of slightly later date. The *Aufgesang* is further divided into two equal parts called *Stollen*, so that the whole is tripartite. From this strophic form, the sonnet is also derived. A single example must serve to illustrate this:

I. *Aufgesang*	*Stollen* 1.	Ír sult spréchen: 'wíllekómen!'
		dér iu mǽre brínget, dáʒ bin ích.
	Stollen 2.	Álleʒ dáʒ ir hábt vernómen,
		dáʒ ist gár ein wínt: nu frâget mích.
II. *Abgesang*		Ích wil áber míete:
		wírt mîn lón iht gúot,
		ích geság(e) iu líhte, dáʒ iu sánfte túot.
		séht, waʒ mán mir éren bíete.

(Cf. VII. 9)

Most of the poems of Walther von der Vogelweide in this book are built up on a tripartite scheme of this nature—in No. 23 in the form of an elaborate adaptation of the *Nibelungen* stanza. Nos. 11–13, however, are based on the metre of the courtly romances, but with a regular alternation of masculine and feminine rhymes, regularly alternating metre, and a long last line.

READER

PRELIMINARY PASSAGES

The following two passages, one in prose and one in verse, should be studied carefully before proceeding to the texts in the main part of this Reader. The commentary supplements the grammar (to which references are made), and is intended to initiate the student as quickly as possible into the reading of MHG. The passages also illustrate some typical features of medieval religious and secular thought.

A. From the *Schwabenspiegel*, the earliest High German compendium of customary law, also known as the *Lantrehtbuoch*, composed in the second half of the thirteenth century. About 350 manuscripts are known.

HIE HEBET SICH AN DAZ LANTREHTBUOCH

Herre got, himelischer vater, durch dîne milte[1] güete geschüefe[2] du den menschen in drîvaltiger werdekeit. Diu[3] êrste, daz er nâch dir gebildet ist. Daz ist ouch ein alsô hôhiu werdekeit, der[4] dir allez menschlich künne sunderlîchen immer danken sol. Wan[5] des haben wir gar michel reht,[6] vil lieber herre, himelischer vater, sît du uns zuo dîner hôhen gotheit alsô werdeclîchen geedelt hâst. Diu ander[7] werdekeit, dâ[8] du, herre got, almähtic schepfer, den menschen zuo[8] geschaffen hâst, daz ist diu, daz du alle dise werelt, die sunnen unde den mânen, die sterne unde diu vier element,[9] viur, wazzer, luft und die erden, die vogel in den lüften, die vische in dem wâge, diu tier[9] in dem walde, die würme in der erden, golt und edel gesteine, der edeln würzen süezen smac, der bluomen liehte varwe, der boume fruht unde êt alle crêatûre: daz hâst du,[10] herre, allez dem menschen ze nutze unde ze dienste geschaffen durch die triuwe unde durch die minne, die du ze dem menschen hetest. Diu dritte werdekeit, dâ[11]

du, herre, den menschen mit[11] gewirdet und geedelt hâst, daʒ ist
diu, daʒ der mensche die wirde unde die êre, die vreude unde die
wünne immer mit dir êweclîchen nieʒen sol. Der werelde dienest unde
nutz hâst du, herre, dem menschen umbe sust[12] gegeben ze einer
manunge unde ze einem vorbilde. Sît[13] des sô vil ist, des du, herre,
dem menschen umbe sust gegeben hâst, dâ bî sol der mensche nu
trahten, sô mege des wol gar übermæʒiclîchen vil sîn, des du dem
menschen umbe sînen dienest[14] geben wilt. Unde dar umbe sol ein
iegelîch mensche got dienen mit ganzen triuwen; wan[5] der lôn ist
alsô übermæʒlîchen grôʒ, daʒ in [15] herzen[16] sin nie betrahten möhte[17]
noch menschen zunge nie gesprechen[18] möhte, noch ougen[19] sehen[20]
kunde in nie beliuhten, noch ôre nie gehœren.[18] Daʒ wir nu got der
hôhen werdikeit gedanken unde den grôʒen lôn verdienen, des helfe
uns der almähtige got. âmen.

Sît uns got in sô hôher werdikeit geschaffen hât, sô wil er ouch, daʒ
wir werdeʒ leben[21] haben, unde daʒ wir ein ander wirde und êre
erbieten, triuwe unde wârheit, niht haʒ und nît ein ander tragen.
Wir sullen mit fride unde mit suone under ein ander leben. Fridlîch
leben hât unser herre got liep. Wan[5] er kom von himelrîche ûf
erderîche durch[22] anders niht wan[23] durch den rehten fride, daʒ er
uns einen rehten fride schüefe vor der êwigen marter, ob wir selbe
wellen. Unde dâ von sungen die engel ob der krippen: '*Gloria in
excelsis deo et in terra pax hominibus bonae voluntatis*' — 'Gotes êre
in dem himel unde guot fride ûf der erden allen den, die guoten
willen habent ûf erderîche!' Dô unser herre got hie ûf erderîche gie,
sô was daʒ ie sîn ellîch wort: '*Pax vobis!*', daʒ sprichet: 'der fride sî
mit iu!', unde alsô sprach er alle zît zuo sînen jungern unde zuo
andern liuten. Unde dâ bî suln wir merken, wie rehte liep der
almehtige got den rehten vride[24] hât. Wan dô er von erderîche wider
ûf zuo himel fuor, dô sprach er aber zuo sînen jungern: 'der vride sî
mit iu!' unde enphalh dem guoten Sant Pêter, daʒ er phleger wære
über den rehten fride, unde gap im den gewalt,[25] daʒ er den himel ûf
slüʒʒe allen den, die den fride hielten, unde swer[26] den fride bræche,
daʒ er dem den himel vor beslüʒʒe. Daʒ ist alsô gesprochen: êt
alle, die diu gebot unsers herren zebrechent, die habent ouch den
rehten fride gebrochen. Daʒ ist ouch von gote reht, swer diu gebot
unsers herren zebrichet, daʒ man dem den himel vor besliuʒet, sît

uns got nu geholfen hât, daz wir mit rehtem lebenne unde mit fride-
lîchem lebenne daz himelrîche verdienen mügen. Wan daz was niht
vor gotes geburt, swie[27] wol der mensche tæte in aller der werlde,
sô mohte er doch ze dem himelrîche niht komen. Got geschuof des
êrsten himel unde erden, dar nâch den menschen unde satzte in in
daz paradys. Der[28] zebrach die gehôrsam[29] uns allen ze schaden;
dar umbe gienge[30] wir irre sam diu hirtelôsen schâf, daz wir in daz
himelrîche niht mohten, unz an die zît, daz uns got den wec dar
wîste mit sîner marter, unde dar umbe solde[30] wir got immer loben
unde êren von allem unserm herzen unde von aller unserre sêle
und von aller unserre maht, daz wir nu sô wol ze den êwigen freuden
kæmen, ob wir wolden; daz hie vor manigen heiligen patriarken unde
prophêten tiure[31] was. Diu genâde unde diu sælikeit ist uns kristen
liuten nu widervaren, daz wir nu wol daz himelrîche mugen ver-
dienen. Unde swer des niht entuot unde diu gebot unsers herren
zebrichet, daz richet er billîchen an im.

VON VRÎEN LIUTEN

Wir zeln drîer hande[32] vrîen. Der heizent eine sempervrîen:[33]
daz sint die vrîen herren, als fürsten unde die ander frîen ze man[34]
hânt. Sô heizent die andern miter[35] vrîen: daz sint die, die der hôhen
vrîen man sint. Die dritten vrîen sint die vrîen lantsæzen, die ge-
bûren, die dâ[36] vrî sint. Der[37] hât ieglîcher sîn sunder reht, als wir
her nâch wol bescheiden.

VON TIUTSCHER LIUTE ÊREN

Die tiutschen kiesent[38] den künic: daz erwarb in der künic Karl.[39]
Swenne er gewîhet wirt unde ûf den stuol ze Ache gesetzet wirt mit
der willen,[40] die in erwelt hânt, sô hât er küniclîchen gewalt und
namen. Als in der bâbest gewîhet, sô hât er volleclîchen des rîches
gewalt und keiserlîchen namen. Den künic kiuset man ze rihter umbe
eigen unde umbe lêhen unde über iegelîches menschen lîp unde
umbe allez, daz für[41] in ze klage kumet. Der keiser mac in allen
landen niht gesîn, und mac allez ungerihte niht verrihten. Dâ von
lîhet er den fürsten unde andern herren werltlîch gerihte. An die
vierten hant[42] mac dehein gerihte nimmer komen mit rehte, dâ man
umbe menschen bluot rihten sol ode umb alle vrevel.

NOTES

1. **milte,** 'bounteous'.

2. **geschüefe,** *2nd sing. pret. indic.* (§ 31, n. ii). The prefix **ge-** has here perfect force: 'thou hast created' (§ 60). The infin. of this verb can be either regular **schaffen** or irreg. **schepfen** (Class VI, § 39).

3. **diu:** note that this form, and the corresponding adj. ending **-iu,** occurs in the *fem. sing. nom.* and the *neut. pl. nom./acc.* (§§ 20, 27).

4. **der,** *gen.* dependent on **danken,** 'for which': cf. § 52.

5. **wan** *here* = 'for'; see various meanings of **wan** in Glossary.

6. **reht** *here* = 'duty', i.e. 'that which is *right*'.

7. **ander** in MHG means not only 'other', but 'second', as here: § 23.

8. **dâ . . . zuo.** These belong together (§ 69 n.) and are relative: 'to which'.

9. **diu element, diu tier:** cf. note 3. Most neuter nouns in MHG have the same form in the plur. as in the sing. (§ 17). The article **diu** then often serves to show that they are plural. **Element** is also found with a weak pl. or even with the Latin pl. **elementa.**

10. **daʒ hâst du,** etc.: note break of construction after the very long list **alle dise werelt . . . alle crêatûre.** In a shorter sentence the construction would no doubt have continued regularly: **alleʒ dem menschen . . . geschaffen hâst.**

11. **dâ . . . mit,** 'with which': cf. note 8.

12. **umbe sust,** 'for nothing' (NHG **umsonst**).

13. **Sît des sô vil ist . . .:** construction 'since there is so much of that which (**des**) thou hast given man . . . , accordingly (**dâ bî**) man should consider that there may (**mege,** *pres. subj. of* **mac,** § 45, 8) well be . . .'

14. **umbe sînen dienest,** 'in return for his service (*or* obedience)': contrasted with **umbe sust** (note 12).

15. **in,** 'it' (NHG **ihn**), referring to **lôn.** See § 24, and note that MHG **in** frequently = NHG **ihn** (*acc. sing.*) or **ihnen** (*dat. pl.*).

16. **herzen,** *gen.*: § 17 (b).

17. **möhte,** 'would be able to' (§ 45, 8 and n. 2); this form never has the NHG meaning of 'would like', etc.

18. For the prefix **ge-** see § 60. It is frequently found after modal auxiliaries.

19. **ougen,** *gen.*: § 17 (b).

20. **sehen,** substantivized *infin.*: 'sight'.

21. **leben,** 'life', i.e. way of life; cf. § 90.

22. **durch,** *here,* as often, 'for the sake of': § 56 (i).

23. **wan,** 'but, except'; a different word from **wan** at beginning of sentence. Cf. note 5 and see Glossary.

24. **vride**: this word has previously appeared as **fride** (cf. § 11 (iv)); **f** often alternates with **v** in spelling, especially before **r** or **u**. This is to avoid confusion, as the symbols **u** and **v** are interchangeable in the manuscripts; editors generally regulate them according to the modern distinction of **u** (vowel) and **v** (consonant).

25. NHG **die Gewalt.**

26. **swer,** 'whoever': § 28.

27. **swie,** 'however': §§ 28, 70. Also often means 'although'.

28. **Der,** i.e. Adam.

29. NHG **der Gehorsam.**

30. **gienge wir, solde wir,** see § 31, n. i.

31. **tiure,** *here* = 'denied'. From the literal meaning of 'dear', **tiure** acquires the idiomatic sense of 'rare', and hence 'lacking, non-existent'. It was held that there was no salvation even for the patriarchs and prophets until Christ descended into Hell.

32. **drîer hande,** 'of three kinds' (NHG **dreierlei**); cf. NHG **allerhand.** § 52 (iii).

33. **sempervrîen,** from **sentbærevrîen,** the highest class of freemen, eligible to sit at a **sende** (synod).

34. **man,** *here,* as often, in the technical sense of 'vassal' **(dienstman)**: cf. § 81.

35. **miter** = **mitter(e),** *adj. nom. pl.* 'middle'.

36. **dâ** emphasizes the relative **die.** The meaning is 'those peasants who are free', as many were not.

37. **Der,** 'of these': § 27.

38. **kiesen,** 'choose, elect': § 36. For alternation of **s** and **r** in this verb, see § 33.

39. **der künic Karl,** i.e. Charles the Great (Charlemagne), 768–814. He was crowned Roman Emperor in the West by Pope Leo III on Christmas Day 800. The 'Holy Roman Empire' thus established (and re-established in 962 by Otto the Great) lasted formally till 1806.

40. **mit der willen** etc., i.e. with the will (consent) of those who elected him. The German King was chosen by the Electors **(Kurfürsten),** his official title being *Rex Romanorum.* He became Emperor after his coronation by the Pope—which in practice did not always take place. After the Middle Ages, the Papal consecration was dispensed with, and the coronation took place at Frankfurt (as witnessed by Goethe in 1765).

41. **für in,** 'before him': § 56 (ii).

42. **an die vierten hant:** i.e. serious crimes could not be dealt with by a court inferior to the third instance **(hant)** from the King downwards.

B. From *Der arme Heinrich* by Hartmann von Aue.

For Hartmann, see Extract I. For the first five lines, see § 6 and, for scansion, § 103.

Ein ritter sô gelêret was
daz er an den buochen las
swaz er dar an geschriben vant;
der was Hartman genant.
dienstman was er zOuwe.   5
er nam im manege schouwe
an mislîchen buochen.
dar an begunde er suochen,
ob er iht des funde
dâ mite er swære stunde   10
möhte senfter machen,
und von sô gewanten sachen
daz gotes êren töhte
und dâ mite er sich möhte
gelieben den liuten.   15
nu beginnet er iu diuten
ein rede die er geschriben vant.
dar umbe hât er sich genant,
daz er sîner arbeit
die er dar an hât geleit   20
iht âne lôn belîbe,
und swer nâch sînem lîbe
sî hœre sagen ode lese,
daz er im bitende wese
der sêle heiles hin ze gote.   25
man giht, er sî sîn selbes bote
unde erlœse sich dâ mite,
swer umb des andern schulde bite.
    Er las daz selbe mære
wie ein herre wære   30
ze Swâben gesezzen,
an dem enwas vergezzen
nie deheiner der tugent

die ein ritter in sîner jugent
ze vollem lobe haben sol.   35
man sprach dô niemen alsô wol
in allen den landen.
er hâte ze sînen handen
geburt unde rîcheit,
ouch was sîn tugent vil breit.   40
swie ganz sîn habe wære,
sîn geburt unwandelbære
und wol den fürsten gelîch,
doch was er unnâch alsô rîch
der geburt und des guotes   45
sô der êren und des muotes.
   Sîn name was erkennelich:
er hiez der herre Heinrich
und was von Ouwe geborn.
sîn herze hâte versworn   50
valsch und alle dörperheit
und behielt ouch vaste den eit
stæte unz an sîn ende.
ân alle missewende
stuont sîn geburt und sîn leben: 55
im was der rehte wunsch gegeben
von werltlîchen êren;
die kunde er wol gemêren
mit aller hande reiner tugent.
er was ein bluome der jugent,   60
der werltfröude ein spiegelglas,
stæter triuwe ein adamas,
ein ganziu krône der zuht.
er was der nôtigen fluht,
ein schilt sîner mâge,   65
der milte ein glîchiu wâge:
im enwart über noch gebrast.
er truoc den arbeitsamen last
der êren über rücke,
er was des râtes brücke   70

und sanc vil wol von minnen.
alsus kund er gewinnen
der werlde lop unde prîs;
er was hövesch unde wîs.
   Dô der herre Heinrich   75
alsus geniete sich
êren unde guotes
und frœlîches muotes
und werltlîcher wünne
— er was für al sîn künne   80
geprîset unde geêret —:
sîn hôchmuot wart verkêret
in ein leben gar geneiget.
an im wart erzeiget
als ouch an Absalône,   85
daz diu üppige krône
werltlîcher süeze
vellet under füeze
ab ir besten werdekeit,
als uns diu schrift hât geseit.   90
ez sprichet an einer stat dâ
'mediâ vîtâ
in morte sumus'.
daz diutet sich alsus,
daz wir in dem tôde sweben   95
sô wir aller beste wænen leben.
   Dirre werlte veste,
ir stæte und ir beste
und ir grœste magenkraft,
diu stât âne meisterschaft: 100
des muge wir an der kerzen sehen
ein wârez bilde geschehen,
daz sî zeiner aschen wirt
ie mitten daz sî lieht birt.
wir sîn von brœden sachen: 105
nu sehet wie unser lachen
mit weinen erlischet!

unser süeʒe ist gemischet
mit bitterre gallen,
unser bluome der muoʒ vallen   110
sô er aller grüenest wænet sîn.
an hern Heinrîche wart wol schîn:
der in dem hœhsten werde
lebet ûf dirre erde,
der ist der smæhste vor gote.   115
er viel von sînem gebote
ab sîner besten werdekeit
in ein smæhlîcheʒ leit:
in ergreif diu miselsuht.
dô man die swæren gotes zuht   120
gesach an sînem lîbe,
man unde wîbe
wart er dô widerzæme.
nu sehet wie genæme
er ê der werlte wære,   125
und wart nu als unmære
daʒ in niemen gerne sach;
als ouch Jôbe geschach,
dem edeln und dem rîchen,
der vil jæmerlîchen   130
dem miste wart ze teile
mitten in sînem heile.

NOTES

4. **der,** demonstrative 'he', not relative, which would require subordinate order.

6. **im** is reflexive, = NHG **sich** (*dat.*): § 25.

8. **begunde,** *pret. sing.* of **beginnen** (§ 37). May be rendered 'he began to look', but **begunde** is often used merely as a periphrastic way of expressing the preterite; thus 'he looked' would also be an acceptable rendering.

9. **iht,** 'anything' (§ 30 (h)). But see also 21 and § 65; **des** ('of that') may be omitted in translation. The *gen.* is dependent on **iht.**

10. **dâ mite,** *relative* 'with which'. The NHG sense of **damit,** 'in order that', is not found in MHG (§ 69).

12. **von sô gewanten sachen** ('of such nature') is parallel to **des** (9) and dependent on **iht**.

13. **êren** (*here* = 'glory') is *plural*. Such abstract nouns are often found in the plural; **töhte** (§ 46, 2), 'might benefit, redound to'.

14. **möhte,** see A, n. 16 and § 45, 8.

15. **sich (ge)lieben** + *dat.*, 'make oneself agreeable, pleasing to': § 90.

16. **diuten** possibly here means 'translate' if, as is likely but not certain, Hartmann's (unknown) source for this story was in Latin.

17. **rede** clearly cannot here mean 'speech'. It can also mean 'contents of speech, matter' (as in 'what is the matter?'), etc. It may here refer to an edifying discourse of some kind, but is probably most safely rendered by 'story'.

19. **arbeit,** see § 76. **Sîner arbeit,** 'for his labour', depends on **lôn,** 21.

20. **geleit = geleget** (§ 13).

21. **iht** for **niht** in a subordinate clause, see § 65.

22. **swer,** 'whoever': § 28; A, n. 26; **nâch sînem lîbe,** i.e. 'after his death': § 91.

23. Literacy was far from universal even among knights in 1200, as we see from Hartmann's own boast in 1 ff. Most people would hear this story read out rather than read it themselves.

24. **daz er** picks up the clause **swer . . . lese.** Translate 22 ff. 'that whoever . . . may hear it told or read it, will . . .'; **im,** 'for him', dependent on **bitende** (24).

24. **bitende wese:** this periphrastic construction denotes continuous action (§ 59). **Bit(t)en** unites the meanings of NHG **bitten** and **beten:** *here* = 'pray'.

26. **giht** from **jehen** (§ 12 (i)), strong verb, Class V (§ 38), 'declare, assert'.

31. **ze Swâben,** orig. *dat. pl.,* 'among the Swabians', i.e. 'in Swabia'. This ancient duchy embraced, in modern terms, most of Baden-Württemberg, Alsace, and German-speaking Switzerland.

31. **(wære) gesezzen,** 'had his seat'.

32. **vergezzen,** i.e. by God in creating him.

33. **deheiner** (*gen.* dependent on **vergezzen**), 'any' (§ 30 (b), § 52, (vi))

36. **wol sprechen** + *dat.*, 'speak well of' (§ 53).

38. **ze sînen handen haben,** 'possess'.

41. **swie,** see A, n. 27.

42. **unwandelbære,** 'irreproachable, unblemished'. **Wandel** (*m.* or *n.*) means 'change' in various senses, including (*a*) 'reparation' and (*b*) 'deterioration'. Hence **unwandelbære** has the implications of 'immutable, constant, incapable of deterioration'. Questions of birth were of prime importance in feudal society.

43. **wol**, 'fully'. The adv. **well** has maintained its original sense better in English than **wohl** in German, the meaning of which has in many contexts weakened from 'well and truly' to 'probably, perhaps', etc. Cf. also MHG **vaste**, NHG **fast** (52).

43. **fürsten** refers here to the so-called *Reichsfürsten*, a special rank of tenants-in-chief created in 1180.

44. **unnâch**, not nearly.

45. **guot**, 'possessions': see Glossary and cf. § 73.

46. **êre**, see § 85; **muot**, see § 93. the two words may here be taken together as 'honourable disposition'.

51. **dörperheit**, 'boorishness': see **dörper** in Glossary.

52. **vaste**, 'firmly', the *adverb* corresponding to the adj. **veste** (§ 21). This has become NHG **fast** with change of meaning (cf. 43, **wol**).

53. **unz(e)**, 'until' (§ 71). Etymologically = Engl. **unto**.

54. **missewende** (lit. 'turning away'), 'blemish'.

55. **leben**, § 90 and A, n. 21.

56. **wunsch**, *here*, as often, means 'all that one could wish for', i.e. perfection; **was ... gegeben** (§ 62), 'had been given', i.e. by God.

58. **kunde er wol**, 'he well knew how to': § 45, 4 and n. 2.

59. **aller hande**, cf. A, n. 32.

60. **bluome**, *masc.*, 'flower' (often used metaphorically). A list of conventional virtues follows.

61. **werltfröude** here unobtrusively but definitely lays stress on the joys of this world as opposed to the next.

62. **stæte**, 'constant'; **triuwe**, see § 96; **adamas** probably = 'diamond', in any case something hard and unyielding (adamant).

63. **zuht**, see § 99. Note the forms of the article and adj.: **ein** *f.* (§ 23) **ganziu** *f. nom. sing.* (§ 20), as opposed to NHG **eine ganze**.

64. **nôtic (-ec)**, cf. Eng. **needy**. For **fluht** in this sense NHG has **Zuflucht**.

65. **mâge**, *pl.* of **mâc**, 'kinsman'.

66. **milte**, 'generosity' (cf. A, n. 1). The meaning of these two lines is that in giving, Heinrich retained neither too much nor too little, keeping an even balance between meanness and excessive generosity. Cf. § 91, **mâze**.

68. **arbeitsam**, cf. § 76 **ar(e)beit**. NHG **Last** is *f.*

69. **êren**, cf. 13 and § 85. **über rücke**, 'on his back'.

71. **minne**, see § 92. To compose and sing songs of courtly love was a gentlemanly accomplishment, but of course a decidedly 'worldly' one.

72. **alsus: al** here intensifies **sus**, thus 'in all these ways'; **kunde**, cf. 58.

73. Note again the stress on the *world's* praise.

75. **dô**, 'when' (§ 70).

76. **sich genieten** + *gen.*, 'be busied with, in possession of': not to be confused with **geniezen**, the meaning of which is also different from NHG (§ 87).

80. **für** (§ 56 (ii)), 'before'; **künne**, *n.*, cf. Eng. **kin.**

82. **hôchmuot**, like NHG **Hochmut**, = 'arrogance', the sin of *superbia* (the primal sin which led to Lucifer's fall). But the word echoes the courtly term **hôher muot** (cf. § 93), an expression difficult to translate, denoting the exaltation of spirits occasioned by love or other 'noble' sentiments. In the eyes of the Church, this 'pride of life' is sinful. Hartmann here brings the contrast of the two attitudes sharply into focus.

83. **leben**, cf. 55.

85. **Absolône**, cf. 2 Samuel 13 ff.

89. **werdekeit**, see § 98.

90. **diu schrift** usually means 'Scripture', but Hartmann is mistaken. The lines are from an antiphon formerly ascribed to Notker Balbulus of St. Gallen (d. 912), but probably dating from the eleventh century: **geseit** = **gesaget** (§ 13).

97–9. The grammar here is somewhat doubtful. **veste**, 'firmness', and **stæte**, 'constancy', are probably nouns, while **beste** is presumably an adj. like **grœste**.

99. **magenkraft**, 'power': **magen** is cognate with Eng. **main**, and with **mugen** (§ 45 (8)).

100. **meisterschaft**, 'control', or 'autonomous power'.

101. **muge wir** for **mugen wir**, § 31, n. iii.

102. **bilde**, 'image', i.e. analogy. **geschehen** is used more widely (and vaguely) than NHG **geschehen**. Here it roughly means 'appear', but might well be omitted in translation.

103. **zeiner** = ze einer.

104. **birt**, 'bears', from **bern**: 'in the midst (the very act) of bearing light'.

105. **brœde**, 'brittle, fragile, of poor quality'; **sachen** *here* = 'stuff'.

110. **der** is pleonastic.

111. **sô**, 'when' as in 96.

112. **schîn werden**, 'become apparent'.

113. **der**, 'he who'.

116–17. Note the different reference of **sîn** in these two lines. In 116 **von sînem gebote** = 'by His (God's) command', whereas in 117 **sîner** = 'his', i.e. Heinrich's. Pronouns and their derivative adjectives are often very carelessly used in this way in MHG, even by good writers, and should be carefully watched.

119. **in** is, of course, here NHG **ihn. ergreif**, *pret.* of **ergrîfen** (cf. § 32, Class I).

120. **swæren**, note the *wk. fem. sing. acc.* of adjectives (§ 20).

121. **gesach**: for the prefix **ge-** see § 60. **sach,** *pret.* of **sehen** (§ 11 (iii)).

125. **ê,** previously; **wære,** *subj.* as often in MHG after an imperative (§ 61 (i)). Combined with **ê,** it has *pluperfect* force.

126. **als** *here* = 'so'; **unmære,** 'repellent': see Glossary (also under **mære**).

127–8. **sach, geschach,** see 121.

128. **Jôbe,** *nom.* **Jôb.** The NHG form is **Hiob.** See Job 2:2–7.

132. **heil** *here* means 'good fortune in this world', though it can also mean 'salvation' (cf. 25).

TEXTS

I

HARTMANN VON AUE

Born about 1160, possibly at Eglisau, Canton Zürich, a serving knight (**dienstman**) of the lords of Aue; died about 1215. Went on crusade, 1190 or (probably) 1197. Author of *Erec, Iwein* (Arthurian romances based on those of Chrétien de Troyes), *Gregorius, Der arme Heinrich* (so-called 'courtly legends'); also love songs and crusading lyrics of deep fervour.

From *Iwein* (1–802)

Swer an rehte güete
wendet sîn gemüete,
dem volget sælde und êre.
des gît gewisse lêre
künec Artûs der guote,   5
der mit ritters muote
nâch lobe kunde strîten.
er hât bî sînen zîten
gelebet alsô schône,
daz er der êren krône   10
dô truoc und noch sîn name treit.
des habent die wârheit
sîne lantliute:
sî jehent, er lebe noch hiute.
er hât den lop erworben,   15
ist im der lîp erstorben,
sô lebet doch iemer sîn name.
er ist lasterlîcher schame
iemer vil gar erwert,
der noch nâch sînem site vert.   20
  Ein ritter der gelêret was
und ez an den buochen las,
swenner sîne stunde

niht baz bewenden kunde,
daz er ouch tihtennes pflac   25
(daz man gerne hœren mac,
dâ kêrte er sînen vlîz an:
er was genant Hartman
und was ein Ouwære),
der tihte diz mære.   30
    Ez hete der künec Artûs
ze Karidôl in sîn hûs
zeinen pfingesten geleit
nâch rîcher gewonheit
ein alsô schœne hôchzit   35
daz er vordes noch sît
deheine schœner nie gewan.
deiswâr dâ was ein bœser man
in vil swachem werde,
wan sich gesament ûf der erde   40
bî niemens zîten anderswâ
sô manec guot ritter alsô dâ.
ouch wart in dâ ze hove gegeben
in allen wîs ein wunschleben:
in liebte hof und den lîp   45
manec maget unde wîp,
die schœnesten von den rîchen.
mich jâmert wærlîchen,
und hulfez iht, ich woldez klagen,
daz nû bî unseren tagen   50
solch vreude niemer werden mac
der man ze den zîten pflac.
doch müezen wir ouch nû genesen.
ichn wolde dô niht sîn gewesen,
daz ich nû niht enwære,   55
dâ uns noch mit ir mære
sô rehte wol wesen sol:
dâ tâten in diu werc vil wol.
    Artûs und diu künegin
ir ietwederz under in   60

sich ûf ir aller willen vleiz.
dô man des pfingestages enbeiz,
männeclich im die vreude nam
der in dô allerbeste gezam.
dise sprâchen wider diu wîp,   65
dise banecten den lîp,
dise tanzten, dise sungen,
dise liefen, dise sprungen,
dise hôrten seitspil,
dise schuzzen zuo dem zil.   70
dise redten von seneder arbeit,
dise von grôzer manheit.
Gâwein ahte umbe wâfen,
Keiî leite sich slâfen
ûf den sal under in: 75
ze gemache ân êre stuont sîn sin.
    Der künec und diu künegin
die heten sich ouch under in
ze handen gevangen
und wâren gegangen   80
in eine kemenâten dâ
und heten sich slâfen sâ
mê durch geselleschaft geleit
dan durch deheine trâcheit.
si entsliefen beidiu schiere.   85
dô gesâzen ritter viere,
Dodines und Gâwein,
Segremors und Îwein,
(ouch was gelegen dâ bî
der zuhtlôse Keiî)   90
ûzerhalp bî der want.
daz sehste was Kalogrenant.
der begunde in sagen ein mære
von grôzer sîner swære
und von deheiner sîner vrümekeit.   95
dô er noch lützel hete geseit,
dô erwachete diu **künegîn**

und hôrte sîn sagen hin în.
sî lie ligen den künec ir man
unde stal sich von im dan,   100
und sleich zuo in sô lîse dar
daჳ es ir deheiner wart gewar,
unz sî in kam vil nâhen bî
und viel enmitten under sî.
niuwan eine Kalogrenant   105
der spranc engegen ir ûf zehant,
er neic ir und enpfienc sî.
dô erzeicte aber Keiî
sîn alte gewonheit:
im was des mannes êre leit,   110
und beruofte in drumbe sêre
und sprach im an sîn êre.
    Er sprach 'her Kalogrenant,
uns was ouch ê daჳ wol erkant
daჳ under uns niemen wære   115
sô hövesch und als êrbære
als ir wænet daჳ ir sît.
des lâჳen wir iu den strît
vor allen iuwern gesellen,
ob wir selbe wellen.   120
iuch dunket des, man sül'n iu lân.
ouch solჳ mîn vrouwe dâ vür hân:
sî tæte iu anders gewalt:
iuwer zuht ist sô manecvalt,
und ir dunket iuch sô volkomen.   125
deiswâr ir hât iuch an genomen
irne wiჳჳet hiute waჳ.
unser deheiner was sô laჳ,
heter die künegîn gesehen,
im wære diu selbe zuht geschehen   130
diu dâ iu einem geschach.
sît unser deheiner sîne sach,
ode swie wir des vergâჳen,
daჳ wir stille sâჳen,

dô möht ouch ir gesezzen sîn.'   135
  Des antwurt im diu künegîn:
sî sprach 'Keiî, daz ist dîn site
und enschadest niemen mê dâ mite
danne dû dir selbem tuost,
daz dû den iemer hazzen muost   140
dem dehein êre geschiht.
dû erlâst dînes nîdes niht
daz ingesinde noch die geste:
der bœste ist dir der beste
und der beste der bœste.   145
eines dinges ich dich trœste:
daz man dirz iemer wol vertreit,
daz kumt von dîner gewonheit,
daz dûs die bœsen alle erlâst
und niuwan haz ze den vrumen hâst.   150
dîn schelten ist ein prîsen
wider alle die wîsen.
dûne hætest diz gesprochen,
dû wærest benamen zebrochen
und wære daz weizgot vil wol,   155
wan dû bist bitters eiters vol,
dâ dîn herze inne swebet
und wider dînen êren strebet.'
  Keiî den zorn niht vertruoc.
er sprach 'vrouwe, es ist genuoc.   160
ir habt mirs joch ze vil geseit,
und het irs ein teil nider geleit,
daz zæme iuwerm namen wol.
ich enpfâhe gerne, als ich sol,
iuwer zuht und iuwer meisterschaft.   165
doch hât sî alze grôze kraft:
ir sprechet alze sêre
den rittern an ir êre.
wir wârens von iu ungewon:
ir werdet unwert dervon.   170
ir strâfet mich als einen kneht:

gnâde ist bezzer danne reht.
ichn hân iu solhes niht getân,
ir möhtet mich wol leben lân;
und wære mîn schulde grœzer iht,   175
sô belibe mir der lîp niht.
vrouwe, habet gnâde mîn
und lât sus grôzen zorn sîn.
iuwer zorn ist ze ungnædeclich:
niene brechet iuwer zuht durch mich.   180
mîn laster wil ich vertragen,
daz ir ruochet gedagen.
ich kume nâch mînen schulden
gerne ze sînen hulden.
nû bitet in sîn mære,   185
des ê begunnen wære,
durch iuwer liebe volsagen:
man mac vil gerne vor iu dagen.'
    Sus antwurte Kalogrenant
'ez ist umb iuch alsô gewant   190
daz iu niemen daz merken sol,
sprechet ir anders danne wol.
mir ist ein dinc wol kunt:
ez ensprichet niemannes munt
wan als in sîn herze lêret: 195
swen iuwer zunge unêret,
dâ ist daz herze schuldec an.
in der werlte ist manec man
valsch und wandelbære,
der gerne biderbe wære,   200
wan daz in sîn herze enlât.
swer iuch mit lêre bestât,
deist ein verlorniu arbeit.
irn sult iuwer gewonheit
durch nieman zebrechen: 205
der humbel der sol stechen,
ouch ist reht, daz der mist
stinke swâ der ist.

der hornûz sol diezen.
ichn möhte niht geniezen   210
iuwers lobes und iuwer vriuntschaft,
wan iuwer rede hât niht kraft.
ouch wil ich niht engelten
swaz ir mich muget geschelten.
war umbe solt ir michs erlân?   215
ir habt ez tiurerm man getân.
doch sol man ze dirre zît
und iemer mêre swâ ir sît
mînes sagennes enbern.
mîn vrouwe sol mich des gewern   220
daz ichs mit hulden über sî.'
      Dô sprach der herre Keiî
'nû enlânt disen herren
mîne schulde niht gewerren
wan dien hânt wider iuch niht getân.   225
mîn vrouwe sol iuch niht erlân,
irn saget iuwer mære
wandez niht reht wære,
engulten sî alle sament mîn.'
dô sprach diu guote künegîn   230
'herre Kalogrenant,
nû ist iu selbem wol erkant
und sît erwahsen dâ mite,
daz in sîn bœser site
vil dicke hât entêret   235
und daz sich niemen kêret
an deheinen sînen spot.
ez ist mîn bete und mîn gebot
daz ir saget iuwer mære,
wandez sîn vreude wære,   240
heter uns die rede erwant.'
      Dô sprach Kalogrenant
'swaz ir gebietet, daz ist getân.
sît ir michs niht welt erlân,
sô vernemet ez mit guotem site   245

unde mietet mich dâ mite:
ich sage iu deste gerner vil,
ob manz ze rehte merken wil.
man verliuset michel sagen,
man enwelles merken unde dagen.   250
maneger biutet diu ôren dar:
ern nemes ouch mit dem herzen war,
sône wirt im niht wan der dôz,
und ist der schade alze grôz,
wan sî verliesent beide ir arbeit,   255
der dâ hœret und der dâ seit.
ir muget mir deste gerner dagen:
ich enwil iu deheine lüge sagen.

  Ez geschach mir, dâ von ist ez wâr
(es sint nû wol zehen jâr),   260
daz ich nâch âventiure reit,
gewâfent nâch gewonheit,
ze Breziljân in den walt.
dâ wâren die wege manecvalt.
dô kêrt ich nâch der zeswen hant   265
ûf einen stîc den ich dâ vant;
der wart vil rûch und enge:
durch dorne und durch gedrenge
sô vuor ich allen den tac,
daz ich vür wâr wol sprechen mac   270
daz ich sô grôze arbeit
nie von ungeverte erleit.
und dô ez an den âbent gienc,
einen stîc ich dô gevienc,
der truoc mich ûz der wilde   275
und kam an ein gevilde.
dem volget ich eine wîle,
niht vol eine mîle,
unz ich eine burc ersach:
dar kêrt ich durch mîn gemach.   280
  Ich reit gegen dem bürgetor.
dâ stuont ein ritter vor.

er hete, den ich dâ stânde vant,
einen mûʒerhabech ûf der hant:
diz was des hûses herre.   285
und als er mich von verre
zuo im sach rîten,
nûne mohter niht erbîten
und enlie mir niht die muoʒe
daʒ ich zuo sînem gruoʒe   290
volleclîchen wære komen,
ern hete mir ê genomen
den zoum und den stegereif.
und als er mich alsô begreif,
dô enpfienc er mich alsô schône,   295
als im got iemer lône,
wan mir wirt lîhte unz an mînen tôt
der herberge niemer mê sô nôt.
   Nû hienc ein tavel vor dem tor
an zwein ketenen enbor: 300
dâ sluoc er an daʒ eʒ erhal
und daʒ eʒ in die burc erschal.
dar nâch was vil unlanc
unz daʒ dort her vür spranc
des wirtes samenunge,   305
schœne unde junge
juncherren unde knehte
gekleidet nâch ir rehte,
die hieʒen mich willekomen sîn.
mînes orses unde mîn   310
wart vil guot war genomen,
und vil schiere sach ich komen,
dô ich in die burc gienc,
eine juncvrouwen diu mich enpfienc.
ich gihe noch als ich dô jach,   315
daʒ ich nie schœner kint gesach:
diu entwâfente mich,
und einen schaden klage ich
(des enwunder niemen),

daz der wâfenriemen   320
alsô rehte lützel ist,
daz sî niht langer vrist
mit mir solde umbe gân:
ez was ze schiere getân,
ich enruochte, soldez iemer sîn.   325
ein scharlaches mäntelîn
daz gap sî mir an.
ich unsæliger man,
daz sî mîn ouge ie gesach,
dô uns ze scheidenne geschach.   330
    Wir zwei beliben eine.
dô verstuont sich wol diu reine
daz ich gerne bî ir was:
an ein daz schœneste gras
daz diu werlt ie gewan,   .   335
dâ vuorte sî mich an,
ein wênic von den liuten baz,
daz liez ich weizgot âne haz.
hie vant ich wîsheit bî der jugent,
grôze schœne und ganze tugent.   340
sî saz mir güetlîchen bî,
und swaz ich sprach, daz hôrte sî
und antwurtes mit güete.
ez enbetwanc mîn gemüete
und bekumberte mînen lîp   345
nie sô sêre maget noch wîp
und getuot ouch lîhte niemer mê.
ouwê iemer und ouwê,
waz mir dô vreuden benam
ein bote der von dem wirte kam!   350
der hiez uns beidiu ezzen gân,
dô muose ich rede und vreude lân.
    Dô ich mit ir ze tische gienc,
der wirt mich anderstunt enpfienc.
ez engebôt nie wirt mêre   355
sînem gaste grœzer êre.

er tete den stîgen und den wegen
manegen güetlîchen segen,
die mich gewîset heten dar.
hie mite sô übergult erz gar,   360
daz er mich ir nie verstiez
und mich sô güetlîchen liez
mit der juncvrouwen ezzen.
ouch enwart dâ niht vergezzen
wirn heten alles des die kraft   365
daz man dâ heizet wirtschaft.
man gap uns spîse diu was guot,
dâ zuo willigen muot.
 Dô wir mit vreuden gâzen
und dâ nâch gesâzen,   370
und ich im hete geseit
daz ich nâch âventiure reit,
des wundert in vil sêre,
und jach daz im nie mêre
dehein der gast wære komen   375
von dem er hete vernomen
daz er âventiure suochte,
und bat daz ich des geruochte,
swenn ich den wec dâ wider rite
daz ich in danne niene mite.   380
dâ wider het ich deheinen strît:
ich lobet ez und leiste ez sît.
 Dô slâfennes zît wart,
dô gedâhte ich an mîne vart,
und dô ich niene wolde   385
noch belîben solde,
dô wart der ritterlîchen maget
von mir gnâde gesaget
ir guoten handelunge.
diu süeze und diu junge   390
diu lachet unde neic mir.
seht, dô muose ich von ir.
daz gesinde daz bevalch ich gote.

ze mînes wirtes gebote
dâ bôt ich mich vil dicke zuo.   395
dan schiet ich und reit vil vruo
ze walde von gevilde.
dâ râmete ich der wilde
und vant nâch mitten morgen
in dem walde verborgen   400
ein breitez geriute
âne die liute.

   Dâ gesach ich mir vil leide
ein swære ougenweide:
aller der tiere hande   405
die man mir ie genande,
vehten unde ringen
mit eislîchen dingen.
dâ vâhten mit grimme
mit griulîcher stimme   410
wisente und ûrrinder.
dô gehabte ich hinder,
und rou mich daz ich dar was komen,
und heten sî mîn war genomen,
sôn triute ich mich anders niht erwern,   415
wan ich bat mich got genern:
vil gerne wold ich von dan.
dô gesach ich sitzen einen man
in almitten under in:
daz getrôste mir den sin.   420
dô ich aber im nâher kam
und ich sîn rehte war genam,
dô vorhte ich in alsô sêre
sam diu tier ode mêre.

   Sîn menschlich bilde   425
was anders harte wilde:
er was einem môre gelîch,
michel und als eislîch
daz ez niemen wol geloubet.
zewâre im was sîn houbet   430

grœzer danne einem ûre.
ez hete der gebûre
ein ragendez hâr ruozvar,
daz was im vast unde gar
verwalken zuo der swarte   435
an houbet und an barte.
sîn antlütze was wol ellen breit,
mit grôzen runzen beleit.
ouch wâren im diu ôren
als einem walttôren   440
vermieset zewâre
mit spanne langem hâre,
breit alsam ein wanne.
dem ungevüegen manne
wâren granen unde brâ   445
lanc, rûch unde grâ,
diu nase als einem ohsen grôz,
kurz, wît, niender blôz,
daz antlütze dürre unde vlach
(ouwî wie eislîch er sach!),   450
diu ougen rôt zornvar.
der munt hete im gar
beidenthalp diu wangen
mit wîte bevangen.
er was starke gezan,   455
als ein eber, niht als ein man:
ûzerhalp des mundes tür
rageten sî im her vür
lanc, scharpf, grôz, breit.
im was daz houbet geleit   460
daz im sîn rûhez kinnebein
gewahsen zuo den brüsten schein.
sîn rücke was im ûf gezogen,
hoveroht und ûz gebogen.
er truoc an seltsæniu kleit: 465
zwô hiute hete er an geleit,
die hete er in niuwen stunden

zwein tieren abe geschunden.
er truoc einen kolben alsô grôz
daz mich dâ bî im verdrôz.   470
    Dô ich im alsô nâhen kam
daz er mîn wol war genam,
zehant sach ich in ûf stân
unde nâhen zuo mir gân.
weder wider mich sîn muot   475
wære übel ode guot,
des enweste ich niht die wârheit,
und was iedoch ze wer bereit.
weder er ensprach noch ich.
dô er sweic, dô versach ich mich   480
daz er ein stumbe wære,
und bat mir sagen mære.
    Ich sprach 'bistu übel ode guot?'
er sprach 'swer mir niene tuot,
der sol ouch mich ze vriunde hân.'   485
'mahtu mich danne wizzen lân,
waz creâtiure bistû?'
'ein man, als dû gesihest nû.'
'nû sage mir waz dîn ambet sî.'
'dâ stân ich disen tieren bî.'   490
'nû sage mir, tuont sî dir iht?'
'sî lobetenz, tæte ich in niht.'
'entriuwen, vürhtent sî dich?'
'ich pflige ir, und sî vürhtent mich
als ir meister und ir herren.'   495
'sage, waz mac in gewerren
dîn meisterschaft und dîn huote,
sîne loufen nâch ir muote
ze walde und ze gevilde?
wan ich sihe wol, sî sint wilde,   500
sîne erkennent man noch sîn gebot.
ich enwânde niht, daz âne got
der gewalt iemen töhte
der sî betwingen möhte

âne slôz und âne bant.'   505
er sprach 'mîn zunge und mîn hant,
mîn bete und mîn drô
die hânt mir sî gemachet sô
daz sî bibende vor mir stânt
und durch mich tuont unde lânt.   510
swer ouch anders under in
solde sîn als ich bin,
der wære schiere verlorn.'
'herre, vürhtent sî dînen zorn,
sô gebiut in vride her ze mir.'   515
er sprach 'niene vürhte dir:
sine tuont dir bî mir dehein leit.
nû hân ich dir vil gar geseit
swes dû geruochtest vrâgen:
nune sol dich niht betrâgen,   520
dune sagest mir waz dû suochest.
ob du iht von mir geruochest,
daz ist allez getân.'
ich sprach 'ich wil dich wizzen lân,
ich suoche âventiure.'   525
dô sprach der ungehiure
'âventiure? waz ist daz?'
 daz wil ich dir bescheiden baz.
nû sich, wie ich gewâfent bin:
ich heize ein ritter und hân den sin   530
daz ich suochende rîte
einen man der mit mir strîte,
der gewâfent sî als ich.
daz prîset in, ersleht er mich;
gesige aber ich im an,   535
sô hât man mich vür einen man,
und wirde werder danne ich sî.
sî dir nû nâhen ode bî
kunt umb solhe wâge iht,
daz verswîc mich niht   540
unde wîse mich dar,

wand ich nâch anders niht envar.'
Alsus antwurte er mir dô
'sît dîn gemüete stât alsô
daz dû nâch ungemache strebest   545
und niht gerne sanfte lebest —
ich engehôrte bî mînen tagen
solhes nie niht gesagen
waz âventiure wære,
doch sage ich dir ein mære —:   550
wil dû den lîp wâgen,
sone darftû niht mê vrâgen.
hie ist ein brunne nâhen bî
über kurzer mîle drî.
zewâre unde kumestû dar   555
und tuostû im sîn reht gar:
tuostû danne die widerkêre
âne grôze dîn unêre,
sô bistû wol ein vrum man,
dâne zwîvel ich niht an.   560
waz vrumt ob ich dir mêre sage?
ich weiz wol, und bistû niht ein zage,
sô gesihestû wol in kurzer vrist
selbe waz diu rede ist.
    Noch hœre, waz sîn reht sî.   565
dâ stât ein capelle bî,
diu ist schœne und aber kleine.
kalt und vil reine
ist der selbe brunne.
in rüeret regen noch sunne,   570
noch entrüebent in die winde:
des schirmet im ein linde
daz nie man schœner gesach,
diu ist sîn schate und sîn dach.
sî ist breit, hôch und alsô dic,   575
daz regen noch der sunnen blic
niemer dar durch enkumt.
ir enschadet der winter noch envrumt

an ir schœne niht ein hâr,
sine stê geloubet durch daʒ jâr.   580
und ob dem brunne stât ein
harte zierlîcher stein,
undersatzt mit vieren
marmelînen tieren,
der ist gelöchert vaste.   585
eʒ hanget von einem aste
von golde ein becke her abe,
jâne wæne ich daʒ iemen habe
dehein beʒʒer golt danne eʒ sî.
diu keten dâ eʒ hanget bî,   590
diu ist ûʒ silber geslagen.
wil dû danne niht verzagen,
sône tuo dem becke niht mê:
giuʒ ûf den stein der dâ stê
dâ mite des brunnen ein teil: 595
deiswâr, sô hâstû guot heil,
gescheidestû mit êren dan.'
    Hin wîste mich der waltman
einen stîc ze der winstern hant.
ich vuor des endes unde vant   600
der rede eine wârheit
als er mir hete geseit,
und vant dâ grôʒ êre.
man gehœret niemer mêre,
diu werlt stê kurz ode lanc,   605
sô wünneclîcheʒ vogelsanc
als ich ze der linden vernam,
dô ich dar zuo geriten kam.
der ie gewesen wære
ein tôtriuwesære,   610
des herze wære dâ gevreut.
sî was mit vogelen bestreut,
daʒ ich der este schîn verlôs
und ouch des loubes lützel kôs.
der enwâren niender zwêne glîch: 615

ir sanc was sô mislîch,
hôch unde nidere.
die stimme gap in widere
mit glîchem galme der walt.
wie dâ sanc sange galt!   620
den brunnen ich dar under sach,
und swes der waltman mir verjach.
ein smâreides was der stein.
ûz iegelîchem orte schein
ein alsô gelpfer rubîn,   625
der morgensterne enmöhte sîn
niht schœner swenne er ûf gât
und in des luftes trüebe lât.
    Dô ich daz becke hangende vant
dô gedâhte ich des zehant,   630
sît ich nâch âventiure reit,
ez wære ein unmanheit
ob ich dô daz verbære
ich enversuochte waz daz wære,
und riet mir mîn unwîser muot,   635
der mir vil dicke schaden tuot,
daz ich gôz ûf den stein.
dô erlasch diu sunne diu ê schein,
und zergie daz vogelsanc,
als ez ein swarz weter twanc.   640
diu wolken begunden
in den selben stunden
von vier enden ûf gân.
der liehte tac wart getân,
daz ich die linden kûme gesach.   645
grôz ungnâde dâ geschach.
vil schiere dô gesach ich
in allen enden umbe mich
wol tûsent tûsent blicke.
dar nâch sluoc alsô dicke   650
ein alsô kreftiger donerslac,
daz ich ûf der erde gelac.

sich huop ein hagel und ein regen,
wan daz mich der gotes segen
vriste von des weters nôt, 655
ich wære der wîle dicke tôt.
daz weter wart als ungemach
daz ez den walt nider brach.
was iender boum dâ sô grôz
daz er bestuont, der wart blôz 660
und loubes alsô lære
als er verbrennet wære.
swaz lebete in dem walde,
ez entrünne danne balde,
daz was zehant tôt. 665
ich hete von des weters nôt
mich des lîbes begeben
und enahte niht ûf mîn leben,
und wære sunder zwîvel tôt,
wan daz der hagel und diu nôt 670
in kurzer wîle gelac
und begunde liehten der tac.
   Dô diu vreise zergienc
und ez ze wetere gevienc,
wære ich gewesen vür wâr 675
bî dem brunnen zehen jâr,
ich enbegüzze in niemer mê,
wan ich hete ez baz gelâzen ê.
die vogele kâmen widere:
ez wart von ir gevidere 680
diu linde anderstunt bedaht,
sî huoben aber ir süezen braht
und sungen verre baz danne ê.
mir enwart dâ vor nie sô wê,
des enwære nû allez vergezzen. 685
alsus het ich besezzen
daz ander paradîse.
die selben vreude ich prîse
vür alle die ich ie gesach.

jâ wânde ich vreude ân ungemach   690
unangestlîchen iemer hân.
sehet, dô trouc mich mîn wân:
mir nâhte laster unde leit.
   Nû sehet wâ dort her reit
ein ritter, des geverte   695
was grimme und alsô herte
daȥ ich des wânde eȥ wære ein her.
iedoch bereite ich mich ze wer.
sîn ors was starc, er selbe grôȥ,
des ich vil lützel genôȥ.   700
sîn stimme lûte sam ein horn.
ich sach wol, im was an mich zorn.
als ab ich in einen sach,
mîn vorhte und mîn ungemach
wart gesenftet iedoch,   705
und gedâhte ze lebenne noch,
und gurte mînem orse baȥ.
dô ich dâ wider ûf gesaȥ,
dô was er komen daȥ er mich sach.
vil lûte rief er unde sprach,   710
dô er mich aller verrest kôs,
'ritter, ir sît triuwelôs:
mir enwart von iu niht widerseit,
und habt mir lasterlîcheȥ leit
in iuwerr hôchvart getân.   715
nû wie sihe ich mînen walt stân!
den habt ir mir verderbet
und mîn wilt ersterbet
und mîn gevügele verjaget.
iu sî von mir widersaget!   720
ir solt es mir ze buoȥe stân
ode eȥ muoȥ mir an den lîp gân.
daȥ kint daȥ dâ ist geslagen,
daȥ muoȥ wol weinen unde klagen:
alsus klage ich von schulden.   725
ich enhân wider iuwern hulden

mit mînem wiʒʒen niht getân:
âne schulde ich grôʒen schaden hân.
hie ensol niht vrides mêre wesen:
wert iuch, ob ir welt genesen l'   730
   Dô bôt ich mîn unschulde
und suochte sîne hulde
wand er was merre danne ich.
dô ensprach er niht wider mich,
wan daʒ ich mich werte,   735
ob ich mich gerne nerte.
dô tet ich daʒ ich mohte,
daʒ mir doch lützel tohte:
ich tjostierte wider in —
des vuorte er mîn ors hin.   740
daʒ beste heil daʒ mir geschach,
daʒ was daʒ ich mîn sper zebrach.
vil schône satzte mich sîn hant
hinder daʒ ors an daʒ lant,
daʒ ich vil gar des vergaʒ   745
ob ich ûf ors ie gesaʒ.
er nam mîn ors und lie mich ligen:
mir was gelückes dâ verzigen.
dô enmuote mich niht sô sêre,
er enbôt mir nie die êre   750
daʒ er mich wolde an gesehen.
dô im diu êre was geschehen,
dô gebârte er rehte diu gelîch,
als im allertägelîch
zehenstunt geschæhe alsame.   755
der prîs was sîn und mîn diu schame.
swaʒ ich doch lasters dâ gewan,
dâ was ich ein teil unschuldec an:
mir was der wille harte guot,
dô enmohten mir diu werc den muot   760
an im niht volbringen:
des muose mir misselingen.
   Dô mir des orses wart verzigen,

ich enmohte niht iemer dâ geligen.
dô geruochte ich gân von dan   765
als ein êrlôser man
und saz aber ze dem brunnen.
der unzuht sult ir mich verkunnen,
swie niugerne ich anders sî,
und sæz ich iemer dâ bî,   770
ich enbegüzze in niemer mêre:
ich engalt es ê sô sêre.
    Dô ich genuoc lange dâ gesaz
unde betrahte daz
waz mir ze tuonne wære,   775
mîn harnasch was ze swære
daz ichz niht gânde enmohte getragen.
nû waz mag ich iu mêre sagen?
wan ich schuttez abe und gie dan.
ich genâdelôser man   780
gedâhte war ich kêrte,
unz mich mîn herze lêrte,
daz mir an mînen wirt geriet
von dem ich des morgens schiet.
    Swie ich dar kam gegangen,   785
ich enwart niht wirs enpfangen
danne ouch des âbents dô ich dâ reit:
daz machete aber sîn hövescheit.
wære mir diu êre geschehen,
als ich in dem laster wart gesehen,   790
mîn handelunge wære gnuoc guot.
alsus trôsten sî mir den muot,
er und mîn juncvrouwe.
daz sî got iemer schouwe!
    Ich hân einem tôren glîch getân,   795
diu mære der ich laster hân,
daz ich diu niht kan verdagen.
ich enwoldes ouch ê nie gesagen.
wære mir iht baz geschehen,
des hôrtet ir mich ouch nû jehen.   800

sî iuwer deheinem geschehen baꝫ,
ob er nû welle, der sage ouch daꝫ.'

NOTES

1–7. 'Whoever bends his whole mind (**gemüete**) to true worthiness (**güete**) will be attended by good fortune and be honoured by his fellows. We learn assurance of this from (the example of) the noble King Arthur, who knew well how to strive in knightly wise after renown.'

5. Artûs, from Old French **Artus** (the form used by Chrétien) or **Arturs.** For the development of Arthurian romance, see the literary histories.

13. 'his compatriots', i.e. the Bretons, who maintained that Arthur was still alive.

15. den lop, 'such fame' (N.B., NHG **das Lob**).

18. er, 'that man'.

20. sînem, i.e. Arthur's.

22. eꝫ ... las, 'did some reading'.

23–5. 'when he had no better use for his time than to ...': the pose of the dilettante. Hartmann was, of course, a highly professional poet.

32. Karidôl is usually taken to be Carlisle, but may be Cardiff (Chrétien has **Carduel an Gales**). The story is vaguely located partly in Britain, partly in Brittany. The geography, of course, meant little to Hartmann and his audience, but Chrétien had been in Britain.

38–9. 'a base man was held there in slight esteem indeed': **bœse,** cf. §79.

45. 'their life at court (lit. 'the court and their life') was made pleasant to them by ...'.

53. 'but we have our own lives to live now'.

62. enbeiꝫ is pluperfect.

65. wider = 'to' (*not* 'against'!).

71. seneder arbeit, 'the pangs of love': **seneder = senender.**

73. Gâwein was Arthur's nephew, the noblest of the knights. He occurs in all the romances (Wolfram in *Parzival* calls him **Gâwân**).

74. Keiî ('Sir Kay'), the seneschal or steward, is a stock figure of fun: he is boastful, abusive, and prefers comfort to honour.

95. 'little to his credit'.

105. eine, only, alone: § 23.

130. geschehen cannot be translated literally here: 'he would have displayed the same good manners.'

147. vertreit = vertraget: § 13.

153–4. 'if you had not said this, you would have burst'.

165. **zuht** *here* = 'reproof'.

168. This is ironical in view of 112.

194–5. Cf. Matthew 12: 34 **ex abundantia cordis os loquitur.**

206. **sol,** 'it is natural that . . .'.

210. 'I could have no profit of . . .': cf. §87.

221. 'that I may be graciously excused it'.

243. **ist getân,** 'shall be done'.

246. 'let that be my reward'.

263. **Breziljân,** the forest of Broceliande in Brittany, where there was supposed to be a magic fountain which caused rain (cf. 553 ff.).

315. Note these forms of **jehen**: §12 (i).

325. 'I would not have cared if it had lasted for ever.'

331. **eine,** alone (see 105).

350. **wirt**: cf. §75.

365. **kraft,** plenty.

369–70. **gâzen** (=**ge-âzen**), **gesâzen** are pluperf.: cf. 62.

380. **mite,** from **mîden.**

382. **leiste** = **leistete.**

394–5. 'I offered my services.'

404. 'a dreadful sight': **swære** ironically converts **ougenweide** into its opposite.

405. = **aller hande der tiere.**

412. 'I held back.'

413. **rou,** from **riuwen.**

415. **triute** = **triuwete.**

440. **walttôre,** savage.

452–4. 'his mouth was so wide that it spread into both his cheeks.' The wild herdsman represents the antithesis of the courtly ideal.

458. **sî,** his teeth, implied by **gezan** (455).

466. **hiute,** see **hût.**

475. **weder** *here* = 'whether'.

492. 'they would be glad if I did nothing to them.'

520–1. 'Now you must not mind telling me . . .'.

523. Cf. 243.

528 ff. There is much irony in Kalogrenant's famous (and extremely shallow) definition of **âventiure**: §78.

588. **iemen** = **niemen**: §65.

594. **stê,** subjunctive after an imperative: §61 (i).

618 ff. The forest re-echoed the bird-song.

674. 'when fair weather returned'.

701. lûte, 'resounded': from liuten.

723. 'if a child . . .'

733. merre, 'bigger'.

734. wider, see 65.

735. werte is subj.: 'should defend.'

753. diu gelîch, see § 54.

760. muot, *here* 'intention'.

785. gegangen, 'on foot': contrasted with reit (787).

789. diu êre, cf. den lop (15).

II
WOLFRAM VON ESCHENBACH

Circa 1170–1225. A poor knight born at Eschenbach (now Wolframs-Eschenbach) near Ansbach. Author of *Parzival* (freely adapted from the unfinished *Contes del Graal* of Chrétien de Troyes), of the unfinished *Willehalm* and the strophic fragments known as *Titurel*, as well as of some fine lyrics. In the editions of *Parzival* and *Willehalm* the lines are numbered in groups of 30, an arrangement apparently intended by Wolfram. *Parzival* is divided into 16 books.

i
From *Parzival*, Book III (117, 7–129, 4)

Sich zôch diu frouwe jâmers balt
ûz ir lande in einen walt,
zer waste in Soltâne;
niht durch bluomen ûf die plâne.
ir herzen jâmer was sô ganz,   5
sine kêrte sich an keinen kranz
er wære rôt oder val.
si brâhte dar durch flühtesal
des werden Gahmuretes kint.
liute, die bî ir dâ sint,   10
müezen bûwen unde riuten.

si kunde wol getriuten
ir sun. ê daʒ sich der versan,
ir volc si gar für sich gewan:
eʒ wære man oder wîp,   15
den gebôt si allen an den lîp,
daʒ si iemer rîters wurden lût:
'wan friesche daʒ mîns herzen trût,
welch rîters leben wære,
daʒ würde mir vil swære.   20
nû habet iuch an der witze kraft
und helt in alle rîterschaft.' .
    Der site fuor angestlîche vart.
der knappe alsus verborgen wart
zer waste in Soltâne erzogen,   25
an küneclîcher fuore betrogen,
eʒ enmöhte an eime site sîn:
bogen unde bölzelîn
die sneit er mit sîn selbes hant
und schôʒ vil vogele die er vant.   30
swenne ab er den vogel erschôʒ,
des schal von sange ê was sô grôʒ,
sô weinde er unde roufte sich,
an sîn hâr kêrt' er gerich.
sîn lîp was klâr unde fier: 35
ûf dem plâne am rivier
twuog er sich alle morgen.
er enkunde niht gesorgen,
eʒ enwære ob im der vogelsang:
diu süeʒe in sîn herze dranc,   40
daʒ erstracte im sîniu brüstelîn.
al weinende er lief zer künegîn.
sô sprach si 'wer hât dir getân?
dû wære hin ûʒ ûf den plân.'
er'n kunde ir gesagen niht,   45
als kinden lîhte noch geschiht.
dem mære gienc si lange nâch.
eins tages si in kapfen sach

ûf die boume nâch der vogele schal.
si wart wol innen daȝ zeswal   50
von der stimme ir kindes brust:
des twang in art und sîn gelust.
frou Herzeloyde kêrte ir haȝ
an die vogele, sine wesse um waȝ:
si wolde ir schal verkrenken.   55
ir bûliute und ir enken
die hieȝ si vaste gâhen,
vogele würgen unde vâhen.
die vogele wâren baȝ geriten:
etslîches sterben wart vermiten.   60
der beleip dâ lébendic ein teil,
die sît mit sange wurden geil.
    Der knappe sprach zer künegîn
'waȝ wîȝet man den vogelîn?'
er gerte in frides sâ zestunt.   65
sîn muoter kuste in an den munt:
diu sprach 'wes wende ich sîn gebot,
der doch ist der hœhste got?
suln vogele durch mich fröude lân?'
der knappe sprach zer muoter sân   70
'owê muoter, waȝ ist got?'
'sun, ich sage dir'ȝ âne spot:
er ist noch liehter denne der tac,
der antlitzes sich bewac
nâch menschen antlitze.   75
sun, merke eine witze,
und flêhe in umbe dîne nôt:
sîn triuwe der werlde ie helfe bôt.
sô heiȝet einer der helle wirt:
der ist swarz, untriuwe in niht verbirt.   80
von dem kêre dîne gedanke
und ouch von zwîvels wanke.'
sîn muoter underschiet im gar
daȝ vinster und daȝ lieht gevar.
    Dar nâch sîn snelheit verre spranc.   85

er lernte den gabilôtes swanc,
dâ mite er manegen hirz erschôz:
des sîn muoter und ir volc genôz.
ez wære æber oder snê,
dem wilde tet sîn schiezen wê.   90
nû hœret fremdiu mære:
swenn' er erschôz daz swære,
des wære ein mûl geladen genuoc,
als unzerworht hin heim er'z truoc.
   Eins tages gienc er den weideganc   95
an einer halden, diu was lanc.
er brach durch blates stimme ein zwîc.
dâ nâhen bî im gienc ein stîc:
dâ hôrt' er schal von huofslegen.
sîn gabilôt begund' er wegen.   100
dô sprach er 'waz hân ich vernomen?
wan wolde et nû der tiuvel komen
mit grimme zorneclîche!
den bestüende ich sicherlîche.
mîn muoter freisen von im saget: 105
ich wæn ir ellen sî verzaget.'
alsus stuont er in strîtes ger.
nû seht, dort kom geschûftet her
drî rîter nâch wunsche var
von fuoze ûf gewâpent gar.   110
der knappe wânde sunder spot,
daz ieslîcher wære ein got.
dô stuont ouch er niht lange hie,
in'z phat viel er ûf sîniu knie.
lûte rief der knappe sân   115
'hilf, got: dû maht wol helfe hân.'
der vorder zornes sich bewac,
dô der knappe im phade lac:
'dirre tœrsche Wâleise
unsich wendet gâher reise.'   120
ein prîs den wir Beier tragen,
muoz ich von Wâleisen sagen:

die sint tœrscher denne beiersch her,
und doch bî manlîcher wer.
swer in den zwein landen wirt,   125
gefuoge ein wunder an im birt.
   Dô kom geleischieret
und wol gezimieret
ein rîter, dem was harte gâch.
er reit in strîteclîchen nâch,   130
die verre wâren von im komen:
zwên' rîter heten im genomen
eine frouwen in sîme lande.
den helt ez dûhte schande:
in müete der juncfrouwen leit,   135
diu jæmerlîche vor in reit.
dise drî wâren sîne man.
er reit ein schœne kastelân.
sîns schildes was vil wênic ganz.
er hiez Karnahkarnanz   140
leh cons Ulterlec.
er sprach 'wer irret uns den wec?'
sus fuor er zuome knappen sân.
den dûhter als ein got getân:
er enhet' ê sô liehtes niht erkant.   145
ûfem touwe der wâpenroc erwant.
mit guldîn schellen kleine
vor ietwederem beine
wâren die stegereife erklenget
und ze rehter mâze erlenget.   150
sîn zeswer arm von schellen klanc,
swar er den bôt oder swanc.
der was durch swertslege sô hel:
der helt was gein prîse snel.
sus fuor der fürste rîche   155
gezimieret wünneclîche.
   Aller manne schœne ein bluomen kranz,
den vrâgte Karnahkarnanz
'junchêrre, sâht ir für iuch varn

zwên' rîter die sich niht bewarn   160
kunnen an rîterlîcher zunft?
si ringent mit der nôtnunft
und sint an werdekeit verzaget:
si füerent roubes eine maget.'
der knappe wânde, swaz er sprach,   165
ez wære got, als im verjach
frou Herzeloyd' diu künegîn
dô s'im underschiet den liehten schîn.
dô rief er lûte sunder spot
'nû hilf mir, helfe rîcher got!'   170
vil dicke viel an sîn gebet
fil lu roy Gahmuret.
der fürste sprach 'ich pin niht got,
ich leiste ab gerne sîn gebot.
dû maht hie vier rîter sehen,   175
ob dû ze rehte kundest spehen.'
der knappe frâgte fürbaz
'dû nennest rîter: waz ist daz?
hâstu niht gotlîcher kraft,
sô sage mir, wer gît rîterschaft?'   180
'daz tuot der künec Artûs.
junchêrre, komt ir in des hûs,
der bringet iuch an rîters namen,
daz ir's iuch niemer durfet schamen.
ir mugt wol sîn von rîters art.'   185
von den helden er geschouwet wart:
dô lac diu gotes kunst an ime.
von der âventiure ich daz nime,
diu mich mit wârheit des beschiet:
nie mannes varwe baz geriet   190
vor ime sît Adâmes zît.
des wart sîn lop von wîben wît.
    Aber sprach der knappe sân,
dâ von ein lachen wart getân:
'ay rîter got, waz mahtû sîn?   195
dû hâst sus manec vingerlîn

an dînen lîp gebunden
dort oben und hie unden.'
aldâ begreif des knappen hant
swaʒ er îsers an dem fürsten vant: 200
des harnasch begunde er schouwen.
'mîner muoter juncfrouwen
ir vingerlîn an snüeren tragent,
diu niht sus an ein ander ragent.'
der knappe sprach durch sînen muot   205
zem fürsten 'war zuo ist diz guot,
daʒ dich sô wol kan schicken?
i'ne mages niht abe gezwicken.'
der fürste im zeigete sâ sîn swert:
'nû sich, swer an mich strîtes gert,   210
des selben wer ich mich mit slegen.
für die sîne muoʒ ich an mich legen,
und für den schuʒ und für den stich
muoʒ ich alsus wâpen mich.'
aber sprach der knappe snel   215
'ob die hirze trüegen sus ir vel,
sône verwunt' ir niht mîn gabilôt.
der vellet manger von mir tôt.'
    Die rîter zurnden daʒ er hielt
bî dem knappen der vil tumpheit wielt.   220
der fürste sprach 'got hüete dîn.
owî wan wær' dîn schœne mîn!
dir hete got den wunsch gegeben,
ob dû mit witzen soldest leben.
diu gotes kraft dir virre leit!'   225
die sîne und ouch er selbe reit
unde gâheten balde
z'einem velde in dem walde.
dâ vant der gefüege
froun Herzeloyden phlüege.   230
ir volke leider nie geschach,
die er balde eren sach;
si begunden sæn, dar nâch egen,

ir gart ob starken ohsen wegen.
der fürste in guoten morgen bôt   235
und frâgte, ob si sæhen nôt
eine juncfrouwen lîden;
sine kunden niht vermîden,
swes er frâgt', daz wart gesaget.
'zwêne rîter und ein maget   240
dâ riten hiute morgen.
diu frouwe vuor mit sorgen:
mit sporen si vaste ruorten,
die die juncfrouwen fuorten.'
ez was Meljahkanz,   245
den ergâhte Karnahkarnanz;
mit strîte er im die frouwen nam,
diu was dâ vor an fröuden lam.
si hiez Îmâne
von der Beâfontâne.   250
    Die bûliute verzageten
dô die helde für sie jageten.
sie sprâchen 'wie'st uns sus geschehen?
hât unser junchêrre ersehen
ûf disen rîtern helme schart,   255
sône hân wir uns niht wol bewart.
wir sulen der küneginne haz
von schulden hœren umbe daz,
wand er mit uns dâ her lief
hiute morgen dô si dannoch slief.'   260
der knappe enruochte ouch wer dô schôz
die hirze kleine unde grôz:
er huop sich gein der muoter wider
und sagte ir mær'. dô viel si nider:
sîner worte si sô sêre erschrac,   265
daz si unversunnen vor im lac.
dô diu küneginne
wider kom z'ir sinne,
swie si dâ vor wære verzaget,
dô sprach si 'sun, wer hât gesaget   270

dir von rîters orden?
wâ bistû's innen worden?'
'muoter, ich sach vier man
noch liehter danne got getân:
die sageten mir von rîterschaft.   275
Artûses küneclîchiu kraft
sol mich nâch rîters êren
an schildes ambet kêren.'
sich huop ein niuwer jâmer hie.
diu frouwe enwesse rehte, wie   280
daz si ir den list erdæhte
und in von dem willen bræhte.
    Der knappe tump unde wert
iesch von der muoter dicke ein pfert.
daz begunde s'in ir herzen klagen.   285
si dâhte 'i'n wil im niht versagen:
ez muoz aber vil bœse sîn.'
dô gedâhte mêr diu künegîn
'der liute vil bî spotte sint.
tôren kleider sol mîn kint   290
ob sîme liehten lîbe tragen.
wirt er geroufet und geslagen,
sô kumt er mir her wider wol.'
owê der jæmerlîchen dol!
diu frouwe nam ein sactuoch: 295
si sneit im hemede unde bruoch,
daz doch an eime stücke erschein
unz enmitten an sîn blankez bein:
daz wart für tôren kleit erkant.
ein gugeln man obene drûfe vant.   300
al frisch rûch kelberîn
von einer hût zwei ribbalîn
nâch sînen beinen wart gesniten.
dâ wart grôz jâmer niht vermiten.
    Diu künegîn was alsô bedâht,   305
si bat belîben in die naht.
'dûne solt niht hinnen kêren,

ich wil dich list ê lêren.
an ungebanten strâჳen
soltû tunkel fürte lâჳen: 310
die sîhte unde lûter sin,
dâ soltu al balde rîten în.
dû solt dich site nieten,
der werelde grüeჳen bieten.
ob dich ein grâ wîse man   315
zuht wil lêren als er wol kan,
dem soltû gerne volgen,
und wis im niht erbolgen.
sun, lâ dir bevolhen sîn,
swâ dû guotes wîbes vingerlîn   320
mügest erwerben und ir gruoჳ,
daჳ nim: eჳ tuot dir kumbers buoჳ.
dû solt z'ir kusse gâhen
und ir lîp vaste umbevâhen:
daჳ gît gelücke und hôhen muot,   325
ob si kiusche ist unde guot.
dû solt ouch wiჳჳen, sun mîn,
der stolze küene Lähelîn
dînen fürsten abe ervaht zwei lant,
diu solten dienen dîner hant: 330
Wâleis und Norgâls.
ein dîn fürste, Turkentâls,
den tôt von sîner hende enpfienc:
dîn volc er sluoc unde vienc.'
'diz riche ich, muoter, ruocht es got: 335
in verwundet noch mîn gabilôt.'
   Des morgens dô der tac erschein,
der knappe balde wart enein,
im was gein Artûse gâch.
Frou Herzeloyde in kuste und lief im nâch.   340
der werelde riuwe aldâ geschach.
dô si ir sun niht langer sach
(der reit enwec: wem'st deste baჳ?),
dô viel diu frouwe valsches laჳ

ûf die erde, aldâ si jâmer sneit   345
sô daʒ si ein sterben niht vermeit.
ir vil getriulîcher tôt
der frouwen wert' die hellenôt.
owol sie daʒ se ie muoter wart!
sus fuor die lônes bernden vart   350
ein wurzel der güete
und ein stam der diemüete.
owê daʒ wir nû niht enhân
ir sippe unz an den eilften spân!
des wirt gevelschet manec lîp.   355
doch solten nû getriuwiu wîp
heiles wünschen disem knaben,
der sich hie von ir hât erhaben.

ii

From *Parzival*, Book V (232, 9–240, 9)

Z'ende an dem palas
ein stähelîn tür entsloʒʒen was:
dâ giengen ûʒ zwei werdiu kint
(nû hœrt wie diu geprüevet sint),
daʒ sie wol gæben minnen solt,   5
swerʒ dâ mit dienste hete erholt.
daʒ wâren juncvrouwen clâr.
zwei schapel über blôʒiu hâr
blüemîn was ir gebende.
iewederiu ûf der hende   10
truoc von golde ein kerzstal.
ir hâr was reit, lanc unde val.
sie truogen brinnendigiu lieht.
hie sule wir vergeʒʒen nieht
umbe der juncvrouwen gewant,   15
dâ man si kumende inne vant.
diu grævîn von Tenabroc,

brûn scharlachen was ir roc:
des selben truoc ouch ir gespil.
si wâren gefischieret vil   20
mit zwein gürteln an der krenke
ob dem hüffe ame gelenke.
nâch den kom ein herzogîn
und ir gespil. zwei stöllelîn
si truogen von helfenbein.   25
ir munt nâch fiuwers rœte schein.
die nigen alle viere.
zwuo satzten schiere
für den wirt die stollen.
dâ wart gedient mit vollen.   30
die stuonden ensamt an eine schar
und wâren alle wol gevar.
den vieren was gelîch ir wât.
nu seht wâ sich niht versûmet hât
ander frouwen vierstunt zwuo,   35
die wâren dâ geschaffet zuo:
viere truogen kerzen grôz,
die andern viere niht verdrôz,
sie entrüegen einen tiuren stein
dâ tages diu sunne lieht durch schein.   40
dâ für was sîn name erkant:
ez was ein grânât jachant
beide lanc unde breit.
durch die lîhte in dünne sneit,
swer in zeime tische maz.   45
dâ obe der wirt durch rîcheit az.
sie giengen harte rehte
für den wirt al ehte.
gein nîgen sie ir houbet wegeten.
viere die taveln legeten   50
ûf helfenbein wîz als ein snê,
stollen die dâ kômen ê.
mit zuht sie kunden wider gên
zuo den êrsten vieren stên.

an disen aht frouwen was 55
röcke grüener denne ein gras
von Azagouc samît,
gesniten wol lanc unde wît.
dâ mitten sie zesamene twanc
gürteln tiure, smal unde lanc. 60
dise ahte frouwen kluoc,
ieslîchiu ob ir hâre truoc
ein kleine blüemîn schapel.
der grâve Îwân von Nônel
unde Jernîs von Rîle, 65
jâ was über manege mîle
ze dienst ir tohter dar genomen:
man sach die zwuo fürstîn komen
in harte wünneclîcher wât.
zwei mezzer snîdende als ein grât 70
brâhten sie durch wunder
ûf zwein tweheln al besunder.
daz was silber herte, wîz,
dar an lac ein spæher vlîz:
im was solch scherpfen niht vermiten, 75
ez hete stahel wol versniten.
vorem silber kômen frouwen wert
der dar ze dienste was gegert:
die truogen lieht dem silber bî,
vier kint vor missewende vrî. 80
sus giengen s'alle sehse zuo:
nû hœrt was ieslîchiu tuo.
si nigen. ir zwuo dô truogen dar
ûf die taveln wol gevar
daz silber, unde legetenz nider. 85
dô giengen sie mit zühten wider
zuo den êrsten zwelven sân.
ob ich geprüevet rehte hân,
hie sulen ahzehen frouwen stên.
âvoy nû siht man sehse gên 90
in wæte die man tiure galt:

daz was halbez plîalt,
daz ander pfelle von Ninnivê.
dise und die êrsten sehse ê
truogen zwelf röcke geteilet,   95
gein tiuwerr kost geveilet.
   Nâch den kom diu künegîn.
ir antlitze gap den schîn,
si wânden alle, ez wolde tagen.
man sach die maget an ir tragen   100
pfellel von Arâbî.
ûf einem grüenen achmardî
truoc si den wunsch von pardîs,
bêde wurzeln unde rîs:
daz was ein dinc, daz hiez der Grâl,   105
erden wunsches überwal.
Repanse de Schoye si hiez,
die sich der grâl tragen liez.
der grâl was von sölher art:
wol muose ir kiusche sîn bewart,   110
diu sîn ze rehte solde pflegen:
diu muose valsches sich bewegen.
   Vorem grâle kômen lieht,
diu wâren von armer koste nieht:
sehs glas lanc, lûter, wol getân,   115
dar inne balsem der wol bran.
dô sie kômen von der tür
ze rehter mâze alsus her für,
mit zühten neic diu künegîn
und al die juncvröuwelîn   120
die dâ truogen balsemvaz.
diu künegîn valscheite laz
satzte für den wirt den grâl.
diz mære giht daz Parzivâl
dicke an sie sach und dâhte,   125
diu den grâl dâ brâhte:
er hete ouch ir mantel an.
mit zuht die sibene giengen dan

zuo den ahtzehen êrsten.
dô liezen sie die hêrsten 130
zwischen sich; man sagte mir,
zwelve iewederthalben ir.
diu maget mit der krône
stuont dâ harte schône.
   Swaz ritter dâ gesezzen was 135
über al den palas,
den wâren kamerære
mit guldînen becken swære
ie vieren geschaffet einer dar,
und ein junchêrre wol gevar 140
der eine wîzen tweheln truoc.
man sach dâ rîcheit genuoc.
der taveln muosen hundert sîn
die man dô truoc zer tür dar în.
man satzte ieslîche schiere 145
für werder rîter viere.
tischlachen var nâch wîze
wurden drûf gelegt mit flîze.
der wirt dô selbe wazzer nam:
der was an hôchmuote lam. 150
mit im twuoc sich Parzivâl.
ein sîdîn twehel wol gemâl
die bôt eins grâven sun dernâch:
dem was ze knien für sie gâch.
swâ dô der taveln keiniu stuont, 155
dâ tet man vier knappen kuont
daz se ir diens niht vergæzen
den die drobe sæzen.
zwêne knieten unde sniten,
die andern zwêne niht vermiten, 160
sine trüegen trinken und ezzen dar
und nâmen ir mit dienste war.
   Hœret mêr von rîcheite sagen:
vier karrâschen muosen tragen
manec tiuwer goltvaz 165

ieslîchem rîter der dâ saz.
man zôch si zen vier wenden.
vier rîter mit ir henden
man s'ûf die taveln setzen sach.
ieslîchem gienc ein schrîbære nâch,   170
der sich dar zuo arbeite
und sie wider ûf bereite,
sô dâ gedienet wære.
nû hœrt ein ander mære:
hundert knappen man gebôt,   175
die nâmen in wîze tweheln brôt
mit zühten vorme grâle.
die giengen alzemâle
und teilten für die taveln sich.
man sagte mir, diz sage ouch ich   180
ûf iuwer ieslîches eit
daz vorem grâle wære bereit
(sol ich des iemen triegen,
sô müezet ir mit mir liegen)
swâ nâch jener bôt die hant,   185
daz er al bereite vant
spîse warm, spîse kalt,
spîse niuwe und dar zuo alt,
daz zam und daz wilde.
es enwürde nie kein bilde,   190
beginnet maneger sprechen.
der wil sich übel rechen:
wan der grâl was der sælden fruht,
der werlde süeze alsölh genuht,
er wac vil nâch gelîche,   195
als man saget von himelrîche.
    In kleiniu goltvaz man nam,
als ieslîcher spîse zam,
salssen, pfeffer, agrâz.
dâ hete der kiusche und der vrâz   200
alle gelîche genuoc;
mit grôzer zuht manz für sie truoc.

môraz, wîn, sinopel rôt,
swâ nâch den napf ieslîcher bôt,
swaz er trinkens kunde nennen,   205
daz mohter drinne erkennen,
allez von des grâles kraft.
diu werde geselleschaft
heten wirtschaft vome grâl.
   Wol gemarcte Parzivâl   210
die rîcheit und daz wunder grôz:
durch zuht in frâgens doch verdrôz.
er dâhte 'mir riet Gurnamanz
mit grôzen triuwen âne schranz,
ich solte vil gevrâgen niht.   215
waz op mîn wesen hie geschiht
die mâze als dort bî im?
âne vrâge ich vernim
wiez dirre massenîe stêt.'
in dem gedanke nâher gêt   220
ein knappe, der truoc ein swert.
des palc was tûsent marke wert,
sîn gehilze was ein rubîn,
ouch möhte wol diu klînge sîn
grôzer wunder urhap.   225
der wirt ez sîme gaste gap.
der sprach 'hêrre, ich brâht'z in nôt
in maneger stat, ê daz mich got
ame lîbe hât geletzet.
nû sît dâ mite ergetzet,   230
ob man iuwer hie niht wol enpflege.
ir muget'z wol füeren alle wege:
swenn' ir geprüevet sînen art,
ir sît gein strîte dâ mite bewart.'
   Owê daz er niht vrâgte dô!   235
des bin ich für in noch unvrô,
wan dô erz enpfienc in sîne hant,
dô was er vrâgens mit ermant.
ouch riuwet mich sîn süezer wirt

den ungenâde niht verbirt,   240
des im von vrâgen nû wære rât.

iii

The conclusion of *Parzival* (Book XVI: 827, 1–30)

Ob von Troys meister Cristjân
disem mære hât unreht getân,
daz mac wol zürnen Kyôt,
der uns diu rehten mære enbôt.
endehaft giht der Provenzâl   5
wie Herzeloyden kint den grâl
erwarp, als im daz gordent was,
dô in verworhte Anfortas.
von Provenze in tiuschiu lant
diu rehten mære uns sint gesant   10
und dirre âventiure endes zil.
niht mêr dâ von nû sprechen wil
ich Wolfram von Eschenbach,
wan als dort der meister sprach.
sîniu kint, sîn hôch geslehte,   15
hân ich iu benennet rehte,
Parzivâls, den ich hân brâht
dar sîn doch sælde hete erdâht.
    Swes leben sich sô verendet,
daz got niht wirt gepfendet   20
der sêle durch des lîbes schulde,
und der doch der werlde hulde
behalten kan mit werdekeit,
daz ist ein nütziu arbeit.
    Guotiu wîp, hânt die sin,   25
deste werder ich in bin,
ob mir deheiniu guotes gan,
sît ich diz mære volsprochen hân.
ist daz durch ein wîp geschehen,
diu muoz mir süezer worte jehen.   30

NOTES

i

Parzival's father Gahmuret fell in knightly combat in the East. His mother Herzeloyde brings up her young son in the forest, trying to shield him from all knowledge of knighthood that he may avoid the same fate.

14. she called all her people before her.

16. **an den lîp,** on pain of death.

17. that they should never (**iemer**) mention the word 'knight': cf. § 65.

27. but for one thing: he was allowed to hunt freely, a strictly preserved royal prerogative.

52. his heredity and his own delight caused him to do this: Parzival's father was a great lover, and bird-song was symbolical of love.

59. **baz geriten,** quicker riders (a knightly metaphor).

61. Note stress: MHG lébendic, NHG lebéndig.

79. **wirt,** cf. § 75.

83-4. His mother explained to him fully the difference between darkness and light, i.e. between the Devil and God.

85. **sîn snelheit,** his quickness = he quickly. Young Parzival is not very interested in his mother's explanations.

97. **durch blates stimme,** for the sake of the voice of the leaf, i.e. to blow on the leaf in imitation of the voice of the male deer, as a decoy.

106. I think her courage is afraid (oxymoron).

119. **Wâleise** has nothing to do with Valois, as sometimes stated, but represents Chrétien's **galois,** Welshman, perhaps in the Norman form **waleis.**

121-4. According to Chrétien, reflecting Anglo-Norman prejudice, the Welsh were said to be stupid, and the Bavarians had a similar reputation; both races, however, were said to be courageous.

125-6. Whoever is born (**wirt**) in these two countries, in him wondrous skill manifests itself: **birt** from **bern,** here used intransitively: 'be born, come to be'.

130-1. **in ... die,** those who, referring to 132.

141. **leh cons** = OFr. **le (li) cons,** the count.

144. **getân:** see Glossary.

153. i.e. so as to resound when he struck a blow.

157-8. K. asked him, who was the perfection of human beauty (not merely 'the flower', but a very garland of flowers).

172. **fil lu roy,** son of the king (**fil,** OFr. acc. incorrectly for nom.).

194. This raised a laugh.

195. Parzival still thinks the knight is a god.

196. Parzival is puzzled by the rings of the knight's chain mail.

243. supply **ros** as object.

245. **Meljahkanz** (OFr. **Meleaganz**) is a notorious abductor in Chrétien's *Lancelot*: he is also mentioned in *Iwein*.

250. **Beâfontâne,** a place-name invented by Wolfram, whose French grammar is not good (cf. 172): **Belefontâne** would have been more correct.

284. **pfert** is contrasted with **ros**: see Glossary.

301. The adjectives really qualify **hût** (302).

309. **ungebant** = NHG **ungebahnt.** Later, Parzival obeys all these instructions with naïve literalness.

331. **Norgâls** must originally have meant North Wales.

336. The **gabilôt** was not a knightly weapon. Later, Parzival slew Ither, whom he took to be Lähelin, with this weapon.

343. **wem'st des̄te baȥ?,** whom does this benefit?, i.e. who feels joy at this parting?

350. The rewarding journey, i.e. to heaven.

355. Because of this (i.e. because Herzeloyde's kin have died out), many a person now is faithless.

ii

Parzival is entertained at a mysterious castle (Munsalvæsche, the Castle of the Holy Graal), whose lord, Anfortas, suffers from a strange wound in the loins. He witnesses a magnificent procession passing through the hall.

3. **kint,** *here* = 'maidens'.

5. **geprüevet,** *here* = 'dressed, attired': see Glossary.

8–9. 'their head-dress was of flowers, (namely) . . .'. They had no **gebende,** the sign of a married woman, but **schapel** instead, the sign of virginity.

16. **dâ . . . inne,** in which; **man si kumende vant,** periphrastic for 'they came'.

26. **nâch fiuwers rœte,** as red as fire.

38–9. **. . . niht verdrôz, sie entrüegen** (§ 67), '(they) were not loath to carry, willingly carried': a construction Wolfram is fond of.

44. 'for the sake of lightness': so as not to be too heavy.

49. Periphrastic for 'they bowed'.

52. **kômen ê,** had come (been brought) already: cf. 24 ff.

55. **was,** sing. verb with plural subject, as not infrequently in Wolfram (cf. i. 108).

75. they had been so sharpened.

78. who had been requested to serve there.

95. divided, i.e. as stated in 92–3.

96. purchased at great expense.

98–9. 'H̦er face was so bright that they thought dawn was coming.'

103. The perfection (all one could wish for) of Paradise: cf. B, 56.

104. 'root and branch', i.e. perfect.

105. The Graal, in Chrétien's poem a chalice, was pictured by Wolfram as a precious stone with, among other things, miraculous food-producing power.

108. 'by whom the Graal permitted itself to be carried'.

122. **valscheite laȝ**, slow to falsehood; cf. i. 344.

127. Parzival had been lent a robe belonging to the princess.

130. **hêrsten** is singular: Repanse de Schoye.

139. to every four: **ie** = NHG **je**.

147. 'white table-cloths.'

149. i.e. to wash his hands.

150. 'his pride was lame', i.e. humbled by the divine punishment which lay on him. Parzival understands nothing of all this.

155. **keiniu**, nom. sing. fem., *here* = 'any'.

157. **drobe**, 'at them': MHG says **ob dem tische sitzen.**

172. **bereite** = **bereitete**, 'counted and put back'.

177. from before the Graal.

180 ff. Wolfram jocularly makes the assertion, not on his own oath, but on that of his audience.

190. 'he never heard of such a thing', lit. 'there never was an example **(bilde)**': **enwürde** is subjunctive of reported speech.

192. **übel**, *here* = 'ill-advisedly'; **sich rechen**, *here* = 'criticize'; thus: 'his criticism is ill founded'.

195. **gelîche wegen**, 'weigh equally with, be equal to.'

200. 'the abstemious man and the glutton', all alike.

209. **heten** for **hete**, the collective **geselleschaft** being treated as a logical plural (cf., conversely, 55); **wirtschaft**, 'sustenance', cf. I. 366.

210. **gemarcte** from **(ge)merken**: cf. § 44.

212. **verdrôȝ**, he found it unpleasant to, i.e. refrained from: a slightly different use of **verdrieȝen** from that found in 38–9.

213. **Gurnamanz** of Grâharz, the old knight who had instructed Parzival in chivalry. Obeying literally this advice, he fails to put the releasing question to Anfortas.

220. 'In the midst of this thought', i.e. while he was thinking thus; **gêt**, present tense for emphasis. Parzival's thought is interrupted by the approach of the squire, an insistent reminder that he should ask the question: cf. 237–8.

iii

1. Wolfram's only, somewhat ungrateful, reference to Chrétien de Troyes, whose unfinished *Contes del Graal* was his main source.

3. **daz,** at that. The enigmatic figure of the Provençal Kyot (Guiot?—but this is not a Provençal name) remains undiscoverable. Few scholars today believe in his existence. Wolfram presumably used Kyot to cover up his own inventions with the respectable source that medieval convention demanded. Gottfried von Strassburg assuredly saw through the fiction, and this was one reason for his attack on Wolfram (III. i. 50 ff.).

7. **gordent = geordent,** 'pre-ordained'.

11. **endes zil,** 'final conclusion'.

18. 'to which Grace had destined him'.

24. 'he has not laboured in vain'.

25–30. We know nothing of the woman, or women, to whom Wolfram dedicated his *Parzival*; at an earlier point he refers bitingly to one lady who seems to have treated him harshly.

III

GOTTFRIED VON STRASSBURG

An Alsatian, of whose life we know nothing; not of knightly birth, but extremely well educated. His unfinished *Tristan* (*c.* 1210), based on the Anglo-Norman *Tristan* of one Thomas (of which fragments only are preserved), tells the story of one of the most famous pairs of medieval lovers.

i

Gottfried's literary excursus (Ranke, 4589–820)

> Sît die gesellen sint bereit
> mit bescheidenlîcher rîcheit,
> wie gevâhe ich nû mîn sprechen an,
> daz ich den werden houbetman
> Tristanden sô bereite   5
> ze sîner swertleite,
> daz man ez gerne verneme
> und an dem mære wol gezeme?
> ine weiz, waz ich dâ von gesage,
> daz iu gelîche und iu behage   10

und schône an disem mære stê.
wan bî mînen tagen und ê
hât man sô rehte wol geseit
von werltlîcher zierheit,
von rîchem geræte: 15
ob ich der sinne hæte
zwelve, der ich einen hân,
mit den ich umbe solte gân,
und wære daʒ gevüege,   20
daʒ ich zwelf zungen trüege
in mîn eines munde,
der iegelîchiu kunde
sprechen, alse ich sprechen kan,
ine wiste wie gevâhen an,
daʒ ich von rîcheite   25
sô guotes iht geseite,
mane hæte baʒ dâ von geseit.
jâ ritterlîchiu zierheit
diu ist sô manege wîs beschriben
und ist mit rede alsô zetriben,   30
daʒ ich niht kan gereden dar abe,
dâ von kein herze vröude habe.
   Hartman der Ouwære
ahî wie der diu mære
beide ûʒen unde innen   35
mit worten und mit sinnen
durchverwet und durchzieret!
wie er mit rede figieret
der âventiure meine!
wie lûter und wie reine   40
sîniu cristallînen wörtelîn
beidiu sint und iemer müeʒen sîn!
si koment den man mit siten an,
si tuont sich nâhen zuo dem man
und liebent rehtem muote.   45
swer guote rede ze guote
und ouch ze rehte kan verstân,

der muoz dem Ouwære lân
sîn schapel und sîn lôrzwî.
swer nû des hasen geselle sî   50
und ûf der wortheide
hôchsprünge und wîtweide
mit bickelworten welle sîn
und ûf daz lôrschapelekîn
wân âne volge welle hân,   55
der lâze uns bî dem wâne stân;
wir wellen an der kür ouch wesen:
wir, die die bluomen helfen lesen,
mit den daz selbe loberîs
undervlohten ist in bluomen wîs,   60
wir wellen wizzen, wes er ger:
wan swer es ger, der springe her
und stecke sîne bluomen dar.
sô nemen wir an den bluomen war,
ob si sô wol dar an gezemen,   65
daz wirz dem Ouwære nemen
und geben ime daz lôrzwî.
sît aber noch nieman komen sî,
der ez billîcher süle hân,
sô helfe iu got, sô lâzenz stân.   70
wirn suln ez nieman lâzen tragen,
sîniu wort ensîn vil wol getwagen,
sîn rede ensî ebene unde sleht,
ob ieman schône und ûfreht
mit ebenen sinnen dar getrabe,   75
daz er dar über iht besnabe.
vindære wilder mære,
der mære wildenære,
die mit den keten liegent
und stumpfe sinne triegent,   80
die golt von swachen sachen
den kinden kunnen machen
und ûz der bühsen giezen
stoubîne mergriezen:

die bernt uns mit dem stocke schate,   85
niht mit dem grüenen meienblate
mit zwîgen noch mit esten.
ir schate der tuot den gesten
vil selten in den ougen wol.
ob man der wârheit jehen sol,   90
dân gât niht guotes muotes van,
dân lît niht herzelustes an:
ir rede ist niht alsô gevar,
daz edele herze iht lache dar.
die selben wildenære   95
si müezen tiutære
mit ir mæren lâzen gân:
wirn mugen ir dâ nâch niht verstân,
als man si hoeret unde siht;
sôn hân wir ouch der muoze niht,   100
daz wir die glôse suochen
in den swarzen buochen.
    Noch ist der verwære mêr:
von Steinache Blîkêr,
diu sînen wort sint lussam.   105
si worhten vrouwen an der ram
von golde und ouch von sîden,
man möhtes undersnîden
mit criecheschen borten.
er hât den wunsch von worten: 110
sînen sin den reinen
ich wæne, daz in feinen
ze wundere haben gespunnen
und haben in in ir brunnen
geliutert unde gereinet: 115
er ist bînamen gefeinet.
sîn zunge, diu die harpfen treit,
diu hât zwô volle sælekeit:
daz sint diu wort, daz ist der sin:
diu zwei diu harpfent under in   120
ir mære in vremedem prîse.

der selbe wortwîse,
nemt war, wie der hier under
an dem Umbehange wunder
mit spæher rede entwirfet;   125
wie er diu meȝȝer wirfet
mit behendeclîchen rîmen:
wie kan er rîme lîmen,
als ob si dâ gewahsen sîn:
eȝ ist noch der geloube mîn,   130
daȝ er buoch unde buochstabe
vür vedern an gebunden habe;
wan wellet ir sîn nemen war,
sîniu wort diu sweiment alse der ar.
    Wen mag ich nû mêr ûȝ gelesen?   135
ir ist und ist genuoc gewesen
vil sinnic und vil rederîch:
von Veldeken Heinrîch
der sprach ûȝ vollen sinnen;
wie wol sang er von minnen!   140
wie schône er sînen sin besneit!
ich wæne, er sîne wîsheit
ûȝ Pegases urspringe nam,
von dem diu wîsheit elliu kam.
ine hân sîn selbe niht gesehen;   145
nû hœre ich aber die besten jehen
die, die bî sînen jâren
und sît her meister wâren,
die selben gebent im einen prîs:
er inpfete daȝ êrste rîs   150
in tiutischer zungen:
dâ von sît este ersprungen,
von den die bluomen kâmen,
dâ sie die spæhe ûȝ nâmen
der meisterlîchen vünde;   155
und ist diu selbe künde
sô wîten gebreitet,
sô manege wîs zeleitet,

daz alle, die nû sprechent,
daz die den wunsch dâ brechent   160
von bluomen und von rîsen
an worten unde an wîsen.
   Der nahtegalen der ist vil,
von den ich nû niht sprechen wil:
sin hœrent niht ze dirre schar.   165
durch daz sprich ich niht anders dar,
wan daz ich iemer sprechen sol:
si kunnen alle ir ambet wol
und singent wol ze prîse
ir süeze sumerwîse;   170
ir stimme ist lûter unde guot,
si gebent der werlde hôhen muot
und tuont reht in dem herzen wol.
diu werlt diu wære unruoches vol
und lebete rehte als âne ir danc   175
wan der vil liebe vogelsanc:
der ermant vil dicke den man,
der ie ze liebe muot gewan,
beidiu liebes unde guotes
und maneger hande muotes,   180
der edelem herzen sanfte tuot:
er wecket vriuntlîchen muot,
hie von kumt inneclîch gedanc,
sô der vil liebe vogelsanc
der werlde ir liep beginnet zalen.   185
'nû sprechet umb die nahtegalen!' —
die sint ir dinges wol bereit
und kunnen alle ir senede leit
sô wol besingen unde besagen:
welhiu sol ir baniere tragen,   190
sît diu von Hagenouwe,
ir aller leitevrouwe
der werlde alsus geswigen ist,
diu aller dœne houbetlist
versigelt in ir zungen truoc?   195

von der denk ich vil unde genuoc,
(ich meine aber von ir dœnen
den süeʒen, den schœnen),
wâ si der sô vil næme,
wannen ir daʒ wunder kæme   200
sô maneger wandelunge.
ich wæne, Orphêes zunge,
diu alle dœne kunde,
diu dœnete ûʒ ir munde.
sît daʒ man der nû niht enhât,   205
sô gebet uns eteslîchen rât!
ein sælic man der spreche dar:
wer leitet nû die lieben schar?
wer wîset diz gesinde?
ich wæne, ich si wol vinde,   210
diu die baniere vüeren sol:
ir meisterinne kan eʒ wol,
diu von der Vogelweide.
hî wie diu über heide
mit hôher stimme schellet!   215
waʒ wunders si stellet!
wie spæhes organieret!
wies ir sanc wandelieret
(ich meine aber in dem dône
dâ her von Zytherône,   220
dâ diu gotinne Minne
gebiutet ûf und inne)!
diust dâ ze hove kamerærîn:
diu sol ir leitærinne sîn!
diu wîset si ze wunsche wol,   225
diu weiʒ wol, wâ si suochen sol
der minnen melodîe.
si unde ir cumpanîe
die müeʒen sô gesingen,
daʒ si ze vröuden bringen   230
ir trûren unde ir senedeʒ clagen:
und daʒ geschehe bî mînen tagen!

ii

The love-potion (Ranke, 11367–874).

Dô disiu rede gendet was,
der künec seit in den palas
sînes landes cumpanjûnen,
rittern und barûnen,
daz diz Tristan wære, 5
und kündet in diz mære,
als er ez hæte vernomen,
war umbe er zÎrlant wære komen
und wier gelobet hæte,
er soltez ime dâ stæte 10
mit Markes vürsten machen
mit allen den sachen,
als er im vor benande.
daz gesinde von Îrlande
was dirre mære sêre vrô. 15
die lanthêrren sprâchen dô,
daz diu suone wære
gevellic unde gebære,
wan langez hazzen under in
tribe ie die zît mit schaden hin. 20
der künec gebôt unde bat,
daz in Tristan an der stat
der rede gewis tæte,
als erm gelobet hæte.
er tet ouch alsô: Tristan 25
und alle sînes hêrren man
die swuoren zuo dem mâle
daz lant ze Curnewâle
ze morgengâbe Îsolde,
und daz si wesen solde 30
vrouwe über allez Engelant.
  Hie mite bevalch Gurmûn zehant
Îsolde hant von hande

Ir vînde Tristande.
ir vînde spriche ich umbe daʒ: 35
si was im dannoch gehaʒ.
Tristan der nams an sîne hant:
'künec' sprach er 'hêrre von Îrlant,
wir biten iuch, mîn vrouwe und ich,
daʒ ir durch si und ouch durch mich,   40
eʒ sîn ritter oder kint,
die her ze zinse geben sint
von Curnwâl und von Engelant,
die suln in mîner vrouwen hant
billîchen und von rehte sîn,   45
wan sist der lande künigîn,
daʒ ir ir die lâʒet vrî.'
'vil gerne' sprach der künec 'daʒ sî:
eist wol mit mînen minnen,
varnts alle mit iu hinnen.'   50
der mære wart manc herze vrô.
Tristan der hieʒ gewinnen dô
einen kiel ze sînem kiele
und daʒ ouch der geviele
im selben unde Îsolde   55
und dâ zuo, swem er wolde.
und alse ouch der bereit wart,
Tristan bereite sich zer vart:
in allen den enden,
dâ man die ellenden   60
ze hove und in dem lande vant,
die besande man zehant.
die wîle und sich ouch Tristan
mit sînen lantgesellen dan
bereite unde berihtete,   65
die wîle sô betihtete
Îsôt diu wîse künigîn
in ein glaseveʒʒelîn
einen tranc von minnen,
mit alsô cleinen sinnen   70

ûf geleit und vor bedâht,
mit solher crefte vollebrâht:
mit sweme sîn ieman getranc,
den muoser âne sînen danc
vor allen dingen meinen 75
und er dâ wider in einen:
in was ein tôt unde ein leben,
ein triure, ein vröude samet gegeben.
den tranc den nam diu wîse,
si sprach Brangænen lîse: 80
'Brangæne' sprach si 'niftel mîn,
lâ dir die rede niht swære sîn,
dû solt mit mîner tohter hin;
dâ nâch sô stelle dînen sin.
swaz ich dir sage, daz vernim: 85
diz glas mit disem tranke nim,
daz habe in dîner huote.
hüetes vor allem guote.
sich, daz es ûf der erde
ieman innen werde. 90
bewar mit allem vlîze,
daz es ieman enbîze.
vlîze dich wol starke:
swenne Îsôt unde Marke
in ein der minne komen sîn, 95
sô schenke in disen tranc vür wîn
und lâ sin trinken ûz in ein.
bewar daz, daz sîn mit in zwein
ieman enbîze, daz ist sin,
noch selbe entrinkes niht mit in: 100
der tranc der ist von minnen;
daz habe in dînen sinnen.
ich bevilhe dir Îsôte
vil tiure und vil genôte.
an ir sô lît mîn beste leben. 105
ich und si sîn dir ergeben
ûf alle dîne sælekeit:

hie mite sî dir genuoc geseit.'
'trût vrouwe' sprach Brangæne dô
'ist iuwer beider wille alsô,   110
sô sol ich gerne mit ir varn,
ir êre und al ir dinc bewarn,
sô ich iemer beste kan.'
Urloup nam dô Tristan
und al sîn liut hie unde dort.   115
si schieden ze Weisefort
mit michelen vröuden abe.
nû volget ime unz in die habe
durch Îsôte minne
künec unde küniginne   120
und al ir massenîe.
sîn unverwânde amîe,
sîn unverwantiu herzenôt,
diu liehte wunneclîche Îsôt
diu was im zallen zîten   125
weinende an der sîten;
ir vater, ir muoter beide
vertriben mit manegem leide
die selben kurzen stunde.
manec ouge dâ begunde   130
riezen unde werden rôt.
Îsôt was maneges herzen nôt:
si bar vil manegem herzen
tougenlîchen smerzen.
diu weineten genôte   135
ir ougen wunne, Îsôte.
dâ was gemeine weine:
dâ weineten gemeine
vil herzen und vil ougen
offenlîchen unde tougen.   140
und aber Îsôt und aber Îsôt,
diu sunne unde ir morgenrôt,
und ouch daz volmæne,
diu schœne Brangæne,

do si sich muosen scheiden, 145
diu eine von den beiden,
dô sach man jâmer unde leit:
diu getriuwelîche sicherheit
schiet sich mit manegem leide.
Îsôt kuste si beide 150
dicke und ze manegem mâle.
  Nû die von Curnewâle
unde ouch Îrlandære,
der vrouwen volgære,
alle ze schiffe wâren komen 155
und hæten urloup genomen,
Tristan der gie ze jungest în:
diu liehte junge künigîn,
diu bluome von Îrlant,
Îsôt diu gieng im an der hant 160
trûric unde sêre unvrô.
si zwei si nigen dem lande dô
und bâten den gotes segen
der liute unde des landes pflegen.
si stiezen an und vuoren dan; 165
mit hôher stimme huobens an
und sungen eines unde zwir:
'in gotes namen varen wir'
und strichen allez hinewart.
  Nû was den vrouwen zuo zir vart 170
mit Tristandes râte
ein kielkemenâte
nâch heinlîcher sache
gegeben zuo zir gemache.
dâ was diu küniginne 175
mit ir juncvrouwen inne
und mit in lützel kein man
wan underwîlen Tristan:
der gie wîlent dar în
und trôste die künigîn, 180
dâ si weinende saz.

diu weinde unde clagete daʒ,
daʒs alsô von ir lande,
dâ si die liute erkande,
und von ir vriunden allen schiet   185
und vuor mit der unkunden diet,
sin wiste war oder wie.
sô trôste si Tristan ie,
sôr suoʒeste kunde;
ze iegelîcher stunde,   190
alse er zuo zir triure kam,
zwischen sîn arme er si nam
vil suoʒe unde lîse
und niuwan in der wîse,
als ein man sîne vrouwen sol.   195
der getriuwe der versach sich wol,
daʒ er der schœnen wære
ein senfte zuo zir swære.
unde als dicke als eʒ ergie,
daʒ er sîn arme an si verlie,   200
sô gedâhte ie diu schœne Îsôt
an ir œheimes tôt
und sprach ie danne wider in:
'lât stân, meister, habet iuch hin,
tuot iuwer arme hin dan!   205
ir sît ein harte müelîch man:
war umbe rüeret ir mich?'
'ei schœne, missetuon ich?'
'jâ ir, wan ich bin iu gehaʒ.'
'sæligiu' sprach er 'umbe waʒ?'   210
'ir sluoget mînen œhein.'
'deist doch versüenet.' 'des al ein:
ir sît mir doch unmære,
wan ich wære âne swære
und âne sorge, enwæret ir.   215
ir alterseine habet mir
disen kumber allen ûf geleit
mit pârât und mit kündekeit.

waʒ hât iuch mir ze schaden gesant
von Curnewâle in Îrlant? 220
die mich von kinde hânt erzogen,
den habet ir mich nû an ertrogen
und vüeret mich, in weiʒ wâ hin.
ine weiʒ, wie ich verkoufet bin,
und enweiʒ ouch, waʒ mîn werden sol.' 225
    'Nein schœne Îsôt, gehabet iuch wol:
jâ muget ir michel gerner sîn
in vremede ein rîchiu künigîn
dan in der künde arm unde swach:
in vremedem lande êre unde gemach 230
und schame in vater rîche,
diu smeckent ungelîche.'
'jâ meister Tristan' sprach diu maget
ich næme ê, swaʒ ir mir gesaget,
eine mæʒlîche sache 235
mit liebe und mit gemache
dan ungemach und arbeit
bî micheler rîcheit.'
'ir redet wâr' sprach Tristan;
'swâ man aber gehaben kan 240
die rîcheit bî gemache,
die sæligen zwô sache
die loufent baʒ gemeine
dan ietweder al eine.
nû sprechet, wære eʒ dâ zuo komen, 245
daʒ ir müeset hân genomen
den truhsæʒen ze manne,
wie vüereʒ aber danne?
ich weiʒ wol, sô wæret ir vrô:
und danket ir mir danne alsô, 250
daʒ ich iu kam ze trôste
und iuch von ime erlôste.'
'des wirt iu spâte' sprach diu maget
'von mir iemer danc gesaget:
wan lôstet ir mich von im dô, 255

ir habet mich aber sider sô
verclüteret mit swære,
daʒ mir noch lieber wære
der truhsæʒe ze man genomen,
dan ich mit iu wær ûʒ komen;   260
wan swie tugendelôs er sî,
wær er mir keine wîle bî,
er lieʒe sîn untugent durch mich.
got weiʒ, dar an erkante ouch ich,
daʒ ich im liep wære.'   265
Tristan sprach: 'disiu mære
sint mir ein âventiure.
daʒ wider der nâtiure
kein herze tugentlîche tuo,
dâ gehœret michel arbeit zuo: 270
eʒ hât diu werlt vür eine lüge,
daʒ iemer unart garten müge.
schœniu, gehabet ir iuch wol!
in kurzen zîten ich iu sol
einen künec ze hêrren geben,   275
an dem ir vröude und schœne leben,
guot unde tugent und êre
vindet iemer mêre.'
    Hie mite strichen die kiele hin.
si beide hæten under in   280
guoten wint und guote var.
nû was diu vrouwîne schar,
Îsôt und ir gesinde,
in waʒʒer unde in winde
des ungevertes ungewon.   285
unlanges kâmen si dâ von
in ungewonlîche nôt.
Tristan ir meister dô gebôt,
daʒ man ze lande schielte
und eine ruowe hielte.   290
nû man gelante in eine habe,
nû gie daʒ volc almeistic abe

durch banekîe ûz an daz lant;
nû gienc ouch Tristan zehant
begrüezen unde beschouwen   295
die liehten sîne vrouwen;
und alse er zuo zir nider gesaz
und redeten diz unde daz
von ir beider dingen,
er bat im trinken bringen.   300
  Nûn was dâ nieman inne
âne die küniginne
wan cleiniu juncvrouwelîn.
der einez sprach: 'seht, hie stât wîn
in disem vezzelîne.'   305
nein, ezn was niht mit wîne,
doch ez im gelîch wære:
ez was diu wernde swære,
diu endelôse herzenôt,
von der si beide lâgen tôt.   310
nû was aber ir daz unrekant:
si stuont ûf und gie hin zehant,
dâ daz tranc und daz glas
verborgen unde behalten was.
Tristande ir meister bôt si daz: 315
er bôt Îsôte vürbaz.
si tranc ungerne und über lanc
und gap dô Tristande unde er tranc
und wânden beide, ez wære wîn.
iemitten gienc ouch Brangæne în   320
unde erkande daz glas
und sach wol, waz der rede was:
si erschrac sô sêre unde erkam,
daz ez ir alle ir craft benam
und wart reht alse ein tôte var.   325
mit tôtem herzen gie si dar;
si nam daz leide veige vaz,
si truoc ez dannen und warf daz
in den tobenden wilden sê:

'owê mir armen!' sprachs 'owê,   330
daz ich zer werlde ie wart geborn!
ich arme, wie hân ich verlorn
mîn êre und mîn triuwe!
daz ez got iemer riuwe,
daz ich an dise reise ie kam,   335
daz mich der tôt dô niht ennam,
dô ich an dise veige vart
mit Îsôt ie bescheiden wart!
ouwê Tristan unde Îsôt,
diz tranc ist iuwer beider tôt!'   340
   Nû daz diu maget unde der man,
Îsôt unde Tristan,
den tranc getrunken beide, sâ
was ouch der werlde unmuoze dâ,
Minne, aller herzen lâgærîn,   345
und sleich zir beider herzen în.
ê sis ie wurden gewar,
dô stiez sir sigevanen dar
und zôch si beide in ir gewalt:
si wurden ein und einvalt,   350
die zwei und zwîvalt wâren ê;
si zwei enwâren dô niemê
widerwertic under in:
Îsôte haz der was dô hin.
diu süenærinne Minne   355
diu hæte ir beider sinne
von hazze gereinet,
mit liebe alsô vereinet,
daz ietweder dem anderm was
durchlûter alse ein spiegelglas.   360
si hæten beide ein herze:
ir swære was sîn smerze,
sîn smerze was ir swære;
si wâren beide einbære
an liebe unde an leide   365
und hâlen sich doch beide,

und tet daʒ zwîvel unde scham:
si schamte sich, er tet alsam;
si zwîvelt an im, er an ir.
swie blint ir beider herzen gir   370
an einem willen wære,
in was doch beiden swære
der urhap unde der begin:
daʒ hal ir willen under in.

    Tristan dô er der minne enpfant,   375
er gedâhte sâ zehant
der triuwen unde der êren
und wolte dannen kêren:
'nein' dâhter alleʒ wider sich
 'lâ stân, Tristan, versinne dich,   380
niemer genim es keine war.'
sô wolte et ie daʒ herze dar;
wider sînem willen crieget er,
er gerte wider sîner ger:
er wolte dar und wolte dan.   385
der gevangene man
versuohteʒ in dem stricke
ofte unde dicke
und was des lange stæte.
der getriuwe der hæte   390
zwei nâhe gêndiu ungemach:
swenne er ir under ougen sach,
und ime diu süeʒe Minne
sîn herze und sîne sinne
mit ir begunde sêren,   395
sô gedâhter ie der Êren,
diu nam in danne dar van.
hie mite sô kêrtin aber an
Minne, sîn erbevogetîn:
der muose er aber gevolgec sîn.   400
in muoten harte sêre
sîn triuwe und sîn êre;
sô muotin aber diu Minne mê,

diu tet im wirs danne wê:
si tet im mê ze leide   405
dan Triuwe und Êre beide.
sîn herze sach si lachend an
und nam sîn ouge der van.
als er ir aber niht ensach,
daz was sîn meistez ungemach.   410
dicke besatzter sînen muot,
als der gevangene tuot,
wie er ir möhte entwenken,
und begunde ofte denken:
'kêre dar oder her,   415
verwandele dise ger,
minne und meine anderswâ!'
sô was ie dirre stric dâ.
er nam sîn herze und sînen sin
und suohte anderunge an in,   420
sôn was ie niht dar inne
wan Îsôt unde Minne.
     Alsam geschach Îsôte:
diu versuohtez ouch genôte,
ir was diz leben ouch ande.   425
dô si den lîm erkande
der gespenstegen minne
und sach wol, daz ir sinne
dar în versenket wâren,
si begunde stades vâren,   430
si wolte ûz unde dan:
sô clebet ir ie der lîm an;
der zôch si wider unde nider.
diu schœne strebete allez wider
und stuont an iegelîchem trite.   435
si volgete ungerne mite;
si versuohtez manegen enden:
mit vüezen und mit henden
nam si vil manege kêre
und versancte ie mêre   440

ir hende unde ir vüeƺe
in die blinden süeƺe
des mannes unde der minne.
ir gelîmeten sinne
dien kunden niender hin gewegen   445
noch gebrucken noch gestegen
halben vuoƺ noch halben trite,
Minne diun wære ie dâ mite.
Îsôt, swar si gedâhte,
swaƺ gedanke si vür brâhte,   450
sôn was ie diz noch daƺ dar an
wan Minne unde Tristan:
und was daƺ allez tougen.
ir herze unde ir ougen
diu missehullen under in: 455
diu Scham diu jagete ir ougen hin,
diu Minne zôch ir herze dar.
diu widerwertige schar
maget und man, minne unde scham,
diu was an ir sêre irresam: 460
diu maget diu wolte den man
und warf ir ougen der van;
diu scham diu wolte minnen
und brâhtes nieman innen.
waƺ truoc daƺ vür? scham unde maget,   465
als al diu werlt gemeine saget,
diu sint ein alsô hæle dinc,
sô kurze wernde ein ursprinc:
sin habent sich niht lange wider.
Îsôt diu leite ir criec der nider   470
und tet, als eƺ ir was gewant:
diu sigelôse ergap zehant
ir lîp unde ir sinne
dem manne unde der Minne.
si blicte underwîlen dar   475
und nam sîn tougenlîche war:
ir clâren ougen unde ir sin

diu gehullen dô wol under in.
ir herze unde ir ougen
diu schâcheten vil tougen   480
und lieplîchen an den man.
der man der sach si wider an
suoƺe und inneclîchen.
er begunde ouch entwîchen,
dôs in diu minne niht erlie.   485
man unde maget si gâben ie
ze iegelîchen stunden,
sô si mit vuogen kunden,
ein ander ougenweide.
die gelieben dûhten beide   490
ein ander schœner vil dan ê.
deist liebe reht, deist minne ê:
eƺ ist hiure und was ouch vert
und ist, die wîle minne wert,
under gelieben allen,   495
daƺs ein ander baƺ gevallen,
sô liebe an in wahsende wirt,
die bluomen unde den wuocher birt
lieplîcher dinge,
dan an dem urspringe.   500
diu wuocherhafte minne
diu schœnet nâch beginne:
daƺ ist der sâme, den si hât,
von dem si niemer zegât.
    Si dunket schœner sît dan ê.   505
dâ von so tûret minnen ê.
diuhte minne sît als ê,
sô zegienge schiere minnen ê.

NOTES

i

In this famous passage Gottfried, feigning inability to describe scenes of
knightly splendour adequately, introduces, in lieu of a description of Tri-

stan's investiture as a knight, a review of the leading writers of his time. It is the earliest known passage of literary criticism in German, and was imitated by some later writers, though with less skill.

1. **die gesellen,** the thirty companions who were to be knighted with Tristan.

2. **bescheidenlîch,** fitting.

5. **Tristande,** *see* note on names at end.

8. **gezeme,** supply **ez** as formal subject.

10. **gelîche,** 'please': cf. the older Eng. construction **it likes me** (*dat.*) = **I like it.**

27. **mane** = **man ne**: construction as in §66.

30. **zetriben,** 'driven to such lengths'.

37. **durchverwet,** dyes throughout. Probably a reference to the so-called 'colours' of rhetoric.

38. **figieret,** establishes (lit. 'fixes').

39. the true meaning of the story.

43. **mit siten,** courteously.

45. are pleasing to a right (i.e. cultivated) mind.

50–102. The unnamed poet whom Gottfried here censures has been almost universally, and rightly, identified with Wolfram von Eschenbach. Wolfram's poetry is so different from Gottfried's that the latter was seemingly unable to appreciate it. Perhaps an element of personal jealousy played a part. In any case it is regrettable that Gottfried's otherwise fine and discriminating judgement should have failed him here. At least he cannot totally ignore Wolfram. But the *Nibelungenlied*, which also must have come to his notice, is passed over by him in total silence.

50. **des hasen geselle,** 'the friend of the hare', has implications not unlike our 'mad as a March hare'. This *may* refer to Wolfram's own description of his story of *Parzival* dodging its pursuers **rehte alsam ein schellec hase,** i.e. like a startled hare.

52. **hôchsprünge** and **wîtweide** are adjectives referring to **swer** (50).

53. **bickelwort** appears to mean 'dicing terms', or possibly words thrown out at random like dice.

54. **schapelekîn:** to the French loan-word **schapel** (whence Eng. **chaplet**), as in 49, the Flemish diminutive suffix **-kîn** (cf. §5) has been added.

55–6. **wân.** In 55 **wân** = 'hope'; in 56, 'opinion'. The MHG word does not have the connotations of NHG **Wahn,** 'delusion'.

55. **âne volge,** without (our) consent.

57. **wir,** i.e. we poets.

61. **wes,** 'why'. The object of **ger** is to be understood as the **loberîs** (59).

62. **es,** *gen.* dependent on **ger** (cf. §52), again referring to **loberîs** (59).

72. **getwagen,** *p.p.* of **twahen,** wash (§ 39): 'well-laved' (Hatto).

77. the **wilde mære** may refer to Wolfram's own words at the beginning of Book X of *Parzival* (503. 1): **ez næht nû wilden mæren.** If **vindære** means 'inventor', this would imply that Gottfried has seen through Wolfram's fiction of Kyot as a second source (cf. II. iii. 3 and note).

78. **wildenære,** meaning somewhat doubtful. According to Hatto = 'hired hunter', as opposed to an aristocratic devotee of the chase (after Dalby). The implication of the following passage is that Wolfram is a charlatan who performs sham miracles at a fairground or the like.

79–80. **liegen, triegen:** NHG **lügen, (be)trügen.** The MHG verbs **liegen** (= NHG **lügen**) and **ligen** (= NHG **liegen**) should regularly have become homonyms like Eng. **lie.** But **liegen** was re-formed, probably after the noun **lüge,** and the semantically related rhyme-word **triegen** followed suit.

79. These are 'escapologists'.

88. **gesten,** strangers.

92. **dân gât = dâ engât; van = von.** 'No pleasurable emotion comes from it' (Hatto). For **dâ . . . van** cf. § 69 n.

94. **edele herze:** *see* § 84.

102. **diu swarzen buoch** are the books of the 'black art' of necromancy (MHG **nigromanzî** by false derivation from Lat. **niger**).

104. Blikêr or Bliggêr von Steinach came from Neckarsteinach near Heidelberg. We possess only some conventional lyric verses ascribed to him; no trace of the important epic poem **Der Umbehanc** ('The Tapestry') mentioned by Gottfried has survived. It seems to have described scenes embroidered on a tapestry.

108. 'one could trim it'.

109. **criechesch,** 'Greek', i.e. Byzantine.

117. **die harpfen** (note shift of **pf** > **f** in NHG **Harfe**), an allusion to the harp in the Steinach coat of arms, shown in the Manesse (Heidelberg) manuscript.

121. 'with rare excellence' (Closs).

126–7. Blikêr's rhyming is compared to the skilled aim of a knife-thrower.

138. Heinrich von Veldeke (Henric van Veldeken), a Fleming from the now Belgian province of Limburg, whose rendering of the OFr. *Eneas* (and thus at second hand of the *Aeneid*) served as a model for later MHG writers. Edition by G. Schieb and T. Frings, 1964. See G. Schieb, *Heinrich von Veldeke* (SM 42), 1965. Wolfram also praises him (*Parzival* 292. 18).

143. Gottfried here shows his classical learning. The 'spring of Pegasus' on Mount Helicon gushed forth when the winged horse struck the earth with his hoof. It was the fountain of the Muses.

151. **zunge,** 'language' (cf. also VII. 314); here, by extension, 'poetry'.

153. The flowers which result from this grafting are the same as those referred to in 52, i.e. the flowers of poesy.

158. **zeleitet,** 'trained'.

162. The 'nightingales' are the lyric poets.

181. **edelem herzen:** cf. 94.

186. As these 'nightingales' are strictly irrelevant to Gottfried's professed purpose (cf. 165), he feigns an interruption from his audience (like Wolfram at II. ii. 190), begging him to say something about them.

188. **senede leit,** 'pangs of love': a stock phrase; cf. I. 71.

192. **diu von Hagenouwe:** in conformity with grammar, the nightingales have to be referred to in the feminine gender (cf. 213). The reference here is to Reinmar von Hagenau (see VI), a fellow Alsatian. Unfortunately the melodies of Reinmar's songs, so highly praised by Gottfried (who was clearly a connoisseur), have not been preserved. Reinmar's death is approximately dated *c.* 1207 (cf. VII. 249–74); hence *Tristan* is usually dated 'about 1210'.

199. **wâ,** whence; **der** refers to **dœne.**

207. **sælic** (§ 95) here in the active sense of bringing good fortune: 'kind' (Hatto); **dar sprechen,** 'speak to the matter'.

217. **organieren** ('sing in organon', Hatto) is used in a later passage (Ranke, 17355) of bird-song.

220. **Zytherône:** Gottfried confuses the mountain of Cythaeron with the island of Cythera, abode of Aphrodite (**diu gotinne Minne**).

223. It is possible that the parenthesis should end after this line, with the meaning that the 'nightingale' of Vogelweide is Lady Chamberlain at Aphrodite's court.

ii

Tristan, having slain a dragon which infested Ireland, has won the hand of Isolt (**Îsôt**), the king's daughter, on behalf of his uncle, King Marke of Cornwall.

1. **gendet** = **geendet.**

2. **seit** = **seite (sagete).**

9. **wier** = **wie er.**

13. **benande** is *pluperfect.*

15. **mære,** *pl.,* tidings.

29. **morgengâbe,** wedding gift, originally given after consummation of the marriage.

32. **Gurmûn,** the king of Ireland.

40–1. The youths who had formerly been sent from Cornwall to Ireland as tribute. **ez sîn,** 'whether they are'.

67. Isolt's mother is also called Isolt (**Îsôt**).

69. a love-potion. Note that Gottfried uses **tranc** sometimes as masc., sometimes as neut.

76. lit. 'and he (the other) in return him (the first) alone'. Hatto renders according to the sense: 'and she'.

88. **hüetes** = **hüete es** (*gen.* dependent on **hüeten**); **vor allem guote,** above all earthly goods.

89. **sich,** imper. of **sehen.**

95. **in ein,** united.

97. **sin** = **si in.**

99. **daz ist sin,** that is wise.

122. **unverwânde,** unexpected, unlooked for (< **wænen**).

123. 'his abiding anguish of heart' (Hatto).

141. The two Isolts, mother and daughter.

148. **sicherheit,** *here* = 'alliance'.

162. **zwei** is neuter as referring to two persons of different sexes.

189. **sôr** = **sô er.**

195. **man** *here* = **dienstman** (cf. § 81); **vrouwe** = (liege) lady.

211. **œhein,** Alemannic form of **œheim.** Tristan had slain Môrolt, Isolt's uncle, in single combat, thus ending the subjection of Cornwall to Ireland.

212. **deist** = **daz ist** (§ 24 (3); **des,** with respect to that; **al ein,** (it is) all one.

231. **schame,** disgrace: i.e. marriage to the cowardly seneschal (**truhsæze**), who had falsely claimed to have slain the dragon.

250. **danket** = **danketet** (*subj.*).

269. **kein,** any.

296. his fair lady: **frouwen** is, of course, *sing.* (§ 18 (b)).

322. **waz der rede was,** what was the matter.

351. **zwei,** see 162.

366. **heln** takes a double acc.: 'concealed it from each other'.

398. **kêrtin** = **kêrte in.**

445-7. **gewegen** is ambiguous, 'move' and 'make a road'; **gebrucken** and **gestegen** are then made up to complete the picture.

496. **gevallen** is *subjunctive* after **deist liebe reht,** etc. A subj. is generally found after phrases like 'it is right *or* customary that'.

505-8. Gottfried intersperses such quatrains at key points in the narrative. In 505 and 507, ê = 'before'; in 506 and 508, ê = 'law'.

506. **tûret,** endures: **tûren** = NHG **dauern.** A variant reading is **tiuret,** 'enhances'. On either reading, the sense of the quatrain is that if we did not come to love more with the passage of time, then Love's 'law' or rule would soon pass away.

Note on the Names of Tristan and Isolt

The names of the hero and heroine of this romance vary slightly in the different versions, and even Gottfried allows some fluctuation. Tristan is once referred to (Ranke, 2397) as **Tristant**, but here rhyming with the French word **commant**. The oblique cases, however, are as if derived from this form: *acc.* **Tristanden,** *gen.* **Tristandes,** *dat.* **Tristande** (once **Tristane,** Ranke, 18330). The name of the heroine appears sometimes as **Îsolt** (oblique cases **Isolde**), and sometimes as **Îsôt** (oblique cases **Îsôte**), depending on the rhyme-word. Gottfried thus permits himself a licence in rhyming which Hartmann would have avoided. In Eilhart von Oberg's earlier and cruder MHG version (*c.* 1170), the lovers are called **Tristrant** and **Îsalde.**

IV

DAS NIBELUNGENLIED

(*Der Nibelunge Nôt*)

Composed about 1200–5 by an unknown author, probably in Vienna or Passau.

XIV. ÂVENTIURE
WIE DIE KÜNEGINNE EINANDER SCHULTEN
(Strophes 814–76)

Vor einer vesperzîte   huop sich grôʒ ungemach,
daʒ von manigem recken   ûf dem hove geschach.
si pflâgen ritterschefte   durch kurzewîle wân.
dô liefen dar durch schouwen   manec wîp unde man.   4

Ze samene dô gesâʒen   die küneginne rîch.
si gedâhten zweier recken,   die wâren lobelîch.
dô sprach diu schœne Kriemhilt: 'ich hân einen man
daʒ elliu disiu rîche   ze sînen handen solden stân.'   8

Dô sprach diu vrouwe Prünhilt: 'wie kunde daʒ gesîn?
ob ander niemen lebte   wan sîn unde dîn,
sô möhten im diu rîche   wol wesen undertân.
die wîle lebt Gunther,   sô kundeʒ niemer ergân.'   12

Dô sprach aber Kriemhilt: 'nû sihestu wie er stât,
wie rehte hêrlîche   er vor den recken gât,
alsam der liehte mâne   vor den sternen tuot?
des muoʒ ich von schulden   tragen vrœlîchen muot.'   16

Dô sprach diu vrouwe Prünhilt: 'swie wætlîch sî dîn man,
swie biderbe und swie schœne,   sô muost dû vor im lân
Gunther den recken,   den edeln bruoder dîn.
der muoʒ vor allen künegen,   daʒ wiʒʒest wærlîche, sîn.'   20

Dô sprach diu vrouwe Kriemhilt: 'sô tiuwer ist wól mîn man,
daʒ ich in âne schulde   niht gelobet hân.
an vil manegen dingen   sô ist sîn êre grôʒ.
geloubestu des, Prünhilt,   er ist wol Gunthers genôʒ.'   24

'Jâne soltu mirʒ, Kriemhilt,   ze arge niht verstân,
wand' ich âne schulde   die rede niht hân getân.
ich hôrte si jehen beide,   do ich si aller êrste sach,
und dâ des küneges wille   an mînem lîbé geschach,   28

Und dâ er mîne minne   sô ritterlîch gewan,
dô jach des selbe Sîfrit,   er wære des küneges man.
des hân ich in für eigen,   sît ich's in hôrte jehen.'
dô sprach diu schœne Kriemhilt: 'sô wære mir übele ge-
        schehen.   32

Wie heten sô geworben   die edelen bruoder mîn,
daʒ ich eigen mannes   wine solde sîn?
des wil ich dich, Prünhilt,   vil friuntlîche biten
daʒ du die rede lâʒest   durch mich mit güetlîchen siten.'   36

'Ine mac ir niht gelâʒen',   sprach des küneges wîp.
'zwiu sold' ich verkiesen   sô maniges ritters lîp,
der uns mit dem degene   dienstlîch ist undertân?'
Kriemhilt diu vil schœne   vil sêre zürnen began.   40

'Du muost in verkiesen,   daʒ er dir immer bî
wone deheiner dienste.   er ist tiuwerr danne sî
Gunther mîn bruoder,   der vil edel man.
du solt mich des erlâʒen,   daʒ ich von dir vernomen hân.   44

Unde nimet mich immer wunder, sît er dîn eigen ist,
und dû über uns beidiu sô gewaltic bist,
daʒ er dir sô lange den zins verseʒʒen hât.
der dîner übermüete sold' ich von rehte haben rât.' 48

'Du ziuhest dich ze hôhe', sprach des küneges wîp.
'nu wil ich sehen gerne, ob man den dînen lîp
habe ze solhen êren, sô man den mînen tuot.'
die vrouwen wurden beide vil sêre zornec gemuot. 52

Dô sprach diu vrouwe Kriemhilt: 'daʒ muoʒ et nû ge-
schehen:
sît dû mînes mannes für eigen hâst verjehen,
nu müeʒen hiute kiesen der beider künige man,
ob ich vor küniges wîbe zem münster türre gegân. 56

Du muost daʒ hiute schouwen, daʒ ich bin adelvrî,
und daʒ mîn man ist tiuwerr danne der dîne sî.
dâ mit wil ich selbe niht bescholten sîn.
du solt noch hînte kiesen wie diu eigendiu dîn 60

Ze hove gê vor recken in Burgonden lant.
Ich wil selbe wesen tiuwerr dann' iemen habe bekant
deheine küniginne, diu krône ie her getruoc.'
dô huop sich under den vrouwen grôʒes nîdes genuoc. 64

Dô sprach aber Prünhilt: 'wiltu niht eigen sîn,
sô muostu dich scheiden mit den vrouwen dîn
von mînem ingesinde, sô wir zem münster gân.'
des antwurte Kriemhilt: 'entriuwen, daʒ sol sîn getân.' 68

'Nu kleidet iuch, mîne meide', sprach Sîfrides wîp.
'eʒ muoʒ âne schande belîben hie mîn lîp.
ir sult wol lâʒen schouwen und habt ir rîche wât.
si mac sîn gerne lougen, des Prünhilt verjehen hât.' 72

Man moht' in lîhte râten, si suochten rîchiu kleit.
dâ wart vil wol gezieret manic vrouwe unde meit.
dô gie mit ir gesinde des edelen küniges wîp
(dô wart ouch wol gezieret der schœnen Kriemhilde lîp) 76

Mit drin und vierzic meiden,   die brâhte si an den Rîn,
die truogen liehte pfelle   geworht in Arabîn.
sus kômen zuo dem münster   die meide wol getân.
ir warten vor dem hûse   alle Sîfrides man.   80

Die liute nam des wunder,   wâ von daʒ geschach,
daʒ man die küneginne   alsô gescheiden sach,
daʒ si bî ein ander   niht giengen alsam ê.
dâ von wart manigem degene   sît vil sorclîchen wê.   84

Hie stuont vor dem münster   daʒ Guntheres wîp.
dô hete kurzewîle   vil maneges ritters lîp
mit den schœnen vrouwen,   der si dâ nâmen war.
dô kom diu vrouwe Kriemhilt   mit maniger hêrlîchen schar.   88

Swaʒ kleider ie getruogen   edeler ritter kint,
wider ir gesinde,   daʒ was gar ein wint.
si was sô rîch des guotes,   daʒ drîʒec künige wîp
eʒ möhten niht erziugen,   daʒ tete Kriemhilde lîp.   92

Ob iemen wünschen solde,   der kunde niht gesagen
daʒ man sô rîchiu kleider   gesæhe ie mêr' getragen
alsô dâ ze stunden truogen   ir meide wol getân.
wan ze leide Prünhilde,   eʒ hete Kriemhilt verlân.   96

Ze samne si dô kômen   vor dem münster wît.
eʒ tet diu hûsvrouwe   durch einen grôʒen nît,
si hieʒ vil übellîche   Kriemhilde stille stân:
'jâ sol vor küniges wîbe   niht eigendiu gegân.'   100

Dô sprach diu schœne Kriemhilt   (zornec was ir muot):
'kundestu noch geswîgen,   daʒ wære dir guot.
dû hâst geschendet selbe   den dînen schœnen lîp:
wie möhte mannes kebse   werden immer küniges wîp?'   104

'Wen hâstu hie verkebset?'   sprach dô des küniges wîp.
'daʒ tuon ich dich', sprach Kriemhilt.   'den dînen schœnen lîp
den minnet' êrste Sîfrit,   der mîn vil lieber man.   107
jâne was eʒ niht mîn bruoder,   der dir den magetuom an gewan.

War kômen dîne sinne?   eʒ was ein arger list.
zwiu lieʒe dû in minnen,   sît er dîn eigen ist?
ich hœre dich', sprach Kriemhilt,   'ân' alle schulde klagen.'
'entriuwen', sprach dô Prünhilt,   'daʒ wil ich Gunthere sagen.' 112

'Waʒ mach mir daʒ gewerren?   dîn übermuot dich hât betrogen.
dû hâst mich ze dienste   mit rede dich an gezogen.
daʒ wiʒʒe in rehten triuwen,   eʒ ist mir immer leit.
getriuwer heinlîche   sol ich dir wesen umbereit.'   116

Prünhilt dô weinde: Kriemhilt niht langer lie,
vor des küniges wîbe   inʒ münster si dô gie
mit ir ingesinde.   dâ huop sich grôʒer haʒ:
des wurden liehtiu ougen   vil starke trüebe unde naʒ.   120

Swie vil man gote gediente   oder iemen dâ gesanc,
des dûhte Prünhilde   diu wîle gar ze lanc,
wand ir was vil trüebe   der lîp und ouch der muot.
des muose sît engelten   manic helt küen' unde guot.   124

Prünhilt mit ir vrouwen   gie für daʒ münster stân.
si gedâhte: 'mich muoʒ Kriemhilt   mêre hœren lân
des mich sô lûte zîhet   daʒ wortræʒe wîp.
hât er sichs gerüemet,   eʒ gêt Sîfride an den lîp.'   128

Nu kom diu edele Kriemhilt   mit manigem küenen man.
dô sprach diu vrouwe Prünhilt: 'ir sult noch stille stân.
ir jâhet mîn ze kebesen: daʒ sult ir lâʒen sehen.
mir ist von iuwern sprüchen,   daʒ wiʒʒet, leide geschehen.' 132

Dô sprach diu vrouwe Kriemhilt: 'ir möhtet mich lâʒen gân.
ich erziugeʒ mit dem golde,   daʒ ich an der hende hân:
daʒ brâhte mir mîn vriedel   dô er êrste bî iu lac.'
nie gelebte Prünhilt   deheinen leideren tac.   136

Si sprach: 'diz golt vil edele   daʒ wart mir verstoln
und ist mich harte lange   vil übele vor verholn.
ich kum es an ein ende,   wer mir eʒ hât genomen.'
die vrouwen wâren beide   in grôʒ ungemüete komen.   140

Dô sprach aber Kriemhilt: 'ine wils niht wesen diep.
dû möhtest wol gedaget hân, und wære dir êre liep.
ich erziugez mit dem gürtel, den ich hie umbe hân,
daz ich niht enliuge: jâ wart mîn Sîfrit dîn man.'   144

von Ninnivê der sîden si den porten truoc,
mit edelem gesteine. jâ was er guot genuoc.
dô den gesach vrou Prünhilt, weinen si began.
daz muose vreischen Gunther und alle Burgonden man.   148

Dô sprach diu küneginne: 'heizet here gân
den fürsten vonme Rîne. ich wil in hœren lân
wie mich hât gehœnet sîner swester lîp.
si sagt hie offenlîche, ich sî Sîfrides wîp.'   152

Der künic kom mit recken. weinen er dô sach
die sîne triutinne. wie güetlîch er sprach:
'saget mir, liebiu vrouwe, wer hât iu iht getân?'
si sprach zuo dem künige: 'ich muoz unvrœlîche stân.   156

Von allen mînen êren mich diu swester dîn
gerne wolde scheiden. dir sol geklaget sîn,
si giht, mich habe gekebset Sîfrit ir man.'
dô sprach der künic Gunther: 'sô hetes' übele getân.'   160

'Si treit hie mînen gürtel den ich hân verlorn,
und mîn golt daz rôte. daz ich ie wart geborn,
daz riuwet mich vil sêre; dune beredest, künic, mich
der vil grôzen schande, ich enminne niemêre dich.'   164

Dô sprach der künic Gunther: 'er sol her für gân.
und hât er sich's gerüemet, daz sol er hœren lân,
oder sîn muoz lougen der helt ûz Niderlant.'
den Kriemhilde vriedel den hiez man bringen sâ zehant.   168

Dô der herre Sîfrit die ungemuoten sach
(er enwesse niht der mære), wie balde er dô sprach:
'waz weinent dise vrouwen? daz hete ich gerne erkant,
oder von welhen schulden mich der künec habe besant.'   172

Dô sprach der künic Gunther: 'jâ ist mir harte leit:
mir hât mîn vrouwe Prünhilt   ein mære hie geseit,
du habest dich des gerüemet   daz dû ir schœnen lîp
aller êrst habest geminnet.   daz sagt vrou Kriemhilt dîn wîp.' 176

Dô sprach der starke Sîfrit: 'und hât si daz geseit,
ê daz ich erwinde,   ez sol ir wesen leit,
und wil dir daz enpfüeren   vor allen dînen man
mit mînen hôhen eiden,   daz ich irs niht gesaget hân.' 180

Dô sprach der künic von Rîne: 'daz soltu lâzen sehen.
den eit den dû dâ biutest,   und mac der hie geschehen,
aller valschen dinge   wil ich dich ledic lân.'
dô hiez man zuo dem ringe   die stolzen Burgonden stân. 184

Sîfrit der vil küene   zem eide bôt die hant.
dô sprach der künic rîche: 'mir ist sô wol bekant
iuwer grôz unschulde: ich wil iuch ledic lân
des iuch mîn swester zîhet,   daz ir des niene habt getân.' 188

Dô sprach aber Sîfrit: 'geniuzet es mîn wîp,
daz si hât ertrüebet   den Prünhilde lîp,
daz ist mir sicherlîchen   âne mâze leit.'
dô sâhen zuo z'einander   die guoten ritter gemeit. 192

'Man sol sô vrouwen ziehen',   sprach Sîfrit der degen,
'daz si üppeclîche sprüche   lâzen under wegen.
verbiut ez dînem wîbe,   der mînen tuon ich sam.
ir grôzen ungefüege   ich mich wærlîchen scham.' 196

Mit rede was gescheiden   manic schœne wîp.
dô trûret' alsô sêre   der Prünhilde lîp,
daz ez erbarmen muose   die Guntheres man.
dô kom von Tronege Hagene   zuo sîner vrouwen gegân. 200

Er vrâgete waz ir wære,   weinende er si vant.
dô sagte si im diu mære.   er lobt' ir sâ zehant
daz ez erarnen müese   der Kriemhilde man,
oder er wolde nimmer   dar umbe vrœlîch gestân. 204

Zuo der rede kom dô   Ortwîn und Gêrnôt
dâ die helde rieten   den Sîfrides tôt.
dar zuo kom ouch Gîselher,   der edelen Uoten kint.
dô er ir rede gehôrte,   er sprach getriulîche sint: 208

'Ir vil guoten recken,   war umbe tuot ir daz?
jâne gediente Sîfrit   nie alsolhen haz
daz er dar umbe solde   verliesen sînen lîp.
jâ ist es harte lîhte,   dar umbe zürnent diu wîp.'   212

'Suln wir gouche ziehen?'   sprach aber Hagene:
'des habent lützel êre   sô guote degene.
daz er sich hât gerüemet   der lieben vrouwen mîn,
dar umbe wil ich sterben,   ez engê im an daz leben sîn.'   216

Dô sprach der künic selbe: 'ern hât uns niht getân
niwan guot und êre: man sol in leben lân.
waz touc ob ich dem recken   wære nû gehaz?
er was uns ie getriuwe   und tet vil willeclîche daz.'   220

Dô sprach von Metzen   der degen Ortwîn:
'jâne mac in niht gehelfen   diu grôze sterke sîn.
erloubet mirz mîn herre,   ich getuon im leit.'
dô heten im die helde   âne schulde widerseit.   224

Sîn gevolgete niemen,   niwan daz Hagene
riet in allen zîten   Gunther dem degene,
ob Sîfrit niht enlebte,   sô wurde im undertân
vil der künege lande.   der helt des trûren began.   228

Dô liezen siz belîben.   spiln man dô sach.
hey waz man starker schefte   vor dem münster brach
vor Sîfrides wîbe   al zuo dem sale dan!
dô wâren in unmuote   genuoge Guntheres man.   232

Der künic sprach: 'lât belîben   den mortlîchen zorn.
er ist uns ze sælden   und ze êren geborn.
ouch ist sô grimme stark   der wundern küene man,
ob er sîn innen wurde,   sô torste in niemen bestân.'   236

'Nein er,' sprach dô Hagene.   'ir muget wol stille dagen.
ich getrûwez heinlîche   alsô wol an getragen:
daz Prünhilde weinen   sol im werden leit.
jâ sol im von Hagenen   immer wesen widerseit.'   240

Dô sprach der künic Gunther: 'wie möhte daz ergân?'
des antwurte Hagene: 'ich wilz iuch hœren lân.
wir heizen boten rîten   zuo z'uns in daz lant
widersagen offenlîche,   die hie niemen sint bekant.   244

Sô jehet ir vor den gesten   daz ir und iuwer man
wellet herverten.   alsô daz ist getân,
sô lobt er iu dar dienen;   des vliuset er den lîp.
sô ervar ich uns diu mære   ab des küenen recken wîp.'   248

Der künic gevolgete übele   Hagenen sînem man.
die starken untriuwe   begonden tragen an,
ê iemen daz erfunde,   die ritter ûz erkorn.
von zweier vrouwen bâgen   wart vil manic helt verlorn.   252

NOTES

The text of the *Nibelungenlied* presents many difficult problems. The three
chief manuscripts, known as A, B, and C, differ markedly; C, though the
oldest, represents a considerable adaptation. The original title was certainly
Der Nibelunge Nôt, as in A and B, and not *Der Nibelunge Liet* as in C. The
B text, as edited by K. Bartsch and revised by H. de Boor, has in recent years
been generally accepted as the most 'authentic', though this is a relative
term. A magnificent research tool now available is *Das Nibelungenlied.
Paralleldruck der Handschriften A, B und C nebst Lesarten der übrigen Hand-
schriften*, herausgegeben von Michael S. Batts, Tübingen, 1971. The
Bartsch–de Boor text has been mainly followed here, but with some modi-
fications based on variant readings. Reliable English translations of the
Nibelungenlied are by D. G. Mowatt (Everyman), 1962, and A. T. Hatto
(Penguin), 1965, with excellent commentary.
    The episode given here is the Quarrel of the Queens. Siegfried (**Sîfrit**)
had aided King Gunther to win the superhumanly strong Brünhild (**Prün-
hilt**) by deceit. Using his cloak of invisibility (**tarnkappe**), he helped
Gunther perform feats of strength beyond his powers. For this service he
was rewarded with the hand of Gunther's sister, Kriemhild. During the
wedding-night, Siegfried again had to intervene to enable Gunther to subdue
his bride. In this quarrel scene, the whole sordid business is brought into
the open—although the mystery of what *really* happened is not fully solved,

even for the reader. The immediate effect of this quarrel is the plotting and execution, by Hagen, of Siegfried's death, and its final outcome will be the fall of the Burgundians (or Nibelungs, as they come to be called) at the court of Etzel, Kriemhild's second husband, the king of the Huns.

Heading: âventiure, cf. §78; küneginne, strong plural (§18); schulten, pret. pl. of schelten, strong vb., Class III (§37 (b)).

1. **vesperzît,** the time of *vespers* (3 p.m.); **ungemach,** activity, the opposite of **gemach,** ease (cf. §76).

2. **recke,** an old, 'uncourtly' word for *hero,* avoided by writers like Hartmann and Gottfried.

3. **ritterschefte,** gen. dependent on **pflegen** (cf. §52): declined like **kraft** (§18); **durch ... wân,** 'for the sake of' (lit. 'in the hope of'); **wân,** cf. III. i. 55–6.

5. **gesâzen,** 'sat down' (or 'had sat down': cf. §60).

8. **daz,** such that; **ze sînen handen,** 'in his possession': cf. B, 38.

10. **wan** + gen., 'except for'.

15. This echoes an earlier stanza (283, *Av.* V) referring to Kriemhild's own beauty.

18. **vor im lân,** give precedence over him to.

22. **âne schulde,** without reason: cf. **von schulden** (16).

30. **man,** *here* = 'vassal' (**dienstman**): cf. III. ii. 195, and contrast line 7 above.

31. **hân:** this verb has here, as often, the sense of NHG **halten** (§50); **eigen,** unfree.

32. If Brünhild's assertion were correct, which it is not although she believes it, then Kriemhild would have entered into a *mésalliance,* and would have lost her royal status.

33. **eigen,** cf. 31; **wine,** an obsolescent word for 'beloved', perhaps used intentionally.

37. **ir** (ref. to **rede,** 36), gen. dependent on **niht** (§64).

38. **verkiesen** *here* = 'renounce' (legal rights over).

44. **mich ... erlâzen,** 'spare me'.

46. **beidiu,** neuter, cf. III. ii. 162.

47. **versezzen,** left unpaid, refused, while continuing to dwell (**sitzen**) on the land concerned.

49. 'You are too haughty.'

56. We may think of Chaucer's Wife of Bath. But here the struggle for precedence is deadly serious.

59. 'I will not suffer this slight', for the implications of which, cf. 32.

61. **vor,** at the head of.

63. **ie her,** up to now.

66. **scheiden,** separate.

71. **und habt ir,** if indeed you have; **und** makes the conditional clause emphatic.

72. **si,** Brünhild. We would use the name first, and then the pronoun. 'She will have every reason to withdraw **(lougen)** that **(sin,** gen. dep. on **lougen)** which she has asserted.'

73. 'they needed little asking'.

76. This feebly repetitive line looks like a scribal mistake. The rhyme **wîp: lîp** is extremely common; but perhaps there was originally an impure rhyme of **wîp** with **sît** or **zît** here. C tries to avoid the repetition by writing in the first half-line: **ze wunsche wart gekleidet.** But no reliance can be placed on this.

77. pluperf.: 'whom she had brought'. Since the word-order is that of a main clause, **die** is not formally relative, but is best rendered as such. The line continues the sentence begun in the previous stanza. Such *enjambement* is rare but not unprecedented; it does, however, make line 76 even more suspect.

80. **warten = warteten.**

92. **erziugen,** 'afford'. Modern critics have often expressed surprise at the elaborate descriptions of costly raiment with which certain parts of the *Nibelungenlied* narrative are padded out. But here at least such description has a definite function. Kriemhild is demonstratively asserting her status in this way.

96. **wan ze leide Prünhilde,** except to spite Brünhild; **verlân,** refrained from.

98. **hûsvrouwe,** lit. 'lady of the house', i.e. the King's wife: Brünhild.

99. **übellîche** may mean 'maliciously' or 'in an evil moment': these publicly spoken words make any reconciliation out of the question.

102. **kundestu,** pret. subj., 'if you had been able to'.

104. **mannes,** cf. 30: now Kriemhild hits back with a vengeance. Siegfried, the alleged vassal, had (she claims) deflowered Brünhild. In the *Nibelungenlied* this is not true (though Kriemhild believes it), but in earlier, less courtly versions this is indeed what had happened.

107. **man** *here*, of course, means husband.

109. **ein arger list,** a wicked plot. Kriemhild thinks Brünhild gave herself willingly to Siegfried.

114. 'You have claimed that I owe you service.'

116. 'I will no longer keep your secrets.'

118. **gie** is loosely dependent on **lie** (117), as if the construction were **si engienge** (§ 67): 'Kriemhild no longer held back from going . . .'.

119–20. The poet here indicates the grim consequences that will result from this bitter quarrel. Such prophetic hints of future tragedy are a feature of the *Nibelungenlied* (cf. 84, 124, 252).

124. **engelten,** cf. § 87.

128. **eż gêt Sîfride an den lîp,** Siegfried must die: cf. II. i. 16.

132. **leide** is an adverb: 'I have been wronged.'

133. 'You should have let me pass (in peace).'

134. **dem golde,** i.e. the ring which Siegfried had taken from Brünhild.

139. 'Now I have got to the bottom of it' (Hatto).

141. **wils = wil es: es** (gen.) referring to the **golt.**

142. **und,** cf. 71.

143. Siegfried had taken Brünhild's ring and girdle, which symbolized her chastity, though in fact he had not (in this version) taken this. But both women believe he has done so, thereby becoming Brünhild's 'husband'; but since he is legally married to Kriemhild, Brünhild can only be his 'concubine' (**kebese**). The apparent play on **man,** 'vassal' and 'husband', seems to be unintentional.

158. 'I charge her.' Brünhild demands a formal trial.

166. **und,** cf. 71, 142. The charge against Siegfried is that he has *boasted* of deflowering Brünhild (cf. 128), thereby bringing the matter into the open, to Gunther's grave embarrassment.

167. 'or he must refute it' (**sîn,** gen.).

178. **erwinde,** lit. 'turn back': 'before I have finished with the matter.'

182. **den eit,** for **der eit** by attraction to the following acc.

184. The 'ring' of witnesses to attest a legal act.

186–8. Gunther, who has a bad conscience about the whole affair, releases Siegfried from swearing an oath by withdrawing the charges: he here seems to be acting not as judge but as plaintiff on behalf of his wife.

189. **geniużet,** cf. § 87: 'If my wife should go unpunished.' Later, Kriemhild tells Hagen that Siegfried has severely beaten her: a punishment which she accepts as just. This throws an interesting light on the reality behind the cult of the idealized woman. The damage, however, has been done.

197. i.e. Kriemhild's ladies no longer spoke to Brünhild's.

206. **die helde,** Gunther and Hagen.

212. **es,** gen. dependent on **lîhte** (adverbial): 'It is a mere trifle the women are quarrelling about.'

213. This striking phrase appears to mean: 'Shall we rear up bastards?' In the present context it makes little sense, and other explanations have been proposed (cf. Hatto's note, p. 117). The impure (archaic) rhyme **Hagene: degene** supports the view that the words are taken over from an older lost version, in which the quarrel took place soon after the wedding-night incident, not as in the present version, ten years later. Brünhild, Hagen seems to think, may be carrying Siegfried's child. This is one of the numerous inconsistencies we find in the *Nibelungenlied.*

221. Ortwin is the seneschal (**truhsæze**), and Hagen's uncle.

225–8. Hagen, who is determined that Siegfried shall die, now plays on Gunther's cupidity. The weak-willed Gunther becomes 'sad', but soon gives in to Hagen's promptings (249).

229–32. Siegfried's warriors show their elation, while Gunther's men are seething with indignation (**unmuot**).

233–6. Gunther's words are revealing. His real motive for wishing to refrain from action against Siegfried is fear!

237. **Nein er,** cf. § 71.

249. **übele,** like **übellîche** (99), is ambiguous: 'wickedly', but also 'with dire consequences'.

V

HEINRICH VON MORUNGEN

A Thuringian in the service of Margrave Dietrich of Meissen. In old age he donated land to St. Thomas's monastery in Leipzig, probably about 1217; his lyrics were presumably composed between about 1190 and 1200.

I

Frouwe, wilt du mich genern
sô sich mich ein vil lützel an.
In mac mich langer niht erwern,
den lîp muoʒ ich verloren hân.
ich bin siech, mîn herze ist wunt.   5
frouwe, daʒ hânt mir getân
mîn ougen und dîn rôter munt.

Frouwe, mîne swêre sich,
ê ich verliese mînen lîp.
ein wort du sprêche wider mich: 10
verkêre daʒ, du sêlic wîp.
sprichest iemer neinâ nein,
neinâ neinâ neinâ nein,
daʒ brichet mir mîn herze enzwein.
maht du doch etswan sprechen jâ,   15
jâ jâ jâ jâ jâ jâ?
daʒ lît mir an dem herzen nâ.

2

In sô hôe swebender wunne
sô gestuont mîn herze an fröiden nie.
ich var alse ich fliegen kunne　　　　　20
mit gedanken iemer umbe sie,
sît daʒ mich ir trôst enpfie,
der mir durch die sêle mîn
mitten in daʒ herze gie.

Swaʒ ich wunneclîches schouwe,　　　　25
daʒ spil gegen der wunne die ich hân.
luft und erde, walt und ouwe,
suln die zît der fröide mîn enpfân.
mir ist komen ein hügender wân
und ein wunneclîcher trôst,　　　　　30
des mîn muot sol hôe stân.

Wol dem wunneclîchen mêre,
daʒ sô suoʒe durch mîn ôre erklanc,
und der sanfte tuonder swêre,
diu mit fröiden in mîn herze sanc,　　　35
dâ von mir ein wunne entspranc,
diu vor liebe alsam ein tou
mir ûʒ von den ougen dranc.

Sêlic sî diu süeʒe stunde,
sêlic sî diu zît, der werde tac,　　　　40
dô daʒ wort gie von ir munde,
daʒ dem herzen mîn sô nâhen lac,
daʒ mîn lîp von fröide erschrac,
und enweiʒ vor wunne joch
waʒ ich von ir sprechen mac.　　　　45

3

Eʒ tuot vil wê,　　swer herzeclîchen minnet
an sô hôe stat　　dâ sîn dienest gar versmât.

sîn tumber wân   vil lützel dran gewinnet,
swer sô vil geklaget   dâ'ʒ ze herzen niht engât.
er ist vil wîs,   swer sich sô wol versinnet   50
daʒ er dicnct dar   dâ man dienest wol enpfât,
und sich dar lât   dâ man sîn genâde hât.

Ich darf vil wol   daʒ ich genâde vinde:
wan ich habe ein wîp   für die sunnen mir erkorn.
daʒ ist ein nôt   diech niemer überwinde,   55
sin gesê mich ane   als si tete hie bevorn.
si ist mir liep   gewest dâ her von kinde:
wan ich wart durch sie   und durch anders niht geborn.
ist ir daʒ zorn,   weiʒ got, sô bin ich verlorn.

Wâ ist nu hin   mîn liehter morgensterne?   60
wê waʒ hilfet mich   daʒ mîn sunne ist ûf gegân?
sist mir ze hô   und ouch ein teil ze verne
gegen mittem tage   unde wil dâ lange stân.
ich gelebte noch   den lieben âbent gerne,
daʒ si sich hernider   mir ze trôste wolte lân,   65
wand ich mich hân   gar verkapfet ûf ir wân.

NOTES

Unlike Hartmann, Wolfram, etc., this poet is generally referred to as Morungen, since Heinrich is a common name. His language has CG features, as **swêre** for **swære**, **hôe** for **hôhe**, etc.

1 (= *MF* 46, 10: see p. xv)

1. if you would save my life.
2. **sich**, imp. of **sehen** (§ 11 (iii)).
3. **in** = **ich en-**.
10. **sprêche** = **spræche**, 2 sing. pret. (§ 31, n. ii).

2 (= *MF* 125, 19)

20. **alse,** as if.
26. **daʒ spil**, lit. 'let it shine', i.e. its brightness cannot compete with (**gegen**).
29. **ein hügender wân**, 'a thought of hope'.

iptipt _

34. 'sweet distress'.
36–7. He weeps for joy.

3 (= MF 134, 14)

46. **swer, if a man.** The conventional figure of the courtly lover, who woos a lady far above his station.
56. **gesê = gesehe.**
58. Morungen now claims to have been born solely for his lady's sake.

VI

REINMAR DER ALTE, or VON HAGENAU

Called in the manuscripts Reinmar (Reimar) der Alte to distinguish him from a later poet, Reinmar von Zweter, he is almost certainly identical with the 'nightingale' **von Hagenouwe** referred to by Gottfried in III. i. 191. By birth an Alsatian, he spent many years at the ducal court in Vienna, and died about 1207 (cf. VII. 249–74).

I

Ich weiz den wec nû lange wol
der von der liebe gât unz an daz leit.
der ander der mich wîsen sol
ûz leide in liep, derst mir noch unbereit.
daz mir von gedanken ist   alsô unmâzen wê,   5
des überhœre ich vil   und tuon als ich des niht verstê.
gît minne niht wan ungemach,
sô müeze minne unsælic sîn:
wan ichs noch ie in bleicher varwe sach.

Des einen und deheines mê   10
wil ich ein meister sîn die wîle ich lebe;
daz lop wil ich daz mir bestê
und mir die kunst diu werlt gemeine gebe,
daz niht mannes sîniu leit   sô schône kan getragen.
begât ein wîp an mir   deich tac noch naht niht kan gedagen, 15
nu hân eht ich sô senften muot

daʒ ich ir haʒ ze fröiden nim.
owê wie rehte unsanfte eʒ mir doch tuot!

2

Sô wol dir wîp, wie reine ein nam!
wie sanfte er doch z'erkennen und ze nennen ist!   20
eʒ wart nie niht sô lobesam,
swâ du'ʒ an rehte güete kêrest, sô du bist.
dîn lop nieman mit rede volenden kan.
swes du mit triuwen phligest, wol im, derst ein sælic man
und mac vil gerne leben.   25
du gîst al der werlde hôhen muot:
wan maht ouch mir ein lützel fröiden geben?

Zwei dinc hân ich mir für geleit,
diu strîtent mit gedanken in dem herzen mîn:
ob ich ir hôhen werdekeit   30
mit mînem willen wolte lâʒen minre sîn,
ode ob ich daʒ welle daʒ si grœʒer sî
und si vil sælic wîp stê mîn und aller manne vrî.
diu tuont mir beidiu wê:
ich enwirde ir lasters niemer vrô;   35
vergât si mich, daʒ klage ich iemer mê.

3

'Lieber bote, nu wirp alsô,
sich in schiere und sage im daʒ:
vert er wol und ist er frô,
ich leb iemer deste baʒ.   40
sag im durch den willen mîn
daʒ er iemer solhes iht getuo
dâ von wir gescheiden sîn.

Frâge er wie ich mich gehabe,
gich daʒ ich mit fröiden lebe.   45

swâ du mügest dâ leite in abe
daz er mich der rede begebe.
ich bin im von herzen holt
und sæhe in gerner denne den tac:
daz ab du verswîgen solt.   50

Ê dazd' iemer im verjehest
deich im holdez herze trage,
sô sich dazd' alrêrst besehest
und vernim waz ich dir sage:
meine er wol mit triuwen mich,   55
swaz danne im müge ze vröiden komen,
daz mîn êre sî, daz sprich.

Spreche er daz er welle her
daz ichs immer lône dir,
sô bit in daz er verber   60
rede dier jungest sprach ze mir:
sô mac ich in an gesehen.
wes wil er des besweren mich
daz doch nimmer mac geschehen?

Des er gert daz ist der tôt   65
und verderbet manegen lîp;
bleich und eteswenne rôt
alsô verwet ez diu wîp.
minne heizent ez die man,
und möhte baz unminne sîn.   70
wê im ders alrêst began!

Daz ich alsô vil dâ von
hân geredet, daz ist mir leit,
wande ich was vil ungewon
sô getâner arebeit   75
alse ich tougenlîchen trage —
dune solt im nimmer niht verjehen
alles des ich dir gesage.'

4

'Si jehent, der sumer der sî hie,
diu wunne diu sî komen, 80
und daz ich mich wol gehabe als ê.
nu râtent unde sprechent wie.
der tôt hât mir benomen
daz ich niemer überwinde mê.
waz bedarf ich wunneclîcher zît, 85
sît aller fröiden herre Liutpolt in der erde lît,
den ich niemer tac getrûren sach?
ez hât diu werlt an ime verlorn
daz ir an manne nie
sô jæmerlîcher schade geschach. 90

Mir armen wîbe was ze wol
dô ich gedâhte an in
wie mîn heil an sîme lîbe lac.
daz ich des nu niht haben sol,
des gât mit sorgen hin 95
swaz ich iemer mê geleben mac.
mîner wunnen spiegel derst verlorn.
den ich mir hete ze sumerlîcher ougenweide erkorn,
des muoz ich leider ænic sîn.
dô man mir seite er wære tôt, 100
zehant wiel mir daz bluot
von herzen ûf die sêle mîn.

Die fröide mir verboten hât
mîns lieben herren tôt
alsô deich ir mêr enberen sol. 105
sît des nu niht mac werden rât,
in ringe mit der nôt
daz mîn klagendez herze ist jâmers vol,
diu in iemer weinet daz bin ich,
wan er vil sælic man jâ trôste er wol ze lebenne mich. 110
der ist nu hin: waz töhte ich hie?

wis ime genædic, herre got,
wan tugenthafter gast
kam in dîn ingesinde nie.'

NOTES

I

(1st stanza = *MF* 163, 14; 2nd stanza = *MF* 163, 5)

4. **unbereit,** not known to me, beyond my experience: see Glossary.
5. that which is so painful for me to think about.
9. **in bleicher varwe,** the often-quoted self-characterization of Reinmar's poetic view of love.
10–14. Reinmar is here very consciously projecting the 'image' he wants to display to the (courtly) world.
13. 'that the world may generally (**gemeine**) grant me'.
14. **niht mannes,** 'no man' (**mannes** gen. dep. on **niht,** § 52 (v)).
15. 'if a woman acts towards me (in such a way) . . .'; **deich** = **daz ich.**
18. note how **unsanfte** 'echoes' **senften** (16).

2 (= *MF* 165, 28)

19. Quoted by Walther, VII. 260. The stanza opens with praise of women (i.e. courtly ladies) in general, and by a gradual shift ends in an appeal to Reinmar's lady in particular.
22. Reinmar limits the praise to those who show true nobility (**güete**), a point which Walther picks up in VII. 269.
26. **hôher muot,** a key phrase, especially in *Minnesang*: see Glossary and § 94.
27. **wan,** why not?
28–36. Reinmar here epitomizes the paradox of courtly love: if the lady ceased to be unattainable, she would thereby cease to be the paragon of virtue he claims that she is. The poet (in his public *persona*) cannot wish for this, but on the other hand he cannot bear to lose hope of her favour.

3 (= *MF* 178, 1)

A *Botenlied*. That the lady is the speaker is indicated editorially by enclosure in quotation marks. In performance, this may have been sung by a lady, but we have no information on this. The fiction is that the lady the poet adores is instructing a messenger to him.

42. **iemer** = **niemer** (§ 65): 'that he should never do anything such as led to our parting.'

53. **sich,** imper. of **sehen.**

57. **daʒ mîn êre sî,** that is compatible with my honour.

63. **besweren,** entreat (NHG **beschwören**).

75 'such distress'.

77–8. The messenger's confusion at these contradictory instructions can be imagined!

4 (= *MF* 167, 31)

The editorial quotation marks surrounding this poem again indicate that the speaker is a lady. It is Reinmar's elegy on Duke Leopold V (not VI) of Austria, who died on 31 December 1194 as the result of injuries incurred in a tournament, and is placed in the mouth of his widow. The poem can therefore be dated to the summer of 1195.

101. **wiel,** pret. of **wallen.** An unexpectedly graphic image for Reinmar.

105. **deich = daʒ ich.**

107. **in = ich en-.**

109. Construction as in VII. 202 (possibly of French origin).

113. **tugenthafter** is comparative.

VII

WALTHER VON DER VOGELWEIDE

The greatest, and by far the most versatile medieval German lyric poet. Presumably an Austrian, and a pupil of Reinmar's at the Viennese court (which he was compelled to leave on the death of his patron Duke Frederick in 1198), he led a wandering life till about 1220, composing bold political poems as well as love-lyrics, etc. He died *c.* 1228–30.

I

> Wer gap dir, Minne, den gewalt,
> daʒ dû doch sô gewaltic bist?
> dû twingest beide junc und alt:
> dâ für kan nieman keinen list.
> Nû lob ich got, sît dîniu bant   5
> mich sulen twingen, deich sô rehte hân erkant
> wâ dienest werdeclîchen lît.
> dâ von enkume ich niemer. gnâde, ein küniginne!
> lâ mich dir leben mîne zît.

2

Wîp muoʒ iemer sîn der wîbe hôhste name,   10
und tiuret baʒ dan frouwe, als ichʒ erkenne.
swâ nû deheiniu sî diu sich ir wîpheit schame,
diu merke disen sanc und kiese denne.
Under frouwen sint unwîp,
under wîben sint si tiure.   15
wîbes name und wîbes lîp
die sint beide vil gehiure.
swieʒ umb alle frouwen var,
wîp sint alle frouwen gar.
zwîvellop daʒ hœnet,   20
als under wîlen 'frouwe':
wîp dêst ein name der s'alle krœnet.

3

Friundîn unde frouwen in einer wæte
wolte ich an dir einer gerne sehen,
ob eʒ mir sô rehte sanfte tæte   25
alse mir mîn herze hât verjehen.
friundîn daʒ ist ein süeʒeʒ wort:
doch sô tiuret frouwe unz an daʒ ort.

4

Aller werdekeit ein füegærinne,
daʒ sît ir ze wâre, frouwe Mâʒe: 30
er sælic man, der iuwer lêre hât!
der endarf sich iuwer niender inne
weder ze hove schamen noch an der strâʒe:
dur daʒ sô suoche ich, frouwe, iuwern rât,
daʒ ir mich ebene werben lêret.   35
wirbe ich nidere, wirbe ich hôhe, ich bin versêret.
ich was vil nâch ze nidere tôt,
nû bin ich aber ze hôhe siech:
unmâʒe enlât mich âne nôt.

Nideriu minne heizet diu sô swachet 40
daz der lîp nâch kranker liebe ringet:
diu minne tuot unlobelîche wê.
hôhiu minne reizet unde machet
daz der muot nâch hôher wirde ûf swinget:
diu winket mir nû daz ich mit ir gê. 45
mich wundert, wes diu Mâze beitet.
kumet diu herzeliebe, ich bin iedoch verleitet.
mîn ougen hânt ein wîp ersehen,
swie minneclîch ir rede sî,
mir mac doch schade von ir geschehen. 50

5

Sô die bluomen ûz dem grase dringent,
same si lachen gegen der spilden sunnen,
in einem meien an dem morgen fruo,
und diu kleinen vogellîn wol singent
in ir besten wîse die si kunnen, 55
waz wünne mac sich dâ gelîchen zuo?
ez ist wol halb ein himelrîche.
suln wir sprechen, waz sich deme gelîche,
sô sage ich, waz mir dicke baz
in mînen ougen hât getân, 60
und tæte ouch noch, gesæhe ich daz.

Swâ ein edeliu schoene frouwe reine
wol gekleidet unde wol gebunden
durch kurzewîle zuo vil liuten gât,
hovelîchen hôchgemuot, niht eine, 65
umbe sehende ein wênig under stunden,
alsam diu sunne gegen den sternen stât:
der meie bringe uns al sîn wunder,
waz ist dâ sô wünneclîches under
als ir vil minneclîcher lîp? 70
wir lâzen alle bluomen stân,
und kapfen an daz werde wîp.

Nû wol dan, welt ir die wârheit schouwen,
gên wir zuo des meien hôchgezîte!
der ist mit aller sîner krefte komen.   75
seht an in und seht an werde frouwen,
weder ir daʒ ander überstrîte:
daʒ beʒʒer spil, ob ich daʒ hân genomen.
owê der mich dâ welen hieʒe,
deich daʒ eine dur daʒ ander lieʒe: 80
wie rehte schiere ich danne kür!
her Meie, ir müeset Merze sîn
ê ich mîne frouwen dâ verlür.

6

'Nemt, frouwe, disen kranz!'
alsô sprach ich zeiner wol getânen maget.   85
'Sô zieret ir den tanz
mit den schœnen bluomen, als irs ûffe traget.
het ich vil edel gesteine,
daʒ müest ûf iur houbet,
obe ir mirs geloubet: 90
seht mîn triuwe, daʒ ich'ʒ meine.'

'Ir sît sô wol getân,
daʒ ich iu mîn schapel gerne geben wil,
sô ichʒ aller beste hân.
wîʒer unde rôter bluomen weiʒ ich vil,   95
diu stênt sô verre in jener heide.
dâ si schône entspringent
und die vogele singent,
dâ suln wir si brechen beide.'

Si nam daʒ ich ir bôt   100
einem kinde vil gelîch daʒ êre hât.
ir wangen wurden rôt
same diu rôse, dâ si bî der liljen stât.
dô erschampten sich ir liehten ougen:
doch neic si mir vil schône.   105

daz wart mir ze lône.
wirt mirs iht mêr, daz trage ich tougen.

Mich dûhte daz mir nie
lieber wurde, danne mir ze muote was.
die bluomen vielen ie   110
von dem boume bî uns nider an daz gras.
seht, dô muost ich von fröiden lachen.
dô ich sô wünneclîche
was in troume rîche,
dô taget ez und muos ich wachen.   115

Mir ist von ir geschehen,
daz ich disen sumer allen meiden muoz
vast' under d'ougen sehen:
lîhte wirt mir einiu: sô ist mir sorgen buoz.
waz ob si gêt an disem tanze?   120
frouwe, dur iur güete
rucket ûf die hüete:
owê gesæhe ichs under kranze!

7

'Under der linden
an der heide,   125
dâ unser zweier bette was,
dâ muget ir vinden
schône beide
gebrochen bluomen unde gras.
vor dem walde in einem tal,   130
tandaradei,
schône sanc diu nahtegal.

Ich kam gegangen
zuo der ouwe:
dô was mîn friedel komen ê.   135
dâ wart ich enpfangen:
"hêre frouwe!"

daʒ ich bin sælic iemer mê.
kuste er mich? wol tûsentstunt:
tandaradei,   140
seht wie rôt mir ist der munt.

Dô het er gemachet
alsô rîche
von bluomen eine bettestat.
des wirt noch gelachet   145
inneclîche,
kumt iemen an daʒ selbe pfat.
bî den rôsen er wol mac,
tandaradei,
merken wâ mirʒ houbet lac.   150

Daʒ er bî mir læge,
wesseʒ iemen
(nû enwelle got!),
sô schamt ich mich.
wes er mit mir pflæge   155
niemer niemen
bevinde daʒ wan er und ich,
und ein kleineʒ vogellîn:
tandaradei,
daʒ mac wol getriuwe sîn.'   160

8

Owê hovelîcheʒ singen,
daʒ dich ungefüege dœne
solten ie ze hove verdringen!
daʒ die schiere got gehœne!
owê, daʒ dîn wirde alsô geliget,   165
des sint alle dîne friunde unfrô.
daʒ muoʒ eht alsô sîn, nû sî alsô!
frô Unfuoge, ir habt gesiget.

Der uns fröide wider bræhte,
diu reht und gefüege wære,   170

hei wie wol man des gedæhte,
swâ man von im seite mære.
ez wære ein vil hovelîcher muot,
des ich iemer gerne wünschen sol.
frouwen unde hêrren zæme ez wol: 175
owê daz ez nieman tuot!

Die daz rehte singen stœrent,
der ist ungelîche mêre
danne die ez gerne hœrent.
doch volg' ich der alten lêre: 180
ich enwil niht werben zuo der mül;
dâ der stein sô riuschend' umbe gât
und daz rat sô manege unwîse hât,
merket, wer dâ harpfen sül!

Die sô frevellîchen schallent,   185
der muoz ich vor zorne lachen,
daz s'in selben wol gevallent
mit als ungefüegen sachen.
die tuont sam die frösche in eime sê,
den ir schrîen sô wol behaget,   190
daz diu nahtegal dâ von verzaget,
sô si gerne sunge mê.

Der Unfuoge swîgen hieze,
waz man noch von fröiden sunge,
und sie abe den bürgen stieze,   195
daz sie dâ die frôn iht twunge!
wurden ir die grôzen höve benomen,
daz wær' allez nâch dem willen mîn:
bien gebûren lieze ich si wol sîn,
dannen ist s'ouch her bekomen.   200

9

Ir sult sprechen: 'willekomen!'
der iu mære bringet, daz bin ich.

allez daz ir habt vernomen,
daz ist gar ein wint: nû frâget mich.
Ich wil aber miete: 205
wirt mîn lôn iht guot,
ich gesage iu lîhte, daz iu sanfte tuot.
seht, waz man mir êren biete.

Ich wil tiuschen frouwen sagen
solhiu mære, daz si deste baz   210
al der werlte suln behagen:
âne grôze miete tuon ich daz.
Waz wold' ich ze lône?
si sint mir ze hêr;
sô bin ich gefüege und bite si nihtes mêr   215
wan daz si mich grüezen schône.

Ich hân lande vil gesehen
und nam der besten gerne war:
übel müeze mir geschehen,
kunde ich ie mîn herze bringen dar,   220
daz im wol gevallen
wolde fremeder site.
nû waz hulfe mich, ob ich unrehte strite?
tiuschiu zuht gât vor in allen.

Von der Elbe unz an den Rîn   225
und her wider unz an Ungerlant
mugen wol die besten sîn,
die ich in der werlte hân erkant.
Kan ich rehte schouwen
guot gelâz und lîp,   230
sam mir got, sô swüere ich wol daz hie diu wîp
bezzer sint danne ander frouwen.

Tiusche man sint wol gezogen,
rehte als engel sint diu wîp getân.
swer si schiltet, derst betrogen: 235
ich enkan sîn anders niht verstân.

Tugent und reine minne,
swer die suochen wil,
der sol komen in unser lant: dâ ist wünne vil.
lange müeƷe ich leben dar inne!   240

Der ich vil gedienet hân
und iemer mêre gerne dienen wil,
diust von mir vil unerlân,
iedoch sô tuot si leides mir sô vil.
Si kan mir versêren   245
herze und den muot.
nû vergebeƷ ir got daƷ s'an mir missetuot!
her nâch mac si sichs bekêren.

10

Owê daƷ wîsheit unde jugent,
des mannes schœne noch sîn tugent   250
niht erben sol, sô ie der lîp erstirbet!
daƷ mac wol klagen ein wîser man,
der sich des schaden versinnen kan.
Reimâr, waƷ guoter kunst an dir verdirbet!
dû solt von schulden iemer des genieƷen   255
daƷ dich des tages wolte nie verdrieƷen,
dûn spræches ie den frouwen wol *und guoten wîbes siten.*
des suln si iemer danken dîner zungen.
hetest anders niht wan eine rede gesungen:
'sô wol dir wîp, wie reine ein nam!', du hetest alsô gestriten   260
an ir lop, daƷ elliu wîp dir gnâden solten biten.

Dêswâr, Reimâr, dû riuwest mich
michels harter danne ich dich,
ob dû lebtest und ich wære erstorben.
ich wilƷ bî mînen triuwen sagen: 265
dich selben wolt ich lützel klagen.
ich klage dîn edelen kunst, daƷ si'st verdorben.
dû kundest al der werlte fröide mêren,
sô duƷ ze guoten dingen woldest kêren.

mich riuwet dîn wol redender munt und dîn vil süeʒer sanc,   270
daʒ die verdorben sint bî mînen zîten.
daʒ dû niht eine wîle mohtest bîten!
sô leiste ich dir geselleschaft: mîn singen ist niht lanc.
dîn sêle müeʒe wol gevarn und habe dîn zunge danc.

11

Ich saʒ ûf eime steine   275
und dahte bein mit beine;
dar ûf satzt' ich den ellenbogen;
ich hete in mîne hant gesmogen
daʒ kinne und ein mîn wange.
dô dâhte ich mir vil ange,   280
wie man zer werlte solte leben.
deheinen rât kond ich gegeben,
wie man driu dinc erwurbe,
der keines niht verdurbe.
diu zwei sint êre und varnde guot,   285
daʒ dick' ein ander schaden tuot;
daʒ dritte ist gotes hulde,
der zweier übergulde.
die wolte ich gerne in einen schrîn:
jâ leider desn mac niht gesîn,   290
daʒ guot und werltlîch êre
und gotes hulde mêre
zesamene in ein herze komen:
stîg' und wege sint in benomen.
untriuwe ist in der sâʒe,   295
gewalt vert ûf der strâʒe,
fride unde reht sint sêre wunt.
diu driu enhabent geleites niht, diu zwei enwerden ê gesunt.

12

Ich hôrte ein waʒʒer dieʒen
und sach die vische flieʒen;
ich sach swaʒ in der werlte was: 300

velt walt loup rôr unde gras.
swaz kriuchet unde fliuget
und bein zer erde biuget,
daz sach ich unde sage iu daz: 305
der keinez lebet âne haz.
daz wilt und daz gewürme
die strîtent starke stürme,
sam tuont die vogel under in,
wan daz si habent éinen sin: 310
si dûhten sich ze nihte,
si enschüefen starc gerihte.
si kiesent künege unde reht.
si setzent hêrren unde kneht.
sô wê dir, tiuschiu zunge,   315
wie stêt dîn ordenunge,
daz nû diu mugge ir künec hât,
und daz dîn êre alsô zergât!
bekêrâ dich, bekêre!
die cirkel sint ze hêre,   320
die armen künege dringent dich:
Philippe setze en weisen ûf und heiz si treten hinder sich!

13

Ich sach mit mînen ougen
mann' unde wîbe tougen,
daz ich gehôrte und gesach   325
swaz iemen tet, swaz iemen sprach.
ze Rôme hôrte ich liegen
und zwêne künege triegen.
dâ von huop sich der meiste strît,
der ê was oder iemer sît,   330
dô sich begunden zweien
die pfaffen unde leien.
daz was ein nôt vor aller nôt:
lîp unde sêle lac dâ tôt.
die pfaffen striten sêre,   335
doch wart der leien mêre.

diu swert diu leiten si dernider
und griffen zuo der stôle wider.
si bienen die si wolten
und niht den si solten.   340
dô stôrte man diu goteshûs.
ich hôrte verre in einer klûs
vil michel ungebære:
dâ weinte ein klôsenære,
er klagete gote sîniu leit: 345
'Owê der bâbest ist ze junc: hilf, hêrre, dîner kristenheit!'

14

Diu krône ist elter danne der künec Philippes sî:
dâ muget ir alle schouwen wol ein wunder bî,
wie s'ime der smit sô ebene habe gemachet.
sîn keiserlîchez houbet zimt ir alsô wol   350
daz si ze rehte nieman guoter scheiden sol:
ir dewederz dâ daz ander niht enswachet.
si lachent beide ein ander an,
daz edel gesteine wider den jungen süezen man:
die ougenweide sehent die fürsten gerne.   355
swer nû des rîches irre gê,
der schouwe wem der weise ob sîme nacke stê:
der stein ist aller fürsten leitesterne.

15

Der in den ôren siech von ungesühte sî,
daz ist mîn rât, der lâz den hof ze Dürengen frî,   360
wan kumet er dar, dêswâr er wirt ertœret.
ich hân gedrungen unz ich niht mê dringen mac:
ein schar vert ûz, diu ander în, naht unde tac;
grôz wunder ist daz iemen dâ gehœret.
der lantgrâve ist sô gemuot   365
daz er mit stolzen helden sîne habe vertuot,
der iegeslîcher wol ein kenpfe wære.

mir ist sîn hôhiu fuore kunt:
und gulte ein fuoder guotes wînes tûsent pfunt,
dâ stüende ouch nimmer ritters becher lære. 370

16

Mir ist verspart der sælden tor,
dâ stên ich als ein weise vor:
mich hilfet niht, swaʒ ich dar an geklopfe.
wie möhte ein wunder grœʒer sîn?
eʒ regent beidenthalben mîn, 375
daʒ mir des alles niht enwirt ein tropfe.
des fürsten milte ûʒ Ôsterrîche
fröit dem süeʒen regen gelîche
beidiu liute und ouch daʒ lant.
eʒ ist ein schœne wol gezieret heide, 380
dar abe man bluomen brichet wunder:
bræche mir ein blat dar under
sîn vil milte rîchiu hant,
sô möhte ich loben die liehten ougenweide.
hie bî sî er an mich gemant. 385

17

Ahî wie kristenlîche nû der bâbest lachet,
swenne er sînen Walhen seit 'ich hânʒ alsô gemachet!'
daʒ er dâ seit, des solt er niemer hân gedâht.
er giht 'ich hân zwên Almân under eine krône brâht,
daʒ si'ʒ rîche sulen stœren unde wasten: 390
ie dar under füllen wir die kasten!
ich hâns an mînen stoc gement, ir guot ist alleʒ mîn,
ir tiuscheʒ silber vert in mînen welschen schrîn.
ir pfaffen, eʒʒet hüener und trinket wîn
und lât die tiutschen *leien magern unde* vasten!' 395

18

Vil wol gelopter got, wie selten ich dich prîse,
sît ich von dir beide wort hân unde wîse!

wie getar ich sô gefreveln under dîme rîse?
ichn tuon diu rehten werc, ichn hân die wâren minne
ze mînem ebenkristen, hêrre vater, noch ze dir: 400
sô holt enwart ich ir dekeinem nie sô mir.
Krist, vater unde sun, dîn geist berihte mîne sinne!
wie solt ich den geminnen der mir übele tuot?
mir muoʒ der iemer lieber sîn der mir ist guot.
vergip mir anders mîne schulde, ich wil noch haben den muot. 405

19

Wer zieret nû der Êren sal?
der jungen ritter zuht ist smal:
sô pflegent die knehte gar unhövescher dinge
mit worten und mit werken ouch.
swer zühte hât, der ist ir gouch.   410
nemt war wie gar unfuoge für sich dringe.
hie vor dô berte man die jungen
die dâ pflâgen frecher zungen:
nû ist eʒ ir werdekeit.
si schallent unde scheltent reine frouwen.   415
wê ir hiuten und ir hâren,
die niht kunnen frô gebâren
sunder wîbe herzeleit!
dâ mac man sünde bî der schande schouwen,
die maneger ûf sich selben leit.   420

20

Swer âne vorhte, hêrre got,
wil sprechen dîniu zehen gebot,
und brichet diu, daʒ ist niht rehte minne.
dich heiʒet vater maneger vil:
swer mîn ze bruoder niht enwil,   425
der spricht diu starken wort ûʒ krankem sinne.
wir wahsen ûʒ gelîchem dinge:
spîse frumet uns, diu wirt ringe,
sô si durch den munt gevert.

wer kan den hêrren von dem knehte scheiden   430
swâ er ir gebeine blôȥeȥ fünde,
het er ir joch lebender künde,
sô gewürme daȥ fleisch verzert?
im dienent kristen, juden unde heiden,
der elliu lebenden wunder nert.   435

21

Wer sleht den lewen? wer sleht den risen?
wer überwindet jenen unde disen?
daȥ tuot einer der sich selber twinget
und alliu sîniu lit in huote bringet
ûȥ der wilde in stæter zühte habe.   440
geligeniu zuht und schame vor gesten
mugen wol eine wîle erglesten:
der schîn nimt drâte ûf und abe.

22

Ich hân mîn lêhen, al die werlt! ich hân mîn lêhen!
nû enfürhte ich niht den hornunc an die zêhen   445
und wil alle bœse hêrren dester minre flêhen.
der edel künec, der milte künec hât mich berâten,
daȥ ich den sumer luft und in dem winter hitze hân.
mîn' nâchgebûren dunke ich verre baȥ getân:
si sehent mich niht mêr an in butzen wîs, als si wîlent tâten.   450
ich bin ze lange arm gewesen âne mînen danc.
ich was sô volle scheltens daȥ mîn âten stanc:
daȥ hât der künec gemachet reine, und dar zuo mînen sanc.

23

Owê war sint verswunden   alliu mîniu jâr?
ist mir mîn leben getroumet,   oder ist eȥ wâr?   455
daȥ ich ie wânde, daȥ   iht wære, was daȥ iht?
dar nâch hân ich geslâfen   und enweiȥ es niht.
nû bin ich erwachet,   und ist mir unbekant

daz mir hie vor was kündic   als mîn ander hant.
liut unde lant, dar inn ich   von kinde bin erzogen,   460
die sint mir worden fremde,   reht als ez sî gelogen.
die mîne gespilen wâren,   die sint træge und alt.
bereitet ist daz velt,   verhouwen ist der walt.
wan daz daz wazzer fliuzet   als ez wîlent flôz,
für wâr mîn ungelücke   wânde ich wurde grôz.   465
mich grüezet maneger trâge,   der mich bekande ê wol.
diu werlt ist allenthalben   ungenâden vol.
als ich gedenke an manegen   wünneclîchen tac,
die mir sint enpfallen   als in daz mer ein slac,
iemer mêre owê!   470
Owê wie jæmerlîche   junge liute tuont,
den *ê vil hovelîchen*   ir gemüete stuont!
die kunnen niuwan sorgen: owê wie tuont si sô?
swar ich zer werlte kêre,   dâ ist nieman frô.
tanzen, lachen, singen   zergât mit sorgen gar: 475
nie kristen man gesach   sô jæmerlîche schar.
nû merket wie den frouwen   ir gebende stât;
die stolzen ritter tragent an   dörperlîche wât.
uns sint unsenfte brieve   her von Rôme komen;
uns ist erloubet trûren   und fröide gar benomen.   480
daz müet mich inneclîchen   (wir lebten ê vil wol),
daz ich nû für mîn lachen   weinen kiesen sol.
die wilden vogele   betrüebet unser klage:
waz wunders ob ich dâ von   an fröiden gar verzage?
wê waz spriche ich tumber man   durch mînen bœsen zorn? 485
swer dirre wünne volget,   hât jene dort verlorn.
iemer mêr owê!

Owê wie uns mit süezen   dingen ist vergeben!
ich sihe die bittern gallen   in dem honege sweben.
diu werlt ist ûzen schœne,   wîz grüene unde rôt,   490
und innân swarzer varwe,   vinster sam der tôt.
swen si nû habe verleitet,   der schouwe sînen trôst:
er wirt mit swacher buoze   grôzer sünde erlôst.
dar an gedenket, ritter!   ez ist iuwer dinc.

ir traget die liehten helme   und manegen herten rinc,   495
dar zuo die vesten schilte   und diu gewîhten swert.
wolte got, wan wære ich   der segenunge wert!
sô wolte ich nôtic man   verdienen rîchen solt.
joch meine ich niht die huoben   noch der hêrren golt:
ich wolte selbe krône   êweclîchen tragen;   500
die mohte ein soldenære   mit sîme sper bejagen.
möht ich die lieben reise   gevaren über sê,
sô wolte ich denne singen 'wol'   und niemer mêre 'owê',
niemer mêre owê!

NOTES

Since Lachmann's pioneer edition of 1827, Walther's poems have been
frequently edited, and different editors (and translators) have rearranged
them under different headings of their own. For identification the traditional,
if clumsy, reference to page- and line-number in Lachmann's first edition is
given here. The distinction into *Lieder* (mostly concerned with *Minne*)
and *Sprüche* (mainly on political and ethical themes) has been called into
question, but is convenient in some ways; it should, however, be borne in
mind that the *Sprüche* were sung, like the *Lieder*, not spoken. K. Simrock
gave labels to the various *Töne* or strophic forms in which the *Sprüche* were
composed (e.g. *Reichston*, *1. Philippston*, etc.), which are still frequently used.
Many of the *Sprüche* can be dated from the political events they refer to;
in the case of the *Lieder* dating is usually quite uncertain, though a progres-
sion is observable.

1 (=L 56, 5)

The fifth stanza of a five-stanza poem. A poem of *Hohe Minne*.

8. **ein küniginne,** *voc.* The indef. article sometimes occurs with the voca-
tive in MHG. The implication may be: 'You who are a queen (for me).'

2 (= L 48, 38)

The fourth stanza of a five-stanza poem. A delightful but difficult play
on the words **wîp** and **frouwe**: cf. § 74.

15. **tiure,** *here* = 'non-existent': see Glossary.

19. This line is obscure. It may mean 'all women are ladies', i.e. *ipso facto*
good because as pointed out the category **wîp** excludes **unwîp** or bad
women. There is an alternative reading of **sîn** (*subj.* or *imper.*) for **sint**:
'May all women be (regarded as) ladies!'

22. **dêst** = **daz ist.**

3 (= L 63, 20)

The third stanza of a four-stanza poem. Here the concept of **frouwe** is contrasted not with **wîp** but with **friundîn** 'beloved'. Can these two, Walther asks, be combined in one person?

23. **wæte,** *dat.* of **wât.**

24. **an dir einer,** in your single person.

28. **unz an daz ort,** *lit.* 'to the very end', i.e. above all. Contrast line 11 above.

4 (= L 46, 32)

An important but difficult poem. **Mâ ̧ze** (§ 91) is here personified and appealed to as representing the golden mean between **hôhiu** and **nideriu minne,** and Walther seeks guidance on how to woo **ebene,** 'on a level', i.e. avoiding both extremes. **Hôhiu minne** doubtless refers, as normally, to the cult of the high-born lady **(frouwe)** who is above the poet's station, and **nideriu minne** is then also to be taken socially, but besides seems clearly to imply *morally* debased love. Nor is the **herzeliebe** (47) necessarily the right answer. Wherever the poet turns his attentions, he is in a dilemma, with no guarantee of happiness.

40. **swachet,** 'is degrading'.

41. i.e. mere sensual pleasure.

47. **herzeliebe** is perhaps the kind of love envisaged in No. 3. Even this may lead to unhappiness.

5 (= L 45, 37)

In praise of noble ladies.

51. **Sô** *here* = 'when'.

52. 'as if they were laughing' **(lachen** is *subj.*); **spilden** for **spilnden** (*pres. part.*).

56. **wünne** is *gen.* dependent on **waz** (§ 52 (v)); **dâ . . . zuo** belong together (§ 69 n.).

59–60. 'has pleased my eyes better'.

63. **wol gebunden,** with a fair head-dress **(gebende,** cf. II. ii. 9 and note).

64. 'goes into company for the sake of entertainment'.

65. **niht eine,** not alone, i.e. suitably escorted.

67. **diu sunne:** MHG **sunne** can be masc. or fem., and editors here, following the manuscripts, print **der sunne.** But in 52 this noun is fem., and Walther is unlikely to have used the word with two different genders in the same poem.

78. 'If I have chosen the winning side'.

81. **kür,** *subj.* of **kiesen.**

6 (= L 74, 20 (rearranged))

The first four stanzas are a dream-sequence. Their order is somewhat disputed.

118. **under d'ougen,** in the face.

119. 'Perhaps one of them will be mine'.

120–3. He looks at all the ladies present to see if one of them is the girl of his dream.

7 (= L 39, 11)

A girl is the narrator.

134. 'I came walking'.

136–7. Probably means: 'I was greeted as "noble lady" ', though **hêre frouwe** may also be an interjection ('Holy Mary!').

151, 155. **læge, pflæge**: these forms are in MHG true past subj. forms (§ 61).

8 (= L 64, 31)

Poems like Nos. 6 and 7 may have helped inspire the more ebulliently bucolic lyrics of Neidhart von Reuental, to which Walther took grave exception. This is his reply.

169. **der,** if anyone; **fröide,** courtly joy.

181. **werben zuo der mül,** compete with the mill.

193. **der,** see 169. 194 belongs logically after 196.

199. **bien = bî den.**

9 (= L 56, 14)

Walther's so-called *Preislied,* by some earlier editors inappropriately headed 'Deutschland über alles'. Considered to be Walther's trump card in his literary feud with Reinmar, and dated 1203 (?) when we know Walther revisited Vienna; the occasion would then have been the wedding of Duke Leopold VI to a Byzantine princess. Walther had had to leave the court in 1198 (see No. 10).

220. **dar,** to such a point.

226. **her wider,** 'back here', to Vienna and beyond, as far as Hungary.

231. **sam mir got** (*sc.* **helfe**), so help me God! Said to have been the favourite oath of Duke Henry of Austria (1156–77), called Heinrich Jasomirgott, perhaps deliberately recalled by Walther.

235. Doubtless the answer to attacks like that of the Provençal troubadour Peire Vidal, who composed a mocking verse about the Germans, at the court of the King of Hungary. Elsewhere Walther, too, has unflattering things to say about them.

241–8. This stanza, in the nature of an *envoi,* is often omitted but is certainly genuine. Cf. the concluding words of *Parzival* (II. iii. 25–30).

10 (= L 82, 24)

Walther's elegy on Reinmar (*c.* 1207?), composed in the so-called *Leopolds-ton*. Wapnewski points out that another poem, not included here, in the same *Ton* is an appeal to the Duke to appoint him at court, probably as Reinmar's successor. The attempt failed. The present poem is later in date than some of the *Sprüche* which follow, but is perhaps conveniently read at this point. The poetic and personal rivalry between Walther and the older Reinmar was the apparent cause of Walther's having to leave the Viennese court in 1198 after the accession of Duke Leopold VI.

255–7 are rather complex syntactically: 'you should rightly (**von schulden**) profit (**geniezen**) from the fact that you never wearied of . . .'.

257. The line is incomplete; the words **und guoten** (or **guotes**) **wîbes siten** are a generally accepted editorial conjecture, of which at least the rhyme-word **siten** is pretty certain.

260 quotes from Reinmar's poem (VI. 19).

262–7 openly avow that there was no love lost between the two men: it is Reinmar's art, not his person, that Walther laments.

269 is again a slight dig at Reinmar's character (as seen by Walther), but also echoes Reinmar himself once more (cf. VI. 22).

273. **leiste** prob. = **leistete** (*subj.*), 'I would bear you company'. In fact, Walther survived Reinmar by some twenty years.

11 (= L 8, 4)

With this poem, in Walther's so-called *Reichston*, we come to the first of the political *Sprüche*. Nos. 11, 12, and 13 are usually placed in this order, though Wapnewski would place our No. 12 first. Some account of the events of the year 1198 is required for their understanding. The powerful Emperor Henry VI of the house of Hohenstaufen had died suddenly in September 1197, leaving an infant son (the subsequent Emperor Frederick II), who was brought up as a ward of the Pope. Meanwhile Henry's brother Philip of Swabia became regent. However, the throne was claimed by Otto of Poitou (son of the deposed Duke of Saxony, Henry the Lion) of the rival house of Welf or Guelph; Otto had the support of King Richard I of England, and after his death in 1199 of King John. A civil war broke out, and both Philip and Otto were crowned king by rival archbishops. (For the constitutional position of King and Emperor, see A, 40 n.) The new Pope, Innocent III, one of the greatest popes of the Middle Ages, intervened on Otto's side, and the war dragged on with varying fortunes till Philip, who was winning, was assassinated in 1208, whereupon Otto (IV) was recognized by default. Walther, having had to leave Vienna in 1198, came as an already famous poet to Philip's court and embarked on a new career as a political propagandist. He first supported Philip, later (half-heartedly) Otto, and finally the young Frederick II who eventually defeated Otto.

Walther presents himself in the traditional posture of profound medita-tion.

276. dahte, *pret.* of denken (§ 44). Not to be confused with dûhte from denken in 280.

287. The problem of 'how to live in the world' is a crucial one for the MHG classical period, at which secular values are asserting themselves beside the demands of religion: cf. II. iii. 72–11.

289. The 'three things' have been much discussed. They probably represent a basic formula *sin* (*variant guot*), *honestum* (*êre*), *summum bonum* (*gotes hulde*), in which each value is subordinate to the one above it. The strife which has broken out makes it impossible to harmonize these three.

297. *friude* unde reht are the 'peace and justice' which the ruler ought to maintain.

298. The 'three things' will have no safe-conduct until the two (peace and justice) have recovered from their wounds, i.e. until there is a strong ruler, meaning Philip.

(NOTE: Walther is represented as sitting on a stone deep in thought in the Weingarten manuscript (B), and in the more famous Heidelberg (Manesse) manuscript C.)

11 (= L. 8, 28)

Walther here contemplates nature (anthropomorphically expressed in the medieval manner), and draws his conclusions from it for the good of the *Reich*.

310. 'that that they have good sense in this respect'.

311. dûhten is subj. (= dühten).

311–12. 'They would consider themselves ruined if they did not establish a strict rule of law.'

313. *besunder* unde *gar, Gemein.* (= guter, ...)

317. mugge (mocke, mücke) means 'midge' or, in some dialects, 'fly'. This line has been compared to the Aristotelian idea (found also in Shakespeare's *King Henry V?* of the bees' state. Since, however, there is no evidence that mugge ever meant 'bee', the older explanation, that the eagle is the king of all flying creatures, is to be preferred, the more so since the eagle was the badge of the Hohenstaufen.

319. *hôhvart*, see 6 in Glossary.

321. Die *vremen* künege. (*part.*) *künegelîn* (regula) in *der* battle of the Hohenstaufen chancery) are those of England, France, and Denmark who threatened the integrity of the Empire to which (in the German view) they were theoretically subject. Richard of England had in fact done homage to Henry VI in 1194.

324. Philippe *gîdaz* en ... den, den *wein*, the 'orphan', a particularly valuable stone set in the imperial crown: *pars pro toto* for 'the crown'.

13 (= L 9, 16)

If in the previous poem Walther's 'vision' could still be conceived of as merely the normal use of his eyes, he here presents himself as a seer who is aware of all that goes on in the world.

324. **mann' unde wîbe,** *gen. plur.*

328. The two kings whom Walther regards as the victims of papal deceit are Philip and his nephew Frederick, later Frederick II: the Pope favoured Otto.

340. i.e. Otto.

341. The destruction of churches was undertaken by Philip's supporters.

344. The **klôsenære** is a symbolic figure representing the true Christian as opposed to the clerics of the papal party. Walther reintroduces him in a later poem.

346. Pope Innocent III was thirty-seven at his accession. Later, Walther was to attack him more ruthlessly (cf. No. 17).
This poem is dated at 1201, three years later than Nos. 11 and 12, with which however it forms a unity.

14 (= L 18, 29)

This poem in the *1. Philippston* can be dated to the time of Philip's coronation (8 September 1198).

347. **sî,** *subj.* after a comparative (§61 (iii)).

348. **dâ ... bî** belong together (§69 n.). The miracle is that the ancient crown was made as if to measure for Philip, thus proving his fitness to wear it.

353. The word **süeze** often has connotations of sanctity: here, the sanctity of majesty.

357–8. The **weise** (321), like all precious stones, radiates power; it is a guiding star to the princes to follow the right ruler.

15 (= L 20, 4)

Landgrave Hermann of Thuringia was a great patron of the arts, but his court was a rowdy place, as Wolfram also notes. Whoever suffers from ear trouble, Walther says, should avoid it, or he will be thoroughly deafened. His ambivalent attitude is understandable, for though he benefited from the Landgrave's generosity, he had to put up with gross insults from the knight Gerhart Atze.

16 (= L 20, 31)

This poem, in the *Wiener Hofton,* is an unsuccessful appeal to Duke Leopold VI to take him back to the Viennese court. Perhaps written soon after 1198, or much later (?).

380. **ez** refers to **lant** (378).

384. **ougenweide** echoes **Vogelweide**, hence 384 'let this be a reminder to him'.

17 (= L 34, 4)

In the *Unmutston*, a bitter (and unjust) attack on Pope Innocent III. The **stoc** (392) is the collecting-box placed in churches at the Pope's orders to finance a crusade. Walther claims that the aim is merely to enrich the Pope. He mimics the Pope's (alleged) way of speaking by making him refer to **Almân** for Germans, and use the Latinism **wasten** (Lat. **vastare**). The two Germans under one crown were by this time Otto IV and Frederick II, who was already victorious.

395. One manuscript (C) has the defective line **und lât die tiutschen vasten,** while the other manuscript (A) has some extra lines which cannot be genuine, but the italicized words are supplied from these after C. von Kraus. The original ending may have been too grossly abusive or obscene for the scribes.

18 (= L 26, 3)

In the *König-Friedrichston*. A humorous confession that Walther finds it hard to love his enemies—which we can well believe!

405. 'Forgive me the rest of my sins—I want to persist in *this* attitude!'

19 (= L 24, 3)

In the *Wiener Hofton* like No. 16. Wapnewski's comment is worth quoting: 'Als Zeitzeugnis eine Ermunterung, das moderne Halbstarkenproblem aus dem isolierten Blickpunkt überhitzter Aktualität zu rücken.' With its specific reference to **junge ritter,** it is also a reminder that knights were not always well behaved (cf. §94).

410. **ir gouch,** 'their butt': see Glossary.

411. **unfuoge** should perhaps be capitalized, as being more or less personified, as in No. 8.

416. i.e. they should be flogged and shorn: two dishonourable punishments.

420. **leit = leget** (§13); **herzeleit: leit** is an example of identical rhyme (*rührender Reim*).

20 (= L 22, 3)

This poem, like No. 19 in the *Wiener Hofton*, is a more serious confession of faith than No. 18. It should not be misinterpreted as implying modern notions of equality. Distinctions of class and creed were valid for Walther, but he here draws attention to the common humanity which underlies them, especially in the face of Death the leveller.

434. This line reflects something of the (relative) 'courtly tolerance' which is most clearly apparent in Wolfram's *Willehalm*.

435. **wunder:** all life is miraculous as being created and sustained by God.

22 (= L 81, 7)

In the so-called *Bognerton* (named after the Rhenish Graf von Katzenellnbogen).

141. 'Borrowed' or assumed breeding and modesty (put on) before some guest.

143. i.e. it does not last.

22 (= L 18, 31)

In the *König-Friedrichston* like No. 18. About 1220 Frederick II finally granted Walther a small estate, probably near Würzburg. This is his poem of thanks.

146. Walther's previous patrons, less generous than Frederick (they included both Philip and Otto).

147. *milte* 'generous' begins 1st with *buhse* 'mean' in the previous line.

149. 'I appear much handsomer to my neighbours now.'

150. *in hutten wis*, 'like a hobgoblin'.

151. *ane minnen done*, 'against my will'.

152. A reference to the abusive poems (*Scheltsprüche*) he had previously written.

23 (= L 124, 1)

Walther's so-called 'Elegy', really a Palinode or *recantatio*: propaganda for Frederick's long-deferred crusade of 1227–8. The text is transmitted is very corrupt, and has been much tinkered with by scholars. The long verses are formed by an expansion of the strophic form of the *Nibelungenlied*, which was composed in Walther's native Austria. It is Walther's last datable poem, and the absence of any further political references suggest that Walther himself died soon after its composition, probably about 1230.

156. 'Whatever I thought was something, was it anything?', i.e. was it real? The problem of life as dream or reality.

163. *bereitet*, 'tilled.' Lachmann conjectured *vereitet* 'frozen', but this is unnecessary. With progressive cultivation, further inroads have been made on the forest the poet knew when young.

171. *il vil begriffichen* is C. von Kraus's conjecture for the manuscript reading *mi vil manicvalliche*, which makes little sense.

179. *unsenfte* 'unfree': Frederick II had repeatedly postponed his promised crusade. When, in 1227, he was really ready to go, he fell ill and postponed it again. The new pope Gregory IX, refused to believe his excuses and excommunicated him. Despite this, preparations went ahead and the crusade was launched.

185. This line marks the turning-point. Walther retracts his lamentation for the courtly past, changing his tone to that of ascetic rejection of the world.

486. diese wünne refers to the joys of this world (the passing of which he has just been lamenting), jene refers to heaven. The note is no longer that of regret for earthly things, but *contemptus mundi*.

402. The solution is proffered: the crusade. We should not forget that this poem was certainly ordered and paid for by Frederick II. It is skilled propaganda, not simple piety.

407. segenunge: this is the reading of the Wolfenbüttel fragment. Kraus reads sigenünfte 'victory' with the main manuscript, C.

500. Lachmann's emendation selden krône is brilliant but quite uncertain, hence departure from the manuscript reading selbe krône cannot be justified.

512. The nahtengire is the Roman soldier who pierced the side of Christ with his spear. Medieval tradition called him Longinus and declared that he was blind, but miraculously regained his sight and was converted.

GLOSSARY

ABBREVIATIONS, etc.

sm., *sf.*, *sn.* = strong masculine noun, etc.

wm., *wf.*, *wn.* = weak masculine noun, etc.

swm., *swf.* denotes that the noun can be declined strong *or* weak

sv. = strong verb

wv. = weak verb

pn. = proper name

Other abbreviations are self-explanatory.
Roman numerals after a verb denote its class.
> refers to another entry.

Owing to variations in orthography, some words appear in different forms: **vrouwe, frouwe, vrowe, frowe; freude, fröude, fröide, vreude,** etc. Note that **f**, internally and initially, is ranged under **v**, and **c** under **k (z)**. Fluctuation also occurs between **b** and **p; d** and **t**. The ending **-ic** alternates with **-ec**.

â, *interj. added to imperative, nouns, etc., for emphasis*: **neinâ,** certainly not: § 72.

ab, abe, *prep.*+ *dat.* of, from; *adv.* away, away from.

âbent, *sm.* evening.

aber, ab, *conj., adv.* again, once more; but.

Ache, *pn.* Aachen (Aix-la-Chapelle).

achmardî, *sn.* costly Oriental silkstuff.

acker, *sm.* field.

adamas, *sm.* diamond: cf. Eng. **adamant.**

adelvrî, *adj.* of free noble birth.

æber, *sn.* snow-free place.

ænic, *adj.*+*gen.* bereft (> **âne**).

agrâz, *sm.* pickle or sour sauce.

aht(e), *num.* eight.

ahte, *sf.* thought, opinion.

ahten, *wv.* observe, deliberate; attend to.

ah(t)zec, -zic, *num.* eighty.

ah(t)zehen, *num.* eighteen.

al (*infl.* **aller,** etc., *npl. also* **älliu, elliu**), *adj.* all; *intensifying in* **aldâ,**

aldô (> **dâ, dô**); **al ein,** all one, the same; **al eine,** alone (> **eine**); **aller hande, aller slahte,** all kinds of; **alle wege,** everywhere.

aleine, *adv.* alone (> **eine**).

allenthalben, *adv.* on all sides.

allertegelîche(n), *adv.* every day.

allez, *adv.* always, already.

almahtic (almehtic), -ec, *adj.* almighty.

Almân, Allamân, *sm.* German (VII. 388).

almeistic, *adj.* mostly.

almitten, *adv.* in the midst.

almuosen, *sn.* alms.

alrêst = aller êrst, *adv.* for the first time.

als > alsô.

alsam(e), *adv.* as, just as, just the same.

alsô (alse, als), *adv.* as, just so, like, likewise.

alsol(c)h = sol(c)h.

alsus(t), *adv.* thus.

alt, *adj.* old, former (*comp.* **elter**).

alter, *sn.* age, old age.

alters-eine, *adj.* all alone.
alwære, *adj.* foolish.
alze = **al zuo,** *adv.* too, too much.
alzehant, *adv.* on the spot, immediately.
alzemâle, *adv.* all at once.
am(e) = **an dem(e).**
ambet, *sn.* service, office, calling (NHG **Amt**).
amîe, *wf.* beloved (Fr. **amie**).
an (ane), *prep.+dat./acc.* on, by, in; until; against; **an den buochen,** in the books; **an den lîp,** on pain of death; **an der stat,** at once, on the spot; **sich an ziehen,** lay claim to.
anblic, -ckes, *sm.* look, appearance.
ande, *adj.* painful, grievous.
ander, *num. pron.* other, second.
anderstunt, *adv.* a second time.
anderswâ, *adv.* elsewhere.
anderswar, *adv.* to somewhere else.
ane = **an.**
âne (ân), *prep.+acc.* without, except for; *adv.+gen.* free from, deprived of.
ange, *adv.* (> **enge:** §21) narrowly, anxiously, carefully.
anger, *sm.* grass plot.
angesiht, *sf.* sight.
angest, *smf.* care, sorrow, anxiety.
angestlîch, *adj.* anxious, awe-inspiring, terrible.
anme, ame, am = **an dem(e).**
antlütze, antlitze, *sn.* face, countenance, form.
antwürten (*pret.* **antwurte**), *wv.* answer; entrust.
ar, *wm.* eagle.
Arabî, *pn.* Arabia.
arbeit, arebeit, *sf.* toil, trouble, grief (§76).
arbeiten, *wv. reflex.* exert oneself.
arbeitsam, *adj.* toilsome, grievous.
arc, -ges, *adj.* wicked, mischievous; mean; **ze arge,** in bad part.
armuot, *sf.* poverty.
art, *smf.* origin, descent; inherent quality (§77).
Artûs, *pn.* Arthur (I. 5 and note).

arzât, arzet, *sm.* physician.
arzenîe, *sf.* medicine, remedy.
âtem, âten, *sm.* breath.
âventiure, *sf.* adventure, wonder; canto (§78).
âvoy, *interj.* behold.
ay, *interj.* ah, alas.
Azagouc, *pn.* a mythical place

bâbest, *sm.* pope.
bâgen, *sv. VII, wv.* quarrel.
balc, -ges, *sm.* skin, sheath.
balde, *adv.* (> **balt**) boldly, bravely; quickly.
balsem, *swm.* balsam.
balsemvaz, *sn.* vessel containing balsam.
balt, -des, *adj.* bold, brave, firm; eager.
baneken, *wv.* exercise.
banekîe, *sf.* amusement, recreation.
bange = **be-ange,** *adj.* anxious.
baniere, *sf.* banner.
bannen, *sv. VII* excommunicate, ban; expel.
bant, -des, *sn.* bond, fetter.
bar, *adj.* bare.
barûn, *sm.* baron.
bat, -des, *sn.* bath.
baz, *adv.* better; **baz veile,** of less value.
Beâfontâne, *pn.* home of Îmâne.
becke, *sn.* basin.
bedâht, *p.p.* (> **bedenken**) thoughtful, intent.
bêde = **beide.**
bedenken (*pret.* **-dâhte,** *subj.* **-dæhte**), *wv.* think over, consider.
bediuten, *wv.* expound, interpret; *reflex.* denote.
bedunken, *wv.+acc.* appear, seem.
bedurfen, bedürfen (*pres. sing.* **-darf**), *pret.-pres.* need, require (> **durfen**).
begân, begên, *anom. vb.* perform, carry out (> **gân**); act (*towards a person,* **an**).
begeben, *sv. V* give up.
begiezen, *sv. II* pour over, make wet.

beginnen, ... III *pret also* be-
gunde, begonde *begin*, §1, 107?
...

begrîfen : grasp, understand, receive
begunde - beginnen
behagen ... please, suit
... skilful
behüeten preserve, protect
behuot - behüeten
beide bê'de ... beidiu ...
both beidiu — und both- and
beiden thaben ... on both
sides
Beier ... Bavarian
beiersch ... Bavarian
bein sw bone, leg
beiten ... wait
bejagen ... acquire, get
bejehen ... > jehen confess
admit

besân, besten ... remain, do battle with

bete ... request, prayer

betrâgen ... weary, displease

benamen — bi namen *adv* in-
deed, in truth

bettestat conch, resting place
betwingen ... compel
bevëhlen ... order, commend
bevinden ... became sensible of, get to knew
bewarn ... protect, preserve, guard against, avert, prevent? reflex take care of oneself
bewegen (sich† gen) ... resolve, take upon oneself, enter into, reject, stand aloof from

bewenden (*p.p.* **bewant**), *wv.* turn to, use, employ.

bewîsen, *wv.* put right; inform, instruct.

bezzer (*superl.* **bezzest, beste**), *adj.* better (*adv.* **baz**).

bî, *prep.*, *adv.* by, near by, with, beside; **dâ bî**, thereby; **bî mînen triuwen**, in faith; on my word; **bî mînen zîten**, in my lifetime; **bî spotte sîn**, indulge in mockery.

biben (**bibenen**), *wv.* tremble, quake.

bickelwort, *sn.* dicing term, gamester's word (?).

biderbe, *adj.* trusty, noble, active, worthy.

bien > **bannen.**

bien = **bî den.**

bieten, *sv. II* offer, extend.

bilde, *sn.* figure, example, parable.

billîch, *adj.* just, becoming, right; *adv.* **billîche(n).**

bî namen = **benamen.**

binden, *sv. III* bind, fasten; **wol gebunden**, with a fair head-dress (> **gebende**).

birt > **bern** (**bërn**).

bîten, *sv. I* wait, put off, tarry.

bit(t)en (pret. **bat**), *sv. V* ask, request; pray.

bitterlîch, *adj.* bitter; *adv.* **bitter-lîche(n).**

biut(et) > **bieten** (§ 36).

bîzen, *sv. I* bite.

blâ, -wes, *adj.* blue (§ 12 (ii)).

blanc, -kes, *adj.* white, shining, fair.

blat (*pl.* **bleter**), *sn.* leaf.

blîben = **belîben.**

blic, -ckes, *sm.* glance, look; splendour; flash.

bliuwen, *sv. II* (§ 36) strike, hit.

blôz, *adj.* bare, naked.

blüejen, blüen (*pret.* **bluote**), *wv.* bloom, blossom.

blüemîn, *adj.* of flowers.

bluome, *wmf.* flower, blossom.

bluomenkranz, *sm.* garland.

bluot, *sn.* blood.

bœse, *adj.* worthless, despicable, mean (§ 79).

boge, *wm.* bow.

bölzelîn, *sn.* (*dimin. of* **bolze**) little arrow, bolt.

borte, *wm.* fringe, border.

bote, *wm.* messenger.

bougen, böugen, *wv.* bend.

boum, *sm.* tree.

bôzen, *wv.* knock, bang.

brâ, brâwe, *swf.* brow, eyelash.

braht, *sf.* noise.

bran > **brinnen.**

Brangæne, *pn.* Îsolt's cousin.

brechen, *sv. IV* break, pluck, deprive of.

breiten, *wv.* spread.

brennen, *wv.* burn (*trans.* > **brinnen**).

brësten, *sv. IV* break, burst; be wanting, lack.

Breziljân, *pn.* a forest (I. 263 note).

brief, -ves, *sm.* letter, missive.

bringen (*pret.* **brâhte**, *subj.* **bræhte**, *p.p.* **brâht**: § 60), *wv.* bring; **für bringen**, carry out.

brinnen, *sv. III* burn (*intrans.*, cf. **brennen**).

brinnendic, -ges, *adj.* burning, lighted.

brœde, *adj.* perishable, brittle.

brücke, brucke (**brugge**), *sf.* bridge.

brûn, *adj.* brown, dark.

brunne, *wm.* spring, well, brook; water.

bruoch, *sf.* breeches.

bruoder, *sm.* brother (*gen. often* **bruoder**).

brüstelîn, *sn.* little chest, breast.

brût (*pl.* **briute**), *sf.* bride.

bû, -wes, *smn.* cultivated land; farm-house, dwelling.

bühse, *swf.* box.

bûman (*pl.* **bûliute**), *sm.* peasant, farmer, farm labourer.

buoch, *sn.* book.

buochstabe, buochstap, *swm.* letter, character.

buosem, *sm.* bosom.

buoӡe, buoӡ, *smf.* remedy, reparation (§ 80); **buoӡ tuon**, free from, deprive of.

burc (*pl.* **bürge**), *sf.* castle.

burgære, *sm.* dweller in a castle; citizen.

bürgetor, *sn.* castle-gate.

Burgonden, *pn.* 'Burgundy' (IV. 61).

butze, *wm.* hobgoblin; **in butzen wîs**, like a hobgoblin.

bûwen, biuwen, *wv.* till, cultivate.

cirkel = **zirkel**.
For **c** otherwise, see **k**.

dâ (dâr), *adv., conj.* there, (*with subord. order*) where (§ 69); **dâ bî**, thereby (*often separated* **dâ ... bî**: § 69, note), *and similarly* **dâ mite**, **dâ von**, etc.; **dâ zuo**, thereto, furthermore.

dach, *sn.* covering, protection; roof.

dagen, *wv.* be silent.

dahte > **decken**.

dâhte > **denken**.

danc, -kes, *sm.* thanks, goodwill; **sunder** or **âne (sînen) danc**, against one's will; **dankes**, willingly.

danne (denne, dan), *adv.* then; than; *with subj., with or without* **ne**, unless.

dannen, dan, *adv.* from there, thence; (*with subord. order*) wherefrom.

dannoch (dennoch), *adv.* however, still (as before); moreover.

dar, *adv., conj.* thither, (*with subord. order*) whither; *with preps.* = **dâ**: **dar an, dar nâch**, etc.; **dar umbe**, therefore; **dar under**, among them, in between; in those circumstances.

dâr = **dâ**.

darinne (dinne), *adv.* in there.

daӡ, *conj.* (*pron.*) that.

‑hein, dehein (nehein), de-

kein, kein, *pron.* any, anyone; no, none (§ 30 (b)).

decken, *wv.* (*pret.* **dacte, dahte**) cover.

degen, *sm.* warrior, vassal; thane.

dehein = **dechein**.

deich = **daӡ ich**.

deist = **daӡ ist**.

deiswâr, dêswâr (= **daӡ ist wâr**), *adv.* truly.

dekein = **dechein**.

denken, *wv.* (*pret.* **dâhte**) think.

denne = **danne**.

dennoch = **dannoch**.

der, diu, daӡ, *def. art., dem. and rel. pron.* the; he, that one; (*with subord. order*) who (§§ 27, 28); **des**, *adv.* thereby, therefore, wherefore.

derfür = **dâ für**, *adv.* out in front.

dernâch = **dâ nâch**.

dernider = **dâ nider**, *adv.* down.

derst = **der ist**.

dervan, dervon = **dâ von**.

des > **der, diu, daӡ**.

dêst, dês = **daӡ ist**.

deste, dester, *adv.* (= **des diu**: § 27) the more, all the more; (*before comps.*) the, so much.

dêswâr = **deiswâr**.

deweder, *pron.* either, neither (§ 30 (g)).

deӡ = **daӡ**.

dic, dicke, *adj.* thick, close together.

dicke, *adv.* often.

diech = **die ich**.

diemüete, *sf.* humility.

dien = **die en-**.

dienen, *wv.* serve, earn, deserve; requite.

dienest, dienst, *sm.* service, devotion (§ 81).

diens = **dienens**.

dienstman, *sm.* vassal, serving knight (§ 81).

diep, -bes, *sm.* thief.

dier = **die er**.

diet, *sf.* people.

dieӡen, *sv. II* resound, roar, buzz.

dîhen (*pret.* **dêch**, *p.p.* **gedigen**), *sv. I* thrive.

dîn, *gen. of* **dû;** *pron.* thy.
dirre, diser, dise (*fem.* **disiu,** *neut.*
ditze, diz, diz: § 27), *pron.* this.
diu, *pron. fem.* > **der, diu, daz.**
diu, *pron. instr.* > **der, diu, daz**
(§ 27, n. 1; § 54).
diu, diuwe, *sf.* handmaid, servant.
diuten, *wv.* explain, interpret, trans-
late; *reflex.* signify.
diz, diz > **dirre.**
dô (do), *adv., conj.* then; (*with
subord. order*) when, as (§ 69).
doch, *adv.* yet, however, neverthe-
less; *conj.* + *subj.* although.
dœnen, *wv.* resound, sing, compose
melody (> **dôn**).
dol, *sf.* suffering, pain, distress.
dôn, tôn (*pl.* **dœne**), *sm.* sound,
melody; verse form that was an
author's 'copyright'.
donerslac (donreslac), -ges, *sm.*
thunderbolt.
dörper (*Flemish form for* **dörfer:**
cf. § 5), *sm.* rustic, boor, uncourtly
person.
dörperheit, *sf.* boorishness.
dörperlîch, *adj.* rustic, boorish.
dôz, *sm.* noise, roar, sound (>
diezen).
dôz, *pret. of* **diezen.**
dræjen, dræn, *wv.* turn.
drâte, *adv.* quickly, rapidly.
drî(e), *neut.* **driu,** *num.* three (§ 23);
drîer hande, of three kinds.
dringen, *sv. III* press, throng; **für
sich dringen,** push oneself for-
ward.
driu > **drî.**
drîstunt, *adv.* three times.
drîvaltic, *adj.* threefold, triple.
drô (drouwe), *sf.* threat.
drobe = dar obe (cf. II. ii. 158
note).
**drûfe, drumbe, drunder = dar
ûfe,** etc.
dûme, *wm.* thumb.
dunken, dünken (*pret.* **dûhte,** *subj.*
dûhte, diuhte), *wv.* + *acc.* seem,
appear (to); **sich ze nihte dun-
ken,** imagine oneself undone.

durch (durh, dur), *prep.* through;
on account of, for the sake of;
dur(ch) daz, on that account;
**durch mich, durch mînen
willen,** for my sake.
durchlûter, *adj.* thoroughly clear,
bright.
durchverwen, *wv.* dye throughout.
durchzieren, *wv.* adorn through-
out.
Dürengen, *pn.* Thuringia.
durfen, dürfen (*pret.* **dorfte**), *pret.-
pres.* need (§ 45, 5).
dürftige, *wm.* beggar, one in need.
duz = dû ez.

ê, *sf.* law, dispensation (§ 83).
ê, êr, *adv.* formerly, rather, sooner,
before (*with pret. forms pluperf.*).
ebene, *adv.* evenly, smoothly, ex-
actly; well fitting.
ebenkristen, *sm.* fellow Christian.
edel, *adj.* noble, of noble birth (§ 84).
edeln, *wv.* ennoble.
egen, *wv.* harrow.
egeslîch, eislîch, *adj.* fearful,
terrible.
eht, et, ot, *adv.* only, nevertheless,
even, indeed.
ehte = aht(e), *num.* eight.
ei, *interj.* ah, oh.
eiden, *wv.* put on oath.
eigen, *adj.* own; unfree, of servile
condition.
eigen, *sn.* property, freehold.
eigendiu(we), *sf.* bondswoman.
eilfte, *num.* eleventh.
eilif, einlif, *num.* eleven.
einbære, *adj.* united, at one.
eine, *adj., adv.* alone.
eines, *adv.* once.
einic, *adj.* only, single.
einlif = eilif.
einvalt, *adj.* single, undivided.
eischen, *sv. VII* ask, demand.
eislich = egeslich.
eit, -des, *sm.* oath.
element, *sn.* element; **diu vier
element** *are air, earth, fire, water.*
ellen, *sn.* courage, valour.

ellenboge, *wm.* elbow.

ellénde, *adj.* exiled, foreign.

ellenden, *wv.* go abroad, be exiled.

ellîch, *adj.* universal, constant (> **al**).

elter, *adj.* older, elder (> **alt**).

empf-, emph- > **enpf-.**

en, ne, n, *neg. particle* (§ 64), *generally used before the vb. with or without* **niht,** not. **en,** *in subord. clauses with subj.*, unless, if not, except that, so that . . . not, etc. (§§ 66–7).

en = in.

en = den.

enbeiz > **enbîzen.**

enbern, *sv. IV* do without, be without.

enbieten, *sv. II* send message to, notify; summon.

enbîzen, *sv. I* partake of; break one's fast.

enblanden, *sv. VII* + *dat.* let it be painful or irksome to; make unreasonable demands on.

enbor, *adv.* up above, upwards.

ende, *smn.* end, direction.

endehaft, *adv.* finally.

endelîchen, *adv.* throughout, entirely, finally.

enein = in ein; enein komen *or* **werden,** be united, agree, decide.

enge, *adj.* narrow, difficult (*adv.* **ange**).

enge, *sf.* narrow place, difficulty.

engegen, *prep.* + *dat.* towards, against; compared with.

Engel(l)ant, *pn.* England.

engelten, *sv. III* pay, requite; suffer for (*contrast* **geniezen** *and see* § 87).

engestlîch = angestlîch.

enhein = dechein.

enke, *wm.* cowherd.

enmitten = in mitten, *adv.* in the midst; **enmitten dô,** whilst.

enpfâhen, enpfân, *sv. VII* (> **vâhen**) accept, receive; welcome.

enpfallen, *sv. VII* (> **vallen**) fall away, pass away, perish.

enpfelhen, *sv. III* (> (be)**velhen**) commend, entrust.

enpfie(nc) > **enpfâhen.**

enpfinden, *sv. III* (> **vinden**) perceive, become aware of.

enpfüeren, *sv. VI* (> **füeren**) refute, deny on oath.

ensamt, *adv.* together.

entêren, *wv.* dishonour.

entriuwen (= **in triuwen**), *adv., interj.* indeed, on my honour.

entsagen, *wv.* refuse; cease to be friendly.

entslâfen, *sv. VII* fall asleep.

entsliezen, *sv. II* unlock, open up.

entstân, *sv. VI* understand.

entwâfenen, *wv.* disarm.

entwenken, *wv.* escape.

entwerch, *adv.* athwart; perversely.

entwerfen, *sv. III* plan, design.

entwesen, *sv. V* be without, do without.

entwîchen, *sv. I* yield ground, go away.

enwâge (= **in wâge**), *adv.* in the balance.

enwec, *adv.* away.

enzît (= **in zît**), *adv.* in time.

enzwein, *adv.* broken, in two.

erarnen, *wv.* deserve, suffer for (cf. Eng. **earn**).

êrbære, *adj.* honourable.

erbeiten, *wv.* + *gen.* wait for (> **bîten, beiten**).

erbelgen, *sv. III* become angry.

erbevogetin, *sf.* hereditary liegelady (> **voget**).

erbieten, *sv. II* offer, show.

erbîten, *sv. I* wait for (> **erbeiten**).

erbolgen, *p.p. of* **erbelgen.**

erbûwen, *p.p. adj.* cultivated, inhabited.

erderîch, ertrîch, *sn.* earth, world.

erdiezen, *sv. II* resound.

êre, *swf.* honour, renown; respect of one's fellows (§ 85).

êren, *wv.* honour.

eren, ern, *sv. VII* till, plough (cf. Lat. **arare**).

êrer, êrre, erre, *adj.* former.

êrest, êrste, *adj.* first.

ergâhen, *wv.* overtake, catch up.

ergân, ergên, *sv.* (§ 47) turn out, happen, befall.

erge, *sf.* wickedness, meanness (> arc).

ergetzen, *wv.* compensate, make amends for (*lit.* cause to forget: > vergeʒʒen).

erglesten, *wv.* shine, shine forth.

ergrîfen, *sv. I* seize, grasp.

erheben, *sv. IV* (*p.p.* erhaben) raise; *reflex.* rise, betake oneself.

erhœren (*pret.* -hôrte), *wv.* happen to hear, overhear; pay heed to, grant.

erkennelîch, *adj.* renowned.

erkiesen, *sv. II* elect, select, choose; notice, observe.

erklengen, *wv.* make resonant or sonorous.

erklingen, *sv. III* sound, resound.

erkomen, *sv. IV* be startled, shocked.

erlâʒen, erlân, *sv. VII* (§ 49) release, forgive, let off.

erleit, *pret. of* erlîden.

erlengen, *wv.* lengthen (> lanc).

erleschen, *sv. IV* be extinguished.

erlîden, *sv. I* endure, suffer.

erlœsen (*p.p.* erlôst), *wv.* free, deliver; save (one's soul).

erlouben, *wv.* allow.

ermanen, *wv.* remind.

ern = er ne.

ernern, *wv.* preserve alive; rescue, cure (> genesen: s/r *alternation,* cf. § 33).

ernest, ernst, *sm.* zeal, fervour.

erniuwen, *wv.* renew.

erschamen, *wv.* become ashamed.

erschellen, *sv. III* resound.

erschînen, *sv. I* appear, dawn.

erslahen, erslân, *sv. VI* slay.

ersleht > erslahen.

êrste = êrest.

ersterben (= erstërben, § 8, note), *sv. III* die.

ersterben, *wv.* cause to die, kill off.

erstrecken (*pret.* -stracte), *wv.* expand, stretch.

ertœren, *wv.* deafen (> tôre).

ertrîch = erderîch.

ertriegen, *sv. II*: an ertriegen, + *dat.* gain from by deception; cheat of.

ertrüeben, *wv.* make dull, sadden.

ervarn, *sv. VI* travel through; find out.

ervehten, *sv. IV*: abe ervehten, + *dat.* gain from by fighting.

ervinden, *sv. III* experience, get to know.

erweln, *wv.* elect, choose.

erwenden (*p.p.* erwant), *wv.* cause to turn back; (+ *gen.*) deprive of.

erwerben, *sv. III* obtain, gain.

erwern, *wv.* prevent, hinder; preserve from.

erwinden, *sv. III* turn back; be thrown back, reflected.

erzeigen, *wv.* display, prove.

erziugen, *wv.* afford; prove.

este > ast.

et = eht.

etelîch, eteslich (etlîch, etslîch), *pron.* many a one, anyone; *pl.* some.

etewanne (etes-, -wenne), *adv.* sometimes.

etewer, eteswer, *pron.* any or someone; *neut.* etewaʒ.

etswar, *adv.* somewhither.

etswenne = etewanne.

êwiclîchen, *adv.* for ever.

ez, *pron.* it (*gen.* es).

ezʒen (*p.p.* gezʒen), *sv. V* eat.

For f see v.

(For verbs with prefix ge- see also under the simple verb.)

gabilôt, *sn.* small javelin (OFr. javelot).

gâch (*gen.* gâhes, *also adv.*), *adj.* rapid, hasty; mir ist gâch, I am in a hurry.

gadem, *sn.* apartment, room.

gæhe, *adj.* quick, hasty (> **gâch**).
gâhen, *wv.* hasten.
Gahmuret, *pn.* Parzival's father.
galle, *swf.* gall, bitterness; grief.
galm, *sm.* noise, resonance.
gan > **gunnen**.
gân, gên, *sv. VII* (§ 47) go, walk.
ganzlîche(n), *adv.* completely.
gar, -wes, *adj.* ready, prepared; *adv.*
gar(we), completely.
gart, *sm.* goad.
garten (= **ge-arten**), *wv.* change
one's nature (**art**) for the better.
garwe > **gar**.
gast (*pl.* **geste**), stranger, guest
(§ 75).
gebære, *adj.* suitable, fitting (>
bern (**bërn**)).
gebâren, *wv.* behave, conduct one-
self (> **gebære**).
gebe, *sf.* gift.
gebeine, *sn.* bones, skeleton (>
bein).
gebénde, *sn.* (married) woman's
head-dress; wimple (> **binden**).
gebieten, *sv. II* offer, command.
gebot, *sn.* commandment (> **gebie-
ten**).
gebresten = **bresten**.
gebrucken, *wv.* make a bridge.
gebüeẓen, *wv.* atone for, improve
(> **buoẓ**).
gebûre, *wm.* peasant, farmer.
geburt, *sf.* birth, noble birth.
gedagen, *wv.* keep silent; (+ *double
acc.*) conceal from.
gedanc, -kes, *sm.* thought.
gedenken (*pret.* **-dâhte**), *wv.* think,
intend, strive; bear in mind, re-
member.
gedienen, *wv.* earn, deserve.
gedîhen (**gedîen**: *pret.* **-dêch**), *sv.
I* thrive, flourish.
gedinge, *wm.* or *sf.* hope, con-
fidence; condition, stipulation.
gedingen, *wv.* hope; stipulate.
gedranc, -ges, *sm.* throng, crowd.
gedrenge, *sn.* narrow overgrown
path (> **dringen**).
gedultikeit, *sf.* patience.

geenden, *wv.* finish.
gefüege, gefuoge > **gev-**.
gegân = **gân**.
gegen, gein, gên, *prep.* + *dat.*
against, opposite to, towards, to;
at, for, in respect of.
gehaben, *wv.* hold up, stop; *reflex.*
behave, fare, feel.
gehaẓ, *adj.* hostile.
gehellen, *sv. III* agree, suit ('har-
monize' > **hel**).
gehilze, *sn.* hilt.
gehiure, *adj.* lovely, charming,
gracious.
gehœnen, *wv.* dishonour; revile,
curse.
gehœren, *wv.* hear, overhear; obey.
gehôrsam, *sf.* obedience.
geil, *adj.* joyous, gay.
gein = **gegen**.
gel, -wes, *adj.* yellow (§ 12 (ii)).
gelante = (**ge**)**landete**.
gelâẓ, *snm.* formation, figure, shape.
geleben, *wv.* live to see.
geleischieret, *p.p.* with slack reins
(OFr. **leissier**).
geleit = **geleget** (§ 13).
geleite, *sn.* escort, protection.
gelenke, *sn.* joint (cf. Eng. **link**).
gelêret, *p.p.* learned, educated.
gelîch (**glîch**), *adj.* like, same,
straight, level; *adv.* **gelîche**.
gelîchen, *wv.* (*reflex.*) be like, equal;
resemble; (+ *dat.*) please.
gelieben, *wv. reflex.* + *dat.* be pleas-
ing to.
geligen, *sv. V* succumb, be ruined.
geligen, *p.p.* of **lîhen**.
gelit, -des, *sn.* limb.
geloube, *wm.* faith, belief.
gelouben, *wv.* believe, think.
geloubet, *adj.* (*p.p.*) covered with
leaves (> **loup**).
gelpf, *adj.* shining, lustrous.
gelt, -des, *sn.* interest, income, tax;
money.
gelten, *sv. III* pay, requite; pro-
cure.
gelücke, *sn.* good fortune, happi-
ness.

gelust, *sm.* wish, desire; delight.

gemach, *smn.* rest, ease; resting-place.

gemâl, *adj.* painted, coloured.

gemarcte > (ge)merken.

gemeine, *adj.* common, general.

gemeit, *adj.* happy, joyous.

gemêren, *wv.* increase.

gemüete, *sn.* the sum of one's mental qualities; disposition, desire, attitude; heart, mind (> muot).

gemuot, *adj.* minded, disposed.

gên = gân.

gên = gegen.

genâde (gnâde), *sf.* grace, favour, kindness (§ 86); (*in addressing a person*) be gracious; genâde sagen, thank; ûf genâde, in hope of favour.

genâdelôs, *adj.* unhappy, deprived of grace.

genâden, *wv.* thank.

genæme, *adj.* pleasant, charming.

gendet = ge-endet.

genern, *wv.* save, keep alive (> ernern).

genesen, *sv. V* remain alive, recover; be cured (> ernern).

genieten, *wv. reflex.* busy oneself with, practise; possess.

geniezen, *sv. II+gen.* have advantage or benefit from (§ 87: cf. engelten).

genôte, *adv.* eagerly, ardently; of necessity (> nôt).

genôz, *sm.* companion, equal; *adv.* like.

genôz > geniezen.

genôzen (hin ze), *wv.* compare.

genüegen, *wv.* be sufficient.

genuht, *sf.* sufficiency, abundance.

genuoc, gnuoc, *adj. and adv.* enough; *pl.* genuoge, many.

ger, gir, *sf.* longing, eager desire.

gerâde, *adj.* quick.

geræte, *sn.* advice; abundance (> rât).

gerâten, *sv. VII* advise, help; turn out well.

gerich, *sn.* revenge (> rechen).

gerihte, *sn.* judgement, jurisdiction.

geringe, *adj., adv.* quick, nimble; small, trifling.

geringen, *sv.* struggle, strive.

geriute, *sn.* clearing, woodland farm.

gern, *wv.* long for, desire, request.

Gêrnôt, *pn.* brother of Gunther and Kriemhild.

geruochen, *wv.* deign, be pleased to or with: see ruochen.

gerüste, *sn.* trestles.

gesamenen, *wv.* collect, gather.

geschehen, *sv. V (pret.* geschach) happen (*often used vaguely*).

gesê = gesehe.

geseit = gesaget (§ 13).

gesigen, *wv.* be victorious.

gesîn = sîn; *also* p.p. (§ 48).

gesinde, *sn.* retinue.

gesitzen, *sv. V* sit down (§ 60).

gespenstic, *adj.* seductive (> spanen).

gesmogen > smiegen.

gespil, *wmf.* companion.

gestân, *sv. VI* (§ 47) come to stand.

gestegen, *wv.* make a path.

gesteine, *sn.* precious stone(s).

gesunt, *sm.* health.

getân, p.p. (> tuon), *adj.* appearing, having semblance; wol getân, beautiful, handsome; als engel getân, fair as angels; wie getân, of what nature?

getar > geturren.

getragen, *sv. VI:* an getragen, bring about.

getriulîch = getriuwelîch.

getriuten, *wv.* (> trût) love, fondle.

getriuwe, *adj.* faithful, loyal.

getriuwelîch, *adj.* faithful, loyal.

getrœsten, *wv. reflex.* console oneself.

getuon = tuon.

geturren (*pres.* getar, *pret.* getorste), *pret.-pres.* dare, venture (§ 45, 6).

getwagen > twahen.

getwerc, -ges, *sn.* dwarf.

gevâhen > **vâhen: an gevâhen,** begin.

gefeinet, *p.p.*, *adj.* bewitched (> **feine, feie,** fairy).

gevellic, *adj.* pleasing, agreeable.

geverte, *sn.* behaviour, bearing.

gevidere, *sn.* plumage.

gevilde, *sn.* fields, open country (> **velt**).

gefischieret, *p.p.* wearing a belt fastened with a brooch (OFr. **ficher**).

gevolgen, *wv.* obey.

gevolgic, *adj.* obedient.

gevüege, *adj.* courteous, well bred; accommodating.

gevügele, *sn.* birds, fowl (> **vogel**).

gevuoge, *sf.* skill, grace.

gewæfen, *sn.* arms.

gewæte, *sn.* clothing (> **wât**).

gewähenen (*pret.* **gewuoc**), *sv. VI* (§ 39) mention.

gewalt, *smf.* power, force; violence.

gewant, -des, *sn.* clothing.

gewant (*p.p.* *of* **wenden**), conditioned, circumstanced; **sô gewante sache,** of such nature; **ez ist alsô gewant,** the matter is this.

gewar, *adj.* + *gen.* aware, mindful.

gewegen, *swv.* move; make a path.

gewenen, *wv.* accustom.

gewern, *wv.* grant, > **wern** (**wërn**).

gewerren = **werren.**

gewest = **gewesen** (> **sîn**).

gewinnen, *sv. III* gain; get, obtain; **für sich gewinnen,** summon to one's presence; **an gewinnen** + *dat.* gain from.

gewis, -sses, *adj.* certain, sure.

gewon, *adj.* accustomed.

gewonheit, *sf.* custom, habit.

gewürme, *sn.* worms, insects, reptiles.

gezan, *adj.* toothed.

gezemen, *sv. IV impers.* be becoming, fitting; **des gezimet mich,** that suits me, pleases me.

gezwicken, *wv.* pull, pluck.

gie(nc) > **gân.**

giezen, *sv. II* pour.

giht, *3rd sg. of* **jehen.**

gir = **ger.**

Gîselhêr, *pn.* youngest brother of Gunther and Kriemhild.

gîst, gît = **gibest, gibet** (> **geben**) (§ 13).

glasevezzelîn, *sn.* little glass vessel

glast, *sm.* splendour.

glîch = **gelîch.**

glîchnisse, *sn.* parable.

glôse, *sf.* gloss, explanation.

gnâde = **genâde.**

golt, -des, *sn.* gold.

goltvaz, *sn.* gold vessel.

got, *sm.* God.

gotelîch, *adj.* divine, godlike.

goteshûs, *sn.* church, monastery.

gotheit, *sf.* godhead, divinity.

götinne, *sf.* goddess.

gotvar, -wes, *adj.* godlike, divine.

gouch, *sm.* cuckoo; fool; bastard? (IV. 213 and note).

grâ, -wes, *adj.* grey (§ 12 (ii)).

graben, *sv. VI* dig.

grævin, *sf.* countess.

grâl, *sm.* the Holy Graal (II. ii. 105 and note).

gram, *adj.* hostile.

gran, *swf.* whisker, hair of beard.

granât jachant, *sm.* hyacinth garnet (*precious stone*).

grât, *sm.* fish-bone.

grîfen, *sv. I* grasp.

grim, -mmes, *sm.* rage, fury.

grimme, grimmic, *adj.* grim, terrible; angry.

grîs(e), *adj.* grey, old (OFr. **gris**).

griulich, *adj.* grisly, frightening.

grœste = **grœzeste,** *adj.* greatest, biggest.

grœzlîch, *adj.* great; *adv.* **grœzlîche(n).**

grôz, *adj.* big, great, tall.

grüene, *adj.* green.

grüezen (*pret.* **gruozte**), *wv.* greet.

gruoz, *sm.* greeting, salutation; (lady's) favour.

güete, *sf.* goodness, kindness.

GLOSSARY 193

güetlîch, *adj.* kind, friendly; *adv.* güetlîche(n).
gugel, *swf.* cape, cowl, hood.
guldîn, *adj.* golden.
gunêren = ge-un-êren, *wv.* dishonour, disgrace.
gunnen, günnen (*pres. sg.* gan, *pret.* gunde), *pret.-pres.* grant, bestow, not begrudge (§ 45, 3).
guot, *adj.* good, noble.
guot, *sn.* wealth, property; goodness; ze guote, to the good.
gürten (*pret.* gurte), *wv.* gird.

habe (1), *sf.* possession(s).
habe (2), *sf.* harbour.
habedanc, *sm.* (expression of) thanks.
haben, hân, *wv.* have, hold, stop (§ 50); sich an der witze kraft haben, collect one's wits.
hæle, *adj.* mysterious (> heln).
haft, *sm.* bond, fetter; support.
Hagene (von Tronege), *pn.* a retainer of Gunther's.
hâhen (hân), *sv. VII* hang (*see also* § 49).
halde, *wf.* slope.
hâlen > heln.
halp, -bes, *adj.* half.
halten (halden), *sv. VII* hold, keep; stop.
hân = haben *or* hâhen.
handelunge, *sf.* treatment.
hant (*pl.* hende, hande), *sf.* hand; side; direction; authority; (*legal*) instance; ze sînen handen haben, possess; aller hande, all kinds of.
hâr, *sn.* hair.
harnasch, harnas, *smn.* armour.
harpfe, *swf.* harp.
harpfen, *wv.* play the harp.
harte, *adv* (> herte, cf. § 21); very, greatly; *comp.* harter.
haz, *sm.* hatred, enmity; anger.
hazzen, *wv.* hate.
heben, *sv. VI* raise; sich an heben, begin.
hei, *interj.* of joy, grief, or wonder.

heiden, *sm.* heathen.
heil, *sn.* good fortune, happiness; salvation.
heim, *sn.* home; heime, *adv.* at home; heim, *adv.* homewards.
heimlîch, *adj.* homely, familiar, intimate.
heimlîche, *sf.* intimacy; secrecy.
heinlîch(e) = heimlîche.
heizen, *sv. VII* call, be called, named; bid, command.
hel, -lles, *adj.* shrill, resounding, clear (*of sound*).
helfe, *sf.* help.
helfenbein, *sn.* ivory.
helle, *sf.* hell.
hellenôt, *sf.* pain of hell.
heln, *sv. IV+ double acc.* hide, conceal.
helt, -des, *sm.* hero.
hemede, hemde, *sn.* shirt.
hengen (*pret.* hancte), *wv.* hang (*trans.*).
her, *sn.* army; nation.
her, *adv.* hither, this way; her für, forth.
hêr(e), *adj.* noble, proud, elevated.
hêrlîch, *adj.* noble, haughty, distinguished; *adv.* hêrlîche(n).
hêrre, herre, hêr, her, *wm.* lord, master; sir.
herte, *adj.* hard, difficult; *adv.* harte.
herverten, *wv.* (her + vart) go campaigning, go to war.
herze, *wn.* heart.
herzeleit, *sn.* heart's sorrow.
herzeliebe, *sf.*, herzeliep, *sn.* heart's joy.
Herzeloyde, *pn.* Parzival's mother.
herzelust, *smf.* heart's delight.
herzenôt, *sf.* heart's distress.
herzeriuwe, *sf.* heart's sorrow, great grief.
herzesêre, *sf.* great sorrow.
hie, hier, *adv.* here; hie bî, herewith, hereby; hie (be)vor, formerly.
himel, *sm.* heaven, sky.
himelisch, *adj.* heavenly.

himelrîche, *sn.* (kingdom of) heaven.

hin, hinnen, *adv.* hence, away; hin für, outwards, in front; hin heim, homeward.

hinder, *adj.* hinder; *prep.* behind; hinder sich treten, step back; hinder gehaben, hold back.

hinewart, *adv.* hence, away.

hinnen = hin.

hînte, hînt, hînaht, *adv.* tonight, last night.

hîrât, *sm.* marrying, marriage.

hirte, *sm.* herdsman, shepherd.

hirʒ, hirz, *sm.* stag, hart.

hiure, *adv.* this year.

hiute, *adv.* today.

hiute, *pl. of* hût.

hôch, hôhes, *adj.* high; hôher muot, elevation of spirits, self-confidence (§ 93).

hôchgemüete, *sn.* = hôchmuot.

hôchgemuot, *adj.* noble, high-minded; of elevated spirits, haughty.

hôchgezît(e), *sfn.* festival, celebration.

hôchmuot, *sm.* pride, self-confidence; arrogance (§ 93).

hôchsprünge, *adj.* high-leaping.

hôchvart, *sf.* pride, arrogance.

hôchzît, *sf.* = hôchgezît(e).

hôe, *adv.* = hôhe.

hœnen, *wv.* dishonour, calumniate.

hœren, *wv.* hear, listen; hœren zuo, belong, be requisite.

hof, -ves (*pl.* hove, höve), *sm.* court.

hôhe, hôe, hô, *adv.* high, highly.

hôhen, *wv.* become elevated.

hol, *adj.* hollow.

holn, *wv.* fetch.

holt, -des, *adj.* well disposed to or enjoying the favour of; kind, loving.

hornung, -ges, *sm.* February.

hornûz, *sm.* hornet.

houbet, *sn.* head.

houbetlist, *smf.* wondrous, capital skill.

houbetman, *sm.* captain.

houwen, *sv. VII, wv.* hew.

hovelîch, *adj.* courtly, courtlike.

hoveroht, *adj.* humped.

hövesch, *adj.* courtly.

hövescheit, *sf.* courtliness.

höveschen, höfschen, *wv.* woo.

hübesch, *adj.* courtly, elegant (> hof, hövesch).

hüeten (*pret.* huote), *wv.* protect, guard.

hüffe, *gen., dat. sg., pl. of* huf, *sf.* hip.

huge, *sm.* thought.

hügen, *wv.* think, consider.

hulde, *sf.* grace, favour (> holt).

humbel, *sm.* humble-bee, bumble-bee.

hundertstunt, *adv.* a hundred times.

hunt, hundert, *num.* hundred.

huobe, *sf.* piece, hide of land; estate.

huofslac (*pl.* -slege), *sm.* hoof-beat.

huon (*pl.* hüener), *sn.* fowl, hen.

huot, *sm.* hat.

huote, *sf.* care, protection; guard (*esp. to prevent illicit love-affairs*).

hûs (*pl.* hûs, hiuser), *sn.* house.

hûsvrouwe, *wf.* lady of the house; liege lady, suzeraine.

hût (*pl.* hiute), *sf.* skin, hide.

ie, *adv.* ever; to each (NHG je); ie mêre, ever since, ever before; ie mitten, in the midst.

iedoch, *adv.* however.

iege(s)lîch, ieglîch, ieslîch, *pron.* each, every (§ 30 (f)).

ieman (iemen), *pron.* someone, anyone; nobody (§ 65).

iemer, immer (= ie mêre), *adv.* ever, always; at any time; never (§ 65).

iesch > eischen.

ie(t)weder, *pron.* each of two (§ 30 (g)).

ieweder(t)halben, *adv.* on both sides.

iewelîch, *pron.* each.

iewiht, *pron.* anything (§ 30 (h)).

iezuo, *adv.* now, directly.

iht (= **iewiht**), *pron.* anything; nothing (§ 65); *adv.* at all; not (§ 65).

îlen, *wv.* hasten.

Îmâne, *pn.* a maiden.

in, *prep.*+ *acc.*, *dat.* in, into; **in ein > enein.**

in *pron. acc.* him; *dat. pl.* them.

în, in, *adv.* in, inwards.

in, ine = **ich ne,** I not.

i'n = **ich in.**

ingesinde, *sn.* household, family; retinue.

inme, imme = **in dem(e).**

inneclîch, *adj.* intimate; *adv.* **inneclîchen,** inwardly.

innen, innân, inne, *adv.* within, inwardly; **inne bringen,** let understand, convince; **inne(n) werden,** learn of, realize.

inpfen, *wv.* graft.

inre, *adv.* within.

ir, *pron.* her, their, to her; *pl.* you (*also as polite sg.*).

irre, *adj.* astray; **des rîches irre,** in doubt regarding the empire.

irren, *wv.* hinder, confuse.

irresam, *adj.* confusing.

irs = **ir es** (*gen.*).

irʒ = **ir eʒ.**

îser, *sn.* iron.

Îsolt, Îsôt, *pn.*: see III, note on names.

iu > ir (*pl.*).

iuwer (iwer, iur), *pron.* your (> **ir** (*pl.*)).

Îwân (von Nônel), *pn.* a count.

iʒ = **eʒ.**

jach > jehen.

jæmerlîch, *adj.* pitiable, sad, sorrowful; *adv.* **jæmerlîche(n).**

jâmer, *sm.* grief, pain; **jâmers balt,** eager to embrace sorrow.

jâmerhaft, *adj.* painful, sorrowful.

jâmern, *wv.* grieve.

jâr (*pl.* **jâr**), *sn.* year.

jehen(*pres. sg.* **gihe,** *etc.,* *pret.* **jach**), *sv. V* say, assert; (+ *dat.*) attribute, concede.

Jôb, *pn.* Job (NHG **Hiob**).

joch, *conj.* and, also; even, nevertheless

junc, -ges, *adj.* young, recent.

junchêrre, -herre, *wm.* young gentleman, squire.

juncvrouwe, *wf.* young noble lady.

juncvrouwelîn, -vröuwe-, young maiden, maid-in-waiting.

junger, *sm.* disciple.

jungest, *adj.* latest, last, most recent.

kalp, -bes (*pl.* **kelber**), *sn.* calf.

kameræere, *sm.* chamberlain; guard of the treasure or bedchamber.

kameræerîn, *sf.* lady chamberlain.

kapelle, *swf.* chapel.

kapfen, *wv.* stare, gaze.

Karnahkarnanz, *pn.* Count of Ulterlec.

karrâsche, *wm.* carriage, wagon.

kastelân, *sn.* Castilian steed.

keb(e)se, *swf.* concubine.

kebsen, *wv.* call a concubine.

keiser, *sm.* emperor (Lat. **Caesar**).

keiserlîch, *adj.* imperial, worthy of an emperor.

kelberîn, *adj.* of calf (> **kalp**).

kemenâte, *swf.* room with stove, bedroom, lady's chamber (Lat. **caminata,** Eng. **chimney**).

kenpfe, kempfe, *sm.* professional fighter; paid champion.

kêren, *wv.* turn, go; **ze gote kêren,** apply to God's service.

kerzstal, *sn.* candlestick.

keten, *swf.* chain (Lat. **catena**).

kiel, *sm.* ship.

kielkemenâte, *swf.* ship's cabin.

kiesen, *sv. II* test, try, choose, elect; observe, discern.

kindelîn, *sn.* little child.

kinne, *sn.,* **kinnebein,** *sn.* chin, jowl.

kint, -des (*pl.* **kint, kinder**), *sn.* child; youth, maiden.

kiusche, *adj.* restrained, moderate; chaste.
kiusche, *sf.* self-control, chastity.
klagen, *wv.* lament.
klê, -wes, *sm.* clover.
kleine, *adj.* delicate, neat; little; *adv.* **kleine; mit kleinen sinnen,** ingeniously, cunningly.
kleit (*pl.* **kleit, kleider**), *sn.* dress.
klôsenære, *sm.* hermit.
klôster, *sn.* cloister, monastery.
kluoc, -ges, *adj.* elegant.
klûs, *sf.* hermitage.
knappe, *wm.* young squire; page.
kneht, *sm.* candidate for knighthood; attendant, warrior.
knie, -wes, *sn.* knee.
komen, *sv.* *IV* (*pres.* **kume,** *pret.* **quam, kam, kom,** *p.p.* **komen**) come.
kopf, *sm.* cup, goblet.
kôr, *sm.* choir.
kôs > **kiesen.**
koste, *swf.* cost, expense.
koufen, *wv.* buy, earn, redeem.
krâ, krâwe, *sf.* crow.
kraft, *sf.* strength, might; abundance, multitude.
kranc, -kes, *adj.* weak, slight, worthless; *sm.* weakness.
crêatiure, *sf.* creature.
kreftic, *adj.* powerful.
krenke, *sf.* waist (**kranc**).
kriec, -ges, *sm.* resistance, strife; contest.
kriechisch, *adj.* Greek.
kriegen, *wv.* strive.
Kriemhilt, *pn.* Gunther's sister.
krippe, *swf.* crib, manger.
Krist, *sm.* Christ (NHG **Christus**).
kristen, *adj., sm.* Christian (NHG **Christ**).
kristallîn, *adj.* crystal, crystal-clear.
kristenheit, *sf.* Christendom.
kristenlîche, *adv.* in Christian fashion.
kriuchet, *pres.* of **kriechen,** creep.
kriuze, *sn.* cross.
küele, *adj.* cool.
küene, *adj.* bold, warlike.

kumber, *sm.* grief, trouble.
kûme, *adv.* with difficulty; scarcely.
künde, *sf.* acquaintance, knowledge; familiar surroundings, home.
kündekeit, *sf.* skill, cunning; deceit.
kündic, *adj.* known; cunning.
künec, -ic, -iges, *sm.* king; prince of the blood.
küneclîch, *adj.* royal.
küneginne, künegîn, *sf.* queen, princess.
künne, *sn.* kin, race; generation.
künnen, kunnen (*pres.* **kan,** *pret.* **kunde, konde**), *pret.-pres.* know how to, be able (§ 45, 4).
kunt, -des, *adj* known.
kuont = kunt.
kür, *sf.* choice, election.
kür(e), *pret. subj. of* **kiesen.**
Kurnewâl, *pn.* Cornwall.
kurzewile, *sf.* pastime, entertainment.
kuste, *pret. of* **küssen,** kiss.

lâ, *imper. of* **lâzen.**
laden, *sv.* *IV* (*pret.* **luot**) load.
laden, *swv.* invite, summon.
lære, *adj.* empty.
lâgærîn, *sf.* pursuer, trapper.
Lähelîn, *pn.* an enemy of Parzival's family.
lam, *adj.* lame, paralysed; **an freuden lam,** unhappy.
lamp, -bes (*pl.* **lember**), *sn.* lamb.
lân = lâzen.
lanc, -ges, *adj.* long, tall; *adv.* **lange.**
lanclîp, -bes, *sm.* long life.
lant, -des, *sn.* land, country.
lantgeselle, *wm.* compatriot.
lantgrâve, *wm.* landgrave.
lanthêrre, *wm.* territorial lord.
lantliut, *sn.* people of the country, neighbours.
lantrehtbuoch, *sn.* book of common law.
lantsæze, *wm.* settler, freeholder.
laster, *sn.* ignominy, disgrace.

lasterlîch, *adj.* ignominious.

laȝ, -ȝȝes, *adj.* feeble, languid; weary; slow to.

lâȝen, lân, *sv. VII* (§ 49) let, leave; allow; stop (doing), avoid; **sîn lâȝen,** let be; **lâ stân!** stop that!

leben, *wv.* live.

leben, *sn.* (*infin.*) life, way of life (cf. § 90).

lébendic, -ges, *adj.* living (NHG **lebéndig** *with shift of stress*).

lêch, *pret. of* **lîhen.**

ledic, -ges, *adj.* free, unhindered.

legen (*pret.* **legete, leite** (§ 13), *p.p.* **geleit**), *wv.* lay, place, put.

leh (= **le** *or* **li**) **cons,** the count (OFr.).

lêhen, *sn.* feudal tenure, fief, estate; loan.

leich, *sm.* a type of non-strophic song.

leide, *adv.* painfully, sorrowfully; wrongfully; *comp.* **leider.**

leiden, *wv.* + *dat.* be or render repugnant, offensive; do harm.

leie, *wm.* layman.

leisten, *wv.* (*pret.* **leiste**) perform, carry out (*duty, obligation, etc.*).

leit, -des, *sn.* pain, grief (§ 88); wrong, injustice.

leit, -des, *adj.* sorrowful, painful, hateful.

leitærinne, *sf.* leader.

leite = **legete, leitete.**

leiten, *wv.* (*pret.* **leite**) lead.

leitesterne, *wm.* lodestar, guiding star.

leitevrouwe, *wf.* leader.

lenge, *sf.* length (> **lanc**).

lêre, *sf.* teaching, guidance, advice; saying.

lêren, *wv.* teach.

leschen, *wv.* extinguish.

lesen, *sv. V* gather, read.

lesterlîch, *adj.* disgraceful, ignominious (> **laster**).

letzen, *wv.* injure.

lewe, *wm.* lion.

lezȝeste, leste, *adj.* last (**laȝ**).

liden, *sv. I* suffer, endure.

liebe, *sf.* joy, pleasure (§ 89).

lieben, *wv.* + *dat.* give pleasure, gladden.

liegen, *sv. II* (tell a) lie (> **lüge**).

lieht, *adj.* bright, light; *adv.* **liehte.**

lieht, *sn.* light.

liehten, *wv.* become light.

liep, -bes, *adj.* dear, pleasant; *sn.* what is lovable; lover.

liet, -des (*pl.* **liet**), *sn.* song, poem; stanza.

ligen, *sv. V* (*p.p.* **gelegen**) be lying down.

lîhen, *sv. I* (*pret. sg.* **lêch,** *p.p.* **gelihen, geligen**) lend.

lîhte, *adj.* light (in weight), easy, worthless; *adv.* **lîhte,** easily, perhaps.

lîhte, *sf.* lightness.

lilje, *swf.* lily.

lîm, *sm.* glue, bird-lime.

lîmen, *wv.* lime, trap.

lîp, -bes, *sm.* life, body, person; **mîn lîp,** I (§ 90).

lîse, *adv.* quietly.

list, *sm.* prudence, wisdom; skill, cunning, art.

lîst, lît = **ligest, liget** (§ 13).

lit, -des, *sn.* limb, member.

liuhten, *wv.* (> **lieht**) (*pret.* **lûhte**) light, shine, shed lustre.

liut, *sn.* folk, people, army.

liute, *pl.* people.

liuten, *wv.* (*pret.* **lûte**) ring, resound.

liutern, *wv.* clarify, purify (> **lûter**).

Liutpold, *pn.* Leopold.

lobelîch, *adj.* praiseworthy.

loben, *wv.* praise; vow, promise.

loberîs, *sn.* branch of honour.

lobesam, *adj.* praiseworthy.

lœsen, *wv.* (*pret.* **lôste**) loose, free, release.

lôn, *sm.* pay, reward.

lop, -bes, *smn.* praise.

lôrschapelekîn, *sn. dimin.* laurel-wreath.

lôrzwî, -ges, *sn.* laurel-branch.

lôsen, *wv.* be rid, released of; **hin ze einem lôsen,** flatter.
loufen, *sv. VII* run.
lougen, *sn.* denial, refutation.
lougen, lougenen, *wv.* deny, refute, retract.
loup, -bes, *sn.* foliage.
luft, *smf.* air, firmament.
lüge, *sf.* lie (> **liegen**).
luoder, *sn.* bait.
luot, *pret. of* **laden.**
lussam (= **lustsam**), *adj.* charming, attractive.
lût, *adj.* loud; **eines dinges lût werden,** mention.
lûte, *adv.* loudly, clearly.
lûte > **liuten.**
lûter, *adj.* clear, bright, pure; *adv.* **lûterlîche.**
lützel, *adj. and adv.* little, small; **lützel ieman,** nobody.

mac > **mugen.**
mâc, -ges, *sm.* kinsman.
mære, *sn.* story, tidings, report.
mære, *adj.* known, renowned.
mæzliche(n), *adv.* moderately; (*iron.*) not at all (> **mâze**).
magedîn, *sn.* little girl, maiden.
magen, megen > **mugen.**
magenkraft, *sf.* might, power.
maget (meit) (*pl.* **mägede, megde**), *sf.* girl, maiden.
magetuom, *smn.* virginity.
maht, *sf.* strength, power, might.
mahtu = **maht dû** (> **mugen**).
man, *sm.* man (§ 16, n. 3) (§ 74); vassal (§ 81); husband.
mâne, *wm.* moon.
manen, *wv.* remind, urge, admonish.
manheit, *sf.* courage.
manic (manec, manc), *adj.* many a; **maneger hande, slahte, leie,** in many ways, of many kinds.
manicvalt, *adj.* manifold, various.
manlîch, *adj.* manly, brave.
männeclîch, mänlîch, *pron.* every man (§ 30 (f)).

mantel, *sm.* cloak.
mäntelîn, *sn.* little cloak.
manunge, *sf.* exhortation, admonition.
marke, marc, *sf.* half-pound of gold or silver.
marmelîn, *adj.* marble.
marter, *sf.* martyrdom, torture.
massenîe, *sf.* retinue, knightly company.
mâze, *sf.* measure, manner; moderation, the golden mean, self-restraint, (§ 91); **ze mâze,** fairly, sufficiently, moderately; **ze rehter mâze,** in right measure, as it should be.
mê, mêre, *adj., adv.* more, further.
mege > **mugen.**
meie, *wm.* May.
meienblat, *sn.* May-leaf.
meine, *sf.* meaning, intention.
meinen, *wv.* have in mind, mean; intend; love.
meiste, *adj.* biggest, greatest (§ 22).
meister, *sm.* master (Lat. **magister**).
meisterinne, *sf.* mistress.
meisterschaft, *sf.* skill in an art, mastery, order, control.
meit = **maget.**
meit, *pret. of* **mîden.**
melden, *wv.* announce, betray.
Meljahkanz, *pn.* abductor of Îmâne.
melodîe, *sf.* melody.
menen, *wv.* drive (OFr. **mener**).
mensche, *wmn.* man, human being.
mer, *sn.* sea.
mêre > **mê.**
mêre > **mære.**
mêren, *wv.* increase.
mergrieze, *swm.* pearl (Lat. **margarita**).
merken (*pret.* **marcte, marhte**), notice, observe.
merre, mêrre, mêrer, *adj.* more, bigger (§ 22).
merze, *wm.* March.
Metze, *pn.* Metz.
mezzen, *sv. V* measure.
mezzer, *sn.* knife.

GLOSSARY

199

michel, *adj.* big, great; *adv.* much.
mîden, *sv. I* avoid.
miete, *sf.* reward.
mieten, *wv.* reward.
mîle, *sf.* mile.
milte, *adj.* generous, bounteous; *adv.* **milt(ec)lîche.**
milte, *sf.* generosity, bounty.
minne, *sf.* love, loving memory; remembrance (§ 92).
minneclîch, *adj.* lovely, beautiful.
minnen, *wv.* love, have intercourse with.
minner, minre, min, *adj., adv.* less; smaller (§ 22).
minnest, minste, *adj., adv.* least, smallest (§ 22).
mirȥ = **mir eȥ.**
miselsuht, *sf.* leprosy.
mislîch, *adj.* different, various, variable.
missehellen, *sv. III* be discordant, disagree (> **gehellen**).
misselingen, *sv. III:* **mir misselinget,** I fail.
missetât, *sf.* misdeed, offence.
missewende, *sf.* misdeed, fault, blemish.
mit, mite, *prep., adv.* with, by, through; **mit triuwen,** faithfully; **mit witzen,** reasonably, sensibly; **mit zühten,** decorously, politely.
mite, *pret. subj. of* **mîden.**
miter, *adj.* middle.
môraȥ, *sn.* mulberry wine.
môre, *sm.* Moor, negro.
morgengâbe, *sf.* morning-gift (after the wedding-night).
morgenrôt, *smn.* red sky at dawn.
mortlîch, *adj.* murderous.
müelîch, *adj.* painful, troublesome; distasteful.
müen, müejen (*pret.* **muote**), *wv.* torment, distress, grieve.
müeȥen (*pres.* **muoȥ,** *pret.* **muos-(t)e**), *pret.-pres.* must (§ 45. 9 and n. 3).
müeȥic, *adj.* idle, at leisure (> **muoȥe**).

mügelîch, *adj.* possible.
mugen, mügen (magen, megen) (*pres.* **mac,** *pret.* **mohte**), *pret.-pres.* can, may §45. 8 and notes 1 and 2).
mugge, mügge (mucke, mücke), *sf.* midge, fly; bee? (> VII. 316 and note).
mûl, *sn.* mule.
mül, *sf.* mill.
münich, münch, *sm.* monk.
münster, *sn.* monastery-church, minster.
munt, -des, *sm.* mouth.
muot, *sm.* mind, spirits, mood; disposition; intention; **hôher muot,** exaltation of spirits (§ 93).
muote > **müen** or **muoten.**
muoten, *wv.* + *gen.* desire, long for.
muoter, *sf.* mother.
muoȥe, *sf.* leisure.
mûȥer-habech, *sm.* hawk that has moulted; adult goshawk (Dalby).

nac, -ckes, *sm.* nape of neck.
nâch, *prep.* after, according to, on account of, at, for; **nâch êren,** honourably; **nâch wunsche,** to perfection; *adv.* nearly; **vil nâch,** very nearly.
nâchgebûre, *wm.* neighbour (> **nâhe** + **gebûre**).
nacket, *adj.* naked.
nâhe (nâch), *adv.* near; **nâhe gân,** touch, concern closely; **nâhen,** near by.
naht, *sf.* night; *adv.* **nahtes,** by night.
nahtegale, *sf.* nightingale.
name, nam, *wm.* name; fame.
nar, *sf.* food.
natiure, *sf.* nature.
naȥ, -ȥȥes, *adj.* wet.
ne, n', en, neg. particle (§§ 65–8).
nehein = **dehein.**
neic > **nîgen.**
neigen, *wv.* cause to bend or bow; humble; (*reflex.*) bow (= **nîgen**).
neinâ, *adv.* no, certainly not, > **â.**
neiȥwer, *pron.* (= (ich) **enweiȥ**

wer) anyone (Lat. **nescio quis**); **neizwaz,** anything; **neizwie,** anyhow, somehow.

nemen, *sv. IV* take; (+ *dat.*) take away, rob.

nern, *wv.* (> **genesen**) preserve alive, save, cure; nourish.

netze, *sn.* net.

neve, *wm.* nephew, cousin.

nîden, *wv., sv. I* hate, envy.

nie, *adv.* never; **nie mêre,** nevermore, never previously.

nieht = niht.

nieman, niemen, *pron.* nobody.

niemêr (niemer, nimmer), *adv.* never.

niender, ninder, *adv.* nowhere; by no means.

niene, *adv.* not at all.

nieten, *wv. reflex.* + *gen.* practise industriously, be eager for.

niezen = geniezen.

niftel, *sf.* niece, cousin.

nîgen, *sv. II* bow, nod.

niht, nieht, niet, *adv.* not; *pron.* nothing (§§ 30 (h), 64).

nine = niene.

Ninnivê, *pn.* Nineveh.

nît, -des, *sm.* hate, anger, hostility.

niugerne, *adj.* inquisitive.

niun(e), *num.* nine.

niuwan (niwan, niuwen) (= **nie** + **wan** 'except'), *adv.* nothing but, only; *conj.* except, except that.

niuwe, *adj.* new.

niuwet, niut, *adv.* not at all.

noch, *adv.* still; **noch — noch,** neither—nor.

Norgâls, *pn.* Herzeloyde's country.

nôt, *sf.* need, danger, peril, distress; **nôt gân,** cause distress.

nôthaft, *adj.* needy, poor.

nôtic, *adj.* in distress, poor.

nôtnunft, *sf.* abduction by force.

nû, nu, *adv., conj.* now, now that.

nütze, *adj.* useful.

obe, ob, op, *prep., adv.* over, above; *conj.* if, whether, in case.

oben(e), *adv.* above, from above.

ober, *adj.* upper.

oberste, *adj.* highest, uppermost.

oder, ode, *conj.* or.

œheim, œhein, *sm.* (maternal) uncle.

offenbære, *adj.* open, public; *adv.* **offenbâre,** openly.

offenlîche, *adv.* openly, publicly.

ofte, *adv.* often.

ohse, *wm.* ox.

op = obe.

orden, *sm.* order, rule; order of monks or knights; **rîters orden,** knightly order, rules of chivalry.

ordenen, *wv.* ordain, decree.

ordenunge, *sf.* order, rule.

ôre, *wn.* ear.

organieren, *wv.* make music.

ors, *Flemish form* (§ 5) *of* > **ros.**

ort, *smn.* point, end, corner.

Ortwîn, *pn.* Hagen's nephew.

Ôsterrîche, *pn.* Austria.

ot = eht.

ouch (och), *adv.* also, furthermore.

ouge, *wn.* eye.

ougen, *wv.* show.

ougenweide, *sf.* feast for the eyes; splendid scene.

Ouwære, *sm.* man of Aue (**Ouwe**).

ouwe, *sf.* stream, river-island, water-meadow.

Ouwe, *pn.* (= **ouwe**) *perhaps* Eglisau, Canton Zürich; Aue.

owê, ouwê, owî, *interj. of grief or astonishment,* alas, etc.; **owî wan,** alas if only; **owê des,** alas for that.

owol, *interj.* well! good!

palas, *smn.* great hall of a castle.

palc = balc.

par(a)dîs, *sn.* Paradise; Garden of Eden.

pârât, *sf.* cheating, fraud.

patriarke, *wm.* patriarch.

pfaffe, *wm.* priest.

pfat, -des, *smn.* path.

pfelle(l), pfeller, *sm.* costly silken stuff; costume, coverlet, etc., made of it (MedLat. **palliolum**).

pfenden, *wv.*+*gen.* deprive.
pfenninc, pfennic, -ges, *sm.* penny.
pfert, *sn.* palfrey, nag, pack-horse (cf. **ros**).
pfingestac, -ges, Whit Sunday.
pfingesten, *pl.* Whitsun; **z'einen pfingesten,** one Whitsuntide.
pflegen, *sv. V* tend; be accustomed to.
pfluoc, -ges, *sm.* plough; ploughman.
pfunt, -des, *sn.* pound.
Philip(pes), *pn.* Philip.
ph- > **pf-**.
pin = **bin**.
pîn, *sm.* pain; punishment.
pînen, *wv. reflex.*+**ûf,** exert oneself for.
plân, *sm.*, **plâne,** *sf.* plain, meadow.
plîalt, blîalt, *sm.* silk with gold thread.
porte, *sf.* door, gate.
porte = **borte**.
predige, *wf.* sermon.
prîs, *sm.* praise, renown, reputation; price.
prîsen, *wv.* value, praise; enhance the value of, redound to credit of.
prüeven, *wv.* consider, examine; prepare; dress, adorn.

quam > **komen**.
queden, *sv. V* say.

râche, *sf.* revenge.
ragen, *wv.* project, stick out.
ram, rame, *sf.* frame (for embroidery, etc.).
râmen, *wv.*+*gen.* aim at, make for.
rat, -des, *sn.* wheel.
rât, *sm.* (*pl.* **ræte**) advice, assistance; store, provision; **eines dinges rât haben,** do without, be free of.
râten, *sv. VII* advise; help, provide for.
rechen, *sv. IV* avenge, punish (> **râche**).

recke, *wm.* hero, warrior.
rede, *sf.* speech; story, saying; discourse.
rederich, *adj.* eloquent.
reht, *adj.* right, just, proper; *adv.* **rehte.**
reht, *sn.* right, duty, law; custom; **ze rehte,** rightly.
reine, *adj.* clean, pure, stainless.
reinen, *wv.* purify, clarify.
reise, *sf.* campaign, expedition, march; journey.
reit, -des, *adj.* curly.
reit, *pret. of* **rîten.**
reizen, *wv.* stimulate, allure.
rennen (*pret.* **rante**), *wv.* cause (one's horse) to run (> **rinnen**); gallop.
ribbalîn, *sn.* tall boot (OFr. **revelin**).
rîben, *sv. I* rub.
rîch(e), *adj.* powerful, noble, rich.
rîche, *sn.* kingdom, empire (*esp. the Holy Roman Empire*); (*by transference*) the Emperor.
rîcheit, *sf.* power, wealth.
riezen, *sv. II* flow, pour.
rîfe, *swm.* hoar-frost.
rigel, *sm.* bolt, bar.
rihten, *wv.* (*pret.* **rihte**) put right, confirm; judge; **sich ûf rihten,** get up.
rihter, rihtære, *sm.* judge.
rîm, *sm.* rhyme, verse; couplet.
Rîn, *sm.* Rhine.
rinc, -ges, *sm.* ring, circle.
ringe, *adj.* easy, light, small.
ringen, *sv. III* strive, struggle, busy oneself with.
rinnen, *sv. III* run.
rint, -des (*pl.* **rinder**), *sn.* head of cattle; ox, cow.
rîs, *smn.* branch; rod, sceptre.
rîsen, *sv. I* fall, fall out.
rîten, *sv. I* ride.
rîter, ritter, *sm.* knight (§ 94).
rîter-, ritterlich, *adj.* knightly, chivalrous.
rîter-, ritterschaft, *sf.* knighthood, knightly code.

riusche. *wv.* roar, buzz; create a din.

riuten, *wv.* clear land for cultivation (*by encroaching on forest*).

riuwe, *sf.* grief, pity, regret.

riuwen, *sv. II* (*pret.* **rou**) pain, grieve; **mich riuwet des,** I regret that.

rivier, *sm.* stream, river; district.

rœte, *sf.* redness.

Rôme, *pn.* Rome.

rôr, *sn.* reed.

ros, ors, *sn.* steed, knight's charger.

rou, *pret. of* **riuwen.**

rouben, *wv.* rob.

rouch, *sm.* smoke.

roufen, *wv.* pluck, tear; (*reflex.*) tear one's hair.

roup, -bes, *sm.* robbery; **roubes,** *adv.* by robbery.

rûch (*gen.* **rûhes**), *adj.* raw, coarse; rough.

rücke, *swm.* back.

rüemen, *wv.* praise, commend; (*reflex.*) boast.

rüeren (*pret.* **ruorte**), *wv.* drive, urge on.

rûm, *sm.* room, space.

rûmen, *wv.* leave, depart from.

runze, *wf.* wrinkle.

ruochen, *wv.* trouble oneself about; deign, will, wish.

ruofen, *sv. VII,* *wv.* call.

ruowe, *sf.* rest, repose.

ruoʒvar, *adj.* filthy.

sâ, sân, *adv.* presently, at once, forthwith.

sach > **sehen.**

sactuoch, *sn.* sackcloth.

sælde, *sf.* happiness, good fortune, blessedness (§ 95).

sælic, -ec, *adj.* blessed, happy; bliss-bestowing, kind.

sælikeit, *sf.* blessedness, perfection.

sæn, sæjen, *wv.* sow.

sage, *sf.* saying, report; **nâch sage,** by hearsay.

sagen, *wv.* (*pret.* **sagete, seite,** *p.p.* **gesaget, geseit**) say, tell, speak.

sal, *sm.* hall.

salsse, *wf.* sauce.

sâme, *swm.* seed.

same, sam, *adv.* so, as, like; **sam mir got** (**helfe**)! so help me God!

samenen, *wv.* gather, collect.

sament, samet, *adv.* together.

samenunge, *sf.* assembly, retinue; household.

samît, *sm.* samite, velvet.

sân = sâ.

sanc, -ges, *smn.* song, singing.

sanfte, *adv.* softly, gently (> **senfte**); **einem sanfte tuon,** please, delight.

sant, -des, *sm.* sand.

sant, *sm.* saint.

sât, *sf.* crop, seed.

satzte > **setzen.**

sâʒe, *sf.* ambush, trap (> **sitzen**).

schâchære, *sm.* robber.

schâchen, *wv.* rob, steal (*also figurative*).

schade, *wm.* injury, loss, harm.

schaden, *wv.* (*pret.* **schadete, schâte**) harm.

schaffen, *sv. VI,* *wv.* create, perform, do, provide; appoint, assign.

schal, -les, *sm.* sound, noise; singing.

schalchaft, *adj.* malicious, mischievous.

schallen, *wv.* be noisy; boast, swagger.

schalten, *sv. VII* push, row.

scham(e), *wf.* shame, disgrace; modesty.

schapel, *sn.* garland, chaplet.

schapellekîn, *sn.* little garland.

schar, *sf.* crowd, flock, company; group.

scharlach, *sm.* fine woollen cloth.

scharlachen, *adj.* of **scharlach.**

scharpf, *adj.* sharp.

schart, *adj.* hewn, battered, dinted.

schate, *swm.* shade, shadow.

schedelîch, *adj.* injurious (> **schade**).

scheiden, *sv. VII* sever, separate;

go away; **sich scheiden,** be decided.

schelten, *sv. III* abuse, revile, rail at.

schemelich, *adj* shameful

schepfære, schepfer, *sm.* creator.

schepfen (*pret.* **schuof**), *sv. VI* create (> **schaffen**).

scherpfen, *wv.* sharpen (> **scharpf**).

schicken, *wv.+ acc.* become, suit, fit.

schielt, *pret. of* **schalten.**

schiere, *adv.* quickly, soon.

schiezen, *sv. II* shoot, hurl.

schilt, -des, *sm.* shield, protection; **schildes ambet,** knightly office, chivalry.

schimpf, *sm.* jest, joke.

schîn, *sm.* splendour; visibility; **schîn tuon,** make clear, show; **schîn werden,** become apparent.

schînen, *sv. I* shine, become manifest.

schirmen, *wv.+ dat.* protect.

schœne, *sf.* beauty.

schœne, *adj.* beautiful, splendid; *adv.* **schône,** splendidly, gloriously, well.

schœnen, *wv.* beautify.

schouwe, *sf.* look, inspection.

schouwen, *wv.* see, look at, survey; visit.

schranz, *sm.* crack, crevice; blemish.

schrîbære, *sm.* scribe.

schrîben, *sv. I* write.

schrîen (*pret.* **schrê, schrei,** *pl.* **schriren,** etc.), *sv. I* cry, cry out (§ 35).

schrift, *sf.* writing, scripture.

schrîn, *sm.* box, collecting-box.

schûften, *wv.* gallop.

schulde, *sf.* reason, cause; **von schulden,** rightly, legitimately (> **suln**).

schuoch, -hes, *sm.* shoe.

schuof > **schaffen, schepfen.**

schütten (*pret.* **schutte**), *wv.* shake.

schutz, *sm.* protection.

schuz, *sm.* shot.

se = **sie.**

sê, -wes, *sm.* sea, lake (§ 16).

sedel, *sm.* seat.

segenen, *wv.* make the sign of the Cross; bless (Lat. **signare**).

segenunge, *sf.* blessing.

sehen, *sv. V* (*pret.* **sach**) see.

sehs(e), *num.* six.

seist, seit = **sagest, saget.**

seite, *sf.* string.

seite = **sagete.**

seitspil, *sn.* string music.

sêle, *sf.* soul.

sêlic = **sælic.**

selp, -bes, *pron.* self; **sîn selbes,** his own.

selten, *adv.* seldom; (*iron.*) never.

seltsæne, *adj.* rare, strange.

sempervrîen, see Extract A, n. 33.

senede, sende = **senende** (> **senen**), yearning, lovesick; **senede leit,** pangs of love.

senen, *wv.* yearn.

senfte, *adj.* soft, gentle, quiet, pleasing; *adv.* **sanfte.**

senften, *wv.* appease, soften.

sêr, *snm.* pain, grief, trouble; wound, sore.

sêre, *adv.* sorely, grievously; very.

sêren, *wv.* pain.

setzen (*pret.* **satzte, saste, satte**), *wv.* put, place, set, appoint.

si, sî, sie, siu, *pron.* she, they.

siben(e), *num.* seven.

sich, *pron. reflex.* oneself (*acc. only*).

sich, *imper. of* **sehen.**

sicherheit, *sf.* assurance; solemn promise; parole (*given by a prisoner*); alliance.

sicherlîche, *adv.* assuredly.

sîde, *swf.* silk.

sider, *adv.* since, afterwards (> **sît**).

sîdîn, *adj.* silken.

siech, *adj.* sick, ill.

siecheit, *sf.,* **siechtuom,** *sm.* illness.

Sîfrit, *pn.* Siegfried (= **Sigefrit**: § 13).

sige, sic, *sm.* victory.

sigelôs, *adj.* defeated.
sigen, *wv.* be victorious.
sîgen, *sv. I* sink.
sigenunft, *sf.* victory (> **nemen**).
sigevane, *wm.* victorious banner.
sîhte, *adj.* shallow.
sim = si im.
sin, *sm.* sense, mind, feeling; **éinen sin haben,** be agreed on one thing.
sin = si in.
sîn, *pron.* his, its; **sîn selbes,** his own.
sîn, *anom. vb.* be (§ 48).
sincwîse, *sf.* song, tune.
sinne, *sf.* = **sin.**
sinnec, sinneclîch, *adj.* sensible, reasonable.
sinnelôs, *adj.* unconscious.
sinnen, *sv. III* reflect.
sinopel, *sn.* red wine or syrup.
sint = sît.
sippe (sibbe), *sf.* kinship.
sît, sint, *adv., conj.* afterwards (*comp.* **sider**); since, because.
site, sit, *sm.* (*often used in pl.*), custom, habit; bearing, demeanour.
sîte, *swf.* side.
siz = si ez.
slac, -ges (*pl.* **slege**), *sm.* blow.
slâfen, *sv. VII* sleep.
slahen, slân (*pret.* **sluoc**) (§ 39) strike; slay.
slahte, *sf.* manner, kind, race.
sleht, *adj.* straight, level; straightforward, honest.
sleht > slahen.
slîchen, *sv. I* creep.
sliezen, *sv. II* shut, lock.
slôz, *sn.* lock.
smac, -ckes, *sm.* taste, smell.
smâcheit, *sf.* shameful treatment.
smæhe, *adj.* little, despicable, disgusting.
smæhlîch, *adj.* disgusting, despicable.
smal, *adj.* small, tiny; narrow.
smareides, *sm.* emerald (Lat. **smaragdus**).
smerze, *wm.* pain.

smiegen, *sv. II* bend, incline; press close, nestle.
smit, -des, *sm.* smith.
snê, -wes, *sm.* snow (§ 12 (ii), § 16).
sneit, *pret. of* **snîden.**
snel, -lles, *adj.* quick, alert; brave.
snelheit, *sf.* quickness.
snîden, *sv. I* cut.
snuor (*pl.* **snüere**), *sf.* string, cord.
sô, *adv., conj.* as, so; thus; on the other hand; if, whereas; **sô getân,** like this, of such a nature.
solch, sölch, solh, solich, *pron.* such.
soldenære, *sm.* hired soldier, mercenary.
solt, -des, *sm.* pay, reward.
Soltâne, *pn.* where Parzival was brought up.
soltu = solt du.
son = sô ne.
sorclîche(n), *adv.* sorrowfully, grievously.
sorge, *sf.* care, sorrow.
spæhe, *adj.* elegant, cunning; strange; *adv.* **spâhe.**
spæhe, *sf.* elegance, skill, cunning.
spân, *sm.* chip, shaving; degree of relationship.
spanen, *sv. VI* entice.
sparn, *wv.* spare, forbear.
spâte, *adv.* late; (*iron.*) never.
spehen, *wv.* examine closely, consider.
sper, *sn.* spear.
spiegel, *sm.*, **spiegelglas,** *sn.* mirror; model, paragon.
spil, *sn.* game, play.
spiln, *wv.* (*pres. part.* **spilende, spilede, spilde**) play; gleam, shine.
spîse, *sf.* food.
spot, *sm.* mockery; **âne spot,** sincerely.
sprechen, *sv. IV* speak; (+ *dat.*) speak of.
spreiten, *wv.* spread.
springen, *sv. III* spring, leap; run.
spruch, *sm.* saying, remark.
stade, *sn.* shore, dry land.

stæte, *sf.* duration, constancy, steadfastness.

stæte, *adj.* constant, firm, steadfast; **stæte machen,** confirm, ratify; *adv.* **stæteclîchen.**

stahel, *sm.* steel.

stählîn, *adj.* steel.

stam, *sm.* stem, trunk.

stân, stên, *sv.* *VI* (§ 47) stand; befit, suit; **hôhe stân,** cost dear.

stap, -bes, *sm.* stick, staff.

starc, -kes, *adj.* strong, hard; painful; *adv.* **starke.**

stat, state, *sf.* place, spot; opportunity; **ze staten komen,** help.

stegereif, *sm.* stirrup (*NHG only in* **aus dem Stegreif:** 'stirrup' = **Steigbügel**).

steln, stelen, *sv.* *IV* steal.

sterke, *sf.* strength (> **starc**).

sterne, sterre, *wm.* star.

stîc, -ges, *sm.* path.

stîgen, *sv.* *I* climb, rise.

stiure, *sf.* gift, tax.

stoc, -ckes, *sm.* stick; *also* = **opferstoc:** *see* *VII*. *391 and note.*

stœren, *wv.* (*pret.* **stôrte**) hinder, disturb; destroy, ravage.

stôle, *sf.* stole, surplice (*symbol of ecclesiastical authority*).

stolle, *wm.* prop, trestle (*for use of this term in versification see* § *105*).

stöllelîn, *sn.* little trestle.

stoubîn, *adj.* dusty, made of dust.

stoup, -bes, *sm.* dust.

stôzen, *sv.* *VII* push, thrust.

strâfen, *wv.* blame, reprove; punish.

strâze, *swf.* (paved) road, way (Lat. (**via**) **strata**).

strenge, *adj.* strict, severe.

strîchen, *sv.* *I* stroke, rub; rove, travel, wander.

strît, *sm.* strife, quarrel, fight; contest.

strîteclîchen, *adv.* in battle array, eager for combat.

strîten, *sv.* *I* quarrel, fight; compete.

strô, -wes, *sn.* straw; blade, stalk; **ein strô,** a mere nothing (§ 64).

stücke, *sn.* piece.

stum, -mmes; stump, -bes, *adj.* dumb.

stunde, stunt, *sf.* time, point of time (= NHG **Mal**); hour.

stuol, -sm. throne, judge's seat.

stuont > **stân.**

sturm, *sm.* storm; battle, siege.

süenærinne, *sf.* reconciler (> **suone**).

süeze, *adj.* sweet, lovely; blessed; *adv.* **suoze** (§ 21).

süeze, *sf.* sweetness; allurement, charm; blessedness.

süezen, *wv.* sweeten.

sûft, *sm.* sigh, groan.

suln, soln, scholn, *pret.-pres.* (*pres.* **sol,** *pret.* **solte, solde**) (§ 45, 7) shall, ought.

sum, *pron.* anyone; *pl.* some.

sumelîche, *pl.* some.

sûmen, *wv.* delay, hold up; *reflex.* tarry, be late.

sumer, *sm.* summer.

sumerlîch, *adj.* summer-like.

sumerwîse, *sf.* summer song.

sumerzît, *sf.* summer-time.

sun, *sm.* son.

sunder, *prep.* without; *adv.* separately, aside; **sunder spot,** seriously, in earnest; *adv.* **sunderlîche(n),** especially, separately.

sunne, *wmf.* sun.

suochen, *wv.* seek; besiege.

suone *sf.* atonement, reconciliation.

suoze > **süeze.**

sus, sust, *adv.* so, thus, like that; otherwise.

swâ, *adv.* wherever.

swach, *adj.* worthless, inferior; slight.

swacheit, *sf.* dishonour, disgrace.

swachen, *wv.* depreciate, dishonour.

swære, *adj.* painful, sad, burdensome; heavy.

swære, *sf.* burden, trouble, grief.

swanc, -kes, -ges, *sm.* swinging, brandishing, hurling.

swanne, swenne, *adv., conj.* whenever, if ever.

swar, *adv.* whithersoever, in whatever direction.
swarte, *sf.* scalp.
swarz, *adj.* black.
swaz, *pron.* whatever (> **swer**).
sweben, *wv.* hover, float, soar.
sweder, *pron.* which of two.
sweic > **swîgen.**
sweimen, *wv.* soar.
swelch, *pron.* whoever, whichever.
swellen, *sv. III* swell.
swenne = **swanne.**
swer, *pron.* whoever, if anyone (§ 28); *neut.* **swaz.**
swern, *sv. VI* swear (an oath).
swert, *sn.* sword.
swertleite, *sf.* investiture, knighting.
swertslac (*pl.* **-slege**), *sm.* sword-blow.
swester, *sf.* sister.
swie, *adv., conj.* however, in whatever way; although, even if.
swîgen, *sv. I* be silent.
swimmen, *sv. III* swim, float.
swinde, *adj.* strong, angry; *adv.* quickly.
swingen, *sv. III* swing, soar.
swuor > **swern.**

tac, -ges, *sm.* day; *adv. gen.* **tages,** by day.
tägelîch, tegelîch, *adj.* daily.
tagen, *wv.* dawn.
tagezît, *sf.* space of a day; canonical hour.
tavel, *sf.* table; gong.
teil, *smn.* part, portion; **ein teil,** a little, somewhat; (*iron.*) very.
Tenabroc, *pn.* (*prob. orig.* = Edinburgh).
tet(e), *pret. of* **tuon.**
tihten, *wv.* (*pret.* **tihte**) compose, write (Lat. **dictare**).
tischlachen, *sn.* table-cloth (*cf. NHG* **Laken** *from LG*).
tiure, tiuwer (tiwer), *adj., adv.* dear, precious, noble; rare, non-existent.

tiuren, *wv.* esteem highly, honour, confer honour; increase in value.
tiutære, *sm.* interpreter, explanation.
tiuten = **diuten.**
tiut(i)sch, tiusch, *adj.* German; **tiuschiu zunge,** German language, Germany.
tiuvel, *sm.* devil.
tjostieren, *wv.* joust (OFr. **jouster**).
tœrisch, tœrsch, *adj.* foolish.
tœtlîch, *adj.* deadly, mortal.
tohte, töhte > **tugen.**
tohter, *sf.* daughter.
tor, *sn.* gate, door.
tôre, tôr, *wm.* fool; deaf person (> **ertœren**).
törperheit = **dörperheit.**
torste > **turren.**
tôt, -des, *sm.* death.
tôt, -tes, *adj.* dead.
tôtriuwesære, *sm.* penitent; one dead to the world (> **tôt** + **riuwesen** > **riuwe**).
tou, -wes, *sn.* dew.
touc > **tugen.**
tougen, *sfn.* secret, mystery; *adj.* secret.
tougenlîch, *adj., adv.* = **tougen.**
traben, *wv.* trot.
trâcheit, *sf.* weariness, indolence (> **træge**).
træge, *adj.* slow, weary, tardy; *adv.* **trâge.**
tragen, *sv. VI* (*2, 3 sg. pres. also* **treist, treit:** § 13) carry; **an tragen,** arrange, conspire; **für tragen,** avail.
trahen (*pl.* **trehene,** *whence NHG* **Träne**), drop, tear.
trahten (*pret.* **trahte**), *wv.* think, strive, aim.
tranc, -kes, *smn.* drink, potion.
treist, treit > **tragen.**
treten, *sv. V* tread, step; **hinder sich treten,** step back.
trîben, *sv. I* drive; play, carry on.
triefen, *sv. II* drop, drip.
triegen, *sv. II* deceive, intrigue against.
trit, *sm.* step.

triure, *sf.* sorrow, mourning (> **trûren**).

triuten, *wv.* caress, love; greet (> **trût**).

triutinne, *sf.* beloved (> **trût**).

triuwe, *adj.* loyal, faithful.

triuwe, *sf.* loyalty, fidelity (§ 96).

triuwen, trûwen, *wv.* believe, trust, hope; be confident.

troum, *sm.* dream.

troumen, *wv.* dream.

trüebe, *adj.* dull, sad, gloomy.

trüeben (*pret.* **truopte**), *wv.* make dull, sad.

truhsæze, *wm.* seneschal, steward (*official responsible for order at court*).

truoc > **tragen.**

trûrec, *adj.* sad; *adv.* **trûreclîche.**

trûren, *wv.* mourn, be sad.

trût, *adj.* dear, beloved.

trût, *sn.* darling.

tugen, tügen, *pret.-pres.* (*pres.* **touc,** *pret.* **tohte**) be fit for, of use; avail (§ 45, 2).

tugent, *sf.* virtue, good qualities, valour (§ 97).

tugentlîche(n), *adv.* nobly, virtuously, fittingly.

tump, -bes, *adj.* inexperienced, immature, silly.

tumpheit, *sf.* folly, inexperience; **tumpheit** (*gen.*) **walten,** lack wisdom.

tunkel, *adj.* dark, gloomy.

tuon, *anom. vb.* (*pret.* **tet(e), tâten**) (§ 46) do, make; form, cause; **schîn tuon,** make apparent; **als ein got getân,** like a god: > **getân.**

tûren, *wv.* last, endure (NHG **dauern**).

Turkentâls, *pn.* one of Parzival's princes.

turren, türren = **geturren.**

tûsent, *num.* thousand.

tûsentstunt, *adv.* a thousand times.

twahen, *sv.* *VI* (*pret.* **twuoc**) wash.

twehele, *wf.* towel, napkin.

twerch (*gen.* **twerhes**), *adj.* askew;

twerhes ane sehen, look askance at.

twingen, *sv.* *III* compel, force, overcome; oppress.

twuoc > **twahen.**

übel, *adj.* evil, bad; *adv.* **übele, übellîche(n).**

über, *prep., adv.* over, above; **eines dinges über sîn,** be relieved of something; **über werden,** be in excess.

übergrôz, *adj.* very great.

übergulde, -gülde, *sfn.* thing surpassing in value.

übergülten (*pret.* **-gulte**), *wv.* surpass.

überhœren (*pret.* **-hôrte**), *wv.* overhear; fail to hear, ignore.

übermæzeclîche(n), *adv.* beyond measure.

übermüete, *sf.* insolence, haughtiness.

übermuot = **übermüete.**

übern = **über den.**

übersehen, *sv.* *V* overlook, not observe.

überstrîten, *sv.* *I* be victorious over, conquer.

übertragen, *sv.* *VI* protect against, spare one something.

überwal, *sm.* overflowing, surpassing.

ûf, ûfe, *prep., adv.* up, up to, on, upwards; **ûf genâde,** at discretion; **ûf legen** (*p.p.* **ûf geleit**), prepare; **ûf sliezen,** open, unlock.

ûfem, ûfme = **ûf dem.**

ûfreht, *adv.* upright.

Ulterlec, *pn.* home of Karnahkarnanz.

umbe, umb, *prep., adv.* about, round; for; **dar umbe,** on that account; **umbe sust,** for nothing.

umbehanc, *sm.* tapestry.

umbereit = **unbereit.**

umbesliezen, *sv.* *II* embrace, surround.

umbevâhen, *sv. VII* (§ 49) embrace.
unbereit, *adj.* unready, unwilling; not at one's disposal, unknown to one.
unde, und (unt), *conj.* and, and yet; (*with inversion*) even if.
unden, *adv.* below, beneath.
under, *prep.* under; between, among; **under in**, between them, among themselves; **under wegen lân**, omit; **under stunden, under wîlen**, at times, sometimes.
underlâz, *sm.* pause, interruption.
underscheiden, *sv. VII* relate, explain fully.
undersetzen, *wv.* support.
undersnîden, *sv. I* make particoloured like a slashed garment.
understân, *sv. VI* (§ 47) step in between, hinder.
undertænic, *adj.* humble, submissive.
undertân, *p.p., adj.* subject; submissive.
undervlehten, *sv. IV* entwine.
underwîlen, *adv.* sometimes.
underwinden, *sv. III+gen.* undertake.
unêren, *wv.* dishonour.
unerlân, *adj.* (*p.p.*) + *gen.* not excused from.
ungebære, *sf.* lamentation.
ungebant, *adj.* trackless, untrodden (> **ban**, *sf.* = NHG **Bahn**).
ungehiure, *adj.* uncouth, monstrous (> **gehiure**).
ungelîche, *adv.* immeasurably, incomparably.
ungelücke, *sn.* misfortune.
ungemach, *sn.* discomfort, sorrow.
ungemüete, *sn.* grief, sorrow.
ungemuot, *adj.* unhappy, disgruntled.
ungenâde, *sf.* disfavour, unhappiness, misfortune.
ungenædeclîch, *adj.* relentless, ruthless.
ungenande, *sn.* sickness, disease ('*nameless' owing to taboo*).
ungerihte, *sn.* fault, crime.

ungerne, *adv.* unwillingly.
Ungerlant, *pn.* Hungary.
ungesamnet, *adj.* not united, at variance.
ungesühte, *sn.* serious illness (> **suht** > **siech**).
ungesunt, -des, *sm.* illness.
ungeverte, *sn.* discomfort, distress (*in travelling*); trackless place (> **varn**).
ungefüege, *adj.* huge, monstrous, mighty; coarse, rude; *adv.* **ungefuoge**.
ungewon, *adj.* unaccustomed.
unhövesch, *adj.* uncourtly, crude, vulgar.
unkunt, -des, *adj.* unknown.
unlanc, -ges, *adj.* short; *adv.* **unlange(s)**, in a short time.
unlobelich, *adj.* unpraiseworthy, despicable.
unmære, *adj.* not worth mentioning, of no interest; distasteful, unpleasant.
unmæzlîch, *adj.* immoderate, excessive.
unmanheit, *sf.* cowardice, unmanly deed.
unmâze, *sf.* lack of restraint (> **mâze**).
unmâzen, *adv.* immeasurably.
unmüezekeit, *sf.* labour, trouble.
unmügelîch, *adj.* impossible.
unmuot, *sm.* dissatisfaction, displeasure.
unmuoze, *sf.* occupation, restlessness.
unnâch, *adv.* not nearly.
unnôt, *sf.* no need.
unrekant = unerkant, *adj.* unknown.
unrewert = unerwert, *adj.* unprohibited.
unriuweclîche, *adj.* free from care.
unruoch, *sm.* inattention, indifference; sorrow.
unsælekeit, *sf.* unhappiness, misfortune.
unsælic, *adj.* unhappy, cursed.
unsanfte > unsenfte.

unschuldigen, *wv. reflex.* proclaim one's innocence.

unsegelîch, *adj.* unspeakable.

unsenfte, *adj.* ungentle, painful; *adv.* **unsanfte; unsanfte tuon,** hurt.

unstæte, *adj.* inconstant, fickle; *sf.* inconstancy.

untriuwe, *sf.* unfaithfulness, disloyalty.

untugent, *sf.* lack of breeding, evil disposition.

unversunnen, *p.p.* unconscious.

unverwânt, unverwænet, *p.p.* (> **wænen**) unexpected, unlooked-for.

unverwant, *p.p.* unvarying (> **wenden**).

unfrô, *adj.* unhappy, sad.

unfuoge, *sf.* unseemliness, indecorum, coarseness (*also personified*).

unwandelbære, *adj.* unchanging; irreproachable, perfect.

unwendic, *adj.* unchangeable; inevitable.

unwert, *sm.* unworthiness; scorn, contempt.

unwîp, *sn.* unwomanly creature.

unwîse, *sf.* false note or melody.

unze, unz, *prep., conj.* till, until, as far as; as long as; **unz her,** hitherto.

unzerworht, *p.p.* (> **zerwürken**) not cut up, 'unquartered'.

unzuht, *sf.* ill breeding, bad manners.

Uote, *pn.* mother of Gunther and Kriemhild.

üppic, -ges, *adj.* superfluous; vain, idle; haughty; *adv.* **üppeclîche.**

ûr, ûrrint, *sn.* aurochs.

urhap, *sm.* origin, cause.

urloup, -bes, *smn.* leave to depart; permission.

ursprinc, -ges, *sm.* source, origin.

ûz, *prep., adv.* out, out of, of, from; *adv.* **ûzen,** outside; **ûz erkorn, ûz erwelt,** select, chosen.

ûzer, *prep.* out of, from.

ûzerhalp, *adv.* outside, on the outside.

vâhen, vân, *sv. VII* (§ 49) catch, seize, take.

val, *sm.* fall.

val, -wes, *adj.* pale, colourless; wan; blonde, fair-haired.

vallen, *sv. VII* fall.

valsch, *adj.* false; *sm.* falsehood, deceit; **valsches laz** (*lit.* slow to falsehood), free from deceit.

valscheit, *sf.* falsehood.

van = **von.**

vancnüsse, *sf.* captivity.

var, -wes, *adj.* coloured; formed, looking (like = **nâch**).

vâren, *wv.+ gen.* watch out for; lie in wait for.

varn, *sv. VI* go, fare, travel; **varnde(z) guot,** movable property.

vart, *sf.* way, march, journey.

varwe, *sf.* colour, form, appearance.

vaste, *adv.* fast, firmly, strongly; very (> **veste**).

vater (*pl.* **veter**), *sm.* father.

vaz, *sn.* vessel, container.

veder(e), *sf.* feather; fur, fur garment.

vehten, *sv. IV* fight.

veige, *adj.* doomed to die; fatal.

veile, *adj.* on sale.

veilen, *wv.* sell; buy.

feine, feie, *swf.* fairy.

vel, -les, *sn.* hide, skin.

vellen, (*pret.* **valte**), *wv.* fell, kill.

vellet > **vallen, vellen.**

velschen, *wv.* falsify, make faithless.

velt, -des, *sn.* field.

verbern, *sv.* spare, abstain from; forbear; desert.

verbirt > **verbern.**

verbiut, *imper. of* **verbieten,** forbid.

verdagen, *wv.+ double acc.* keep secret, conceal.

verdriezen, *sv. III* (*impers.+ gen.*) grieve, vex, bore; **vrâgens in ver-**

drôz, he preferred not to ask. Cf. II. ii. 38 and note.

verdrôz > **verdriezen**.

verenden, *wv.* end.

vergân, *sv. VII* (§ 47) + *acc.* avoid, be lost to one.

vergeben, *sv. V* + *dat.* poison (> **gift**).

vergelten, *sv. III* repay, requite.

vergezzen, *sv. V* forget.

vergiezen, *sv. II* spill over, sprinkle with water, etc.

verheln, *sv. IV* conceal.

verhouwen, *sv. VII*, *wv.* hew in pieces, cut down.

verjehen, *sv. V* (*pret.* **-jach**) say, tell; assert; promise.

verkapfen, *wv. reflex.* lose oneself in gazing.

verkebsen, *wv.* accuse of being a concubine.

verkêren, *wv.* change.

verkiesen, *sv. II* give up, forgo, forget; forgive.

verklagen, *wv.* cease to mourn.

verklüteren, -cl-, *wv.* bewitch.

verkoufen, *wv.* sell.

verkrenken, *wv.* weaken, destroy (> **kranc**).

verkunnen, *pret.-pres.* (§ 45, 4) forgive, overlook; not expect of one.

verlâzen, verlân, *sv. VII* (§ 49) leave off, forsake; rest on.

verleschen, *sv. IV* be extinguished.

verlie > **verlâzen**.

verliesen, vliesen, *sv. II* (*p.p.* **verlorn, vlorn**) lose.

verligen, *sv. V* oversleep; *reflex.* become slothful.

vermeit > **vermîden**.

vermîden, *sv. I* (p.p. **vermiten**) avoid, omit; keep aloof from.

vermiesen, *wv.* cover over as with moss.

verne = verre.

vernemen, *sv. IV* perceive, get to know.

verre, *adj., adv.* far, distant.

verrihten, *wv.* settle; pass sentence on.

versagen, *wv.* deny, refuse.

verschaffen, *sv. VI* do badly; destroy.

versêren, *wv.* wound, pain, damage.

versigelen, *wv.* seal.

versinnen, *sv. III reflex.* reach years of discretion; (+ *gen.*) become conscious of.

versitzen, *sv. V* (§ 38): **den zins versitzen**, refuse tribute (IV. 47).

versmâhen, *wv.* be despised, insignificant.

versmât > **versmâhen**.

versperren (*p.p.* **verspart**), *wv.* close, lock.

versprechen, *sv. IV* decline, spurn.

verstân, verstên, *sv. IV* (§ 47) understand; *reflex.* realize.

versteln, *sv. IV* steal away.

verstôzen, *sv. VII* drive away, cast out.

verstuont > **verstân**.

versüenen (*pret.* **-suonde**), *wv.* atone for.

versûmen, *wv.* delay, let slip.

versuochen, *wv.* try, test.

verswern, *sv. VI* abjure.

verswîgen, *sv. I* be silent about.

verswingen, *sv. III* sink to the ground.

vert, *adv.* last year.

vert > **varn**.

vertragen, *sv. VI* endure.

vertreit > **vertragen**.

vertrîben, *sv. I* drive away; pass (time).

vertuon, *anom. vb.* (§ 46) waste.

vervâhen, *sv. VII* (§ 49) reach, bring to pass; **mich vervæhet**, it benefits me.

verfluochen, *wv.* curse.

verwære, *sm.* dyer (> **varwe**).

verwâzen, *sv. VII* ruin, curse.

verwürken (*pret.* **-worhte**), *wv.* forfeit.

verzagen, *wv.* lose courage, despair.

verzern, *wv.* consume, destroy.

verzîhen (*p.p.* **verzigen**), *sv. I* forgive; deprive.

vesperzît, *sf.* vespers (*3 p.m.*).
veste, *adj.* firm.
veste, *sf.* firmness, constancy.
vezzelîn, *sn.* little vessel (> **vaz**).
vie(nc) > **vâhen.**
vient, viant (vînt), *sm.* enemy.
fier, *adj.* proud, stately, fine, handsome (OFr. **fier**).
vier(e), *num.* four; **vierstunt,** four times.
figieren, *wv.* fix, pin down; establish.
vihe, *sn.* cattle.
vil, *adj.* much, many; *adv.* very.
vindære, *sm.* finder, inventor.
vinden, *sv. III (p.p.* **funden)** find.
vinger, *sm.* finger.
vingerlîn, *sn.* ring.
vinster, *adj.* dark, gloomy; *sf.* darkness.
vint = **vindet.**
virren, *wv.* ward off, remove.
visch, *sm.* fish.
fischieren > **gefischieret.**
viuwer, viur, *sn.* fire.
vliesen, vliuset, vlôs = **verliesen,** etc.
vliezen, *sv. II* flow, swim.
vlîz, *sm.* assiduity, zeal, eagerness.
vlîzec, *adj.* diligent; *adv.* **vlîzeclîchen.**
vluht, *sf.* flight, refuge.
flühtesal, *sf.* flight, escape; refuge.
vluoch (*pl.* **vlüeche**), *sm.* curse.
vogellîn, *sn.* little bird.
voget, vogt, *sm.* lord.
volc, -kes, *sn.* people.
volenden, *wv.* bring to an end.
volgære, *sm.* follower, retainer.
volgen, *wv.* follow, accompany.
volle, *wm.* abundance; **mit vollen,** abundantly.
vollebringen (*pret.* **-brâhte**), *wv.* perfect, carry out.
volleclîchen, *adv.* entirely.
volleist, *sm.* assistance; source, origin.
volmæne, *sn.* full moon (> **mâne**).
volsagen, *wv.* tell in full.
vonme, vome = **von dem.**

vorder, *adj.* former, in front.
vordes, *adv.* before, previously.
vorht(e), *sf.* fear, dread.
vorhte, *pret. of* **fürhten.**
vrâz, *sm.* glutton.
frech, *adj.* bold, daring, impudent; brave.
freischen, *sv. VII* (= **ver-eischen** > **eischen**) get to know, learn.
vreise, *swf.* horror, something horrible.
vreislîch, *adj.* terrible; *adv.* **vreislîche(n).**
vremde, vremede (frömde), *adj.* strange, wondrous; unknown.
vreude, vröude, fröide, *swf.* joy, gladness.
vrevel, *sf.* audacity, insolence; crime punishable by a fine.
vrevellîchen, *adv.* boldly, insolently.
vrewen, vreun = **vröuwen.**
vrezzen, *sv. V* devour (= **verezzen**).
vrî, *adj.* free.
friedel, *sm.* lover.
vriesch > **vreischen.**
vrist, *sf.* space of time, respite.
vristen, *wv.* keep alive, protect, rescue.
vriunt, -des (*pl. also* **vriunt**), *sm.* friend, lover.
vriuntlîch, *adj.* friendly, loving.
vriuntschaft, *sf.* friendship, love.
vrô, *adj.* glad, happy, joyful.
vrœlîch, *adj.* joyful; *adv.* **vrœlîchen.**
frömde = **vremde.**
vrouwe, frouwe, frou (*before names* **frô**), *wf.* noble lady, lady; madam (§ 74).
vröuwelîn, frouwelîn, *sn.* young lady.
vröuwen, vröun, *wv.* gladden; (*reflex.*) rejoice.
vrouwîn, *adj.* composed of ladies.
fruht, *sf.* fruit.
vrum, *adj.* brave, active, excellent, useful.
vrümekeit, *sf.* bravery, renown.

frumen, *wv.* benefit, be of use.

vruo, vrüeje, *adv.* early.

vüegærinne, *sf.* creatress, source; inspiration.

vüegen, *wv.* procure, bring to pass.

vüeren (*pret.* **vuorte**), *wv.* lead, carry.

vûl, *adj.* foul, bad.

funden, *p.p. of* **vinden.**

vünf, funf, finf, *num.* five.

vunt, *sm.* find, invention.

fuoder, *sn.* cart-load.

vuoge, fuoge, *sf.* decency, seemliness; fitness.

fuor > **varn.**

fuore, *sf.* way of life (> **varn**).

vuoz (*pl.* **vüeze**), *sm.* foot.

vür, für, *prep.,* *adv.* in front of, past (§ 56 (ii)); **für legen,** propose, impose as a condition, require; **für iuch,** past you; **für tragen,** be of advantage.

vürbaz, *adv.* further.

vürhten (*pret.* **vorhte**), *wv.* fear.

fürste, *wm.* prince; tenant in chief of the Empire; **ein dîn fürste,** one of thy princes.

furt (*pl.* **fürte**), *smf.* ford.

wâ, *adv.* where.

wâc, -ges, *sn.* moving water, flood, wave; sea.

wacker, *adj.* watchful, brave (> **wachen**).

wænen (*pret.* **wânde**), *wv.* think, fancy (> **wân**).

wære = **wâr.**

wærlîchen, *adj.* truly (> **wâr**).

wæte > **wât.**

wætlîch, *adj.* stately, fine, beautiful; fitting; *adv.* **wætlîche** *also* = probably.

wætlîche, *sf.* beauty.

wâfen, *sn.* weapon, sword, arms; *interj.* to arms! alas! (> **wâpen**).

wâfenen, wâpenen, *wv.* arm, equip.

wâfenrieme, *wm.* strap for fastening armour.

wâge, *sf.* balance, scale; risk, peril (> **enwâge**).

wahsen, *sv.* *VI* grow.

wal, *sf.* choice.

walden = **walten.**

Wâleis, *pn.,* *adj.* Welshman, Welsh (OFr. **galois, waleis**): see II. i. 119 and note.

Walh, *wm.* Italian.

wallen, *sv.* *VII* boil, bubble, overflow.

walt, -des, *sm.* forest.

walten, *sv.* *VII* + *gen.* rule, have power over; **tumpheit walten** > **tumpheit.**

waltman, *sm.* forester.

walttôre, *wm.* savage (*inhabiting forest*).

wan, *adj.* bereft of.

wan, *adv.* besides, except for, but; **niht wan,** only, nothing but; **wan daz,** only that, if—not; **wan unz,** whilst, as long as; **wan dem einen,** except for the one.

wan, wande, want, *conj.* for, because.

wan (= **wande ne**), *conj.* if only; why—not?

wanc, -kes, *sm.* inconstancy, fickleness.

wânde > **wænen.**

wandel, *smn.* change, fickleness; fault, defect: *see* B, 42, note.

wandelbære, *adj.* changeable, fickle, deceitful.

wandelieren, *wv.* modulate.

wandelunge, *sf.* change.

want, *sf.* (*pl.* **wende**) wall.

wanne, *sf.* winnowing-fan.

wannen, *adv.* whence.

wâpen, *sn.* weapon, arms (> **wâfen**) (**wâpen** *is a Flemish form*: see § 5).

wâpenen = **wâfenen.**

wâpenroc, -ckes, *sm.* surcoat, upper garment drawn over the coat of mail.

war, *adv.* where to, whither; **war umbe,** why; **war zuo,** for what purpose.

war, *sf.* attention, observation; **war nemen,** observe, take in.

war, *pret. of* **werren.**

wâr, *sn.* truth, right; **wâr haben,** be right.

wâr, wære, *adj.* true.

wârheit, *sf.* truth.

wârinne, *adv.* wherein.

warnen, *wv.* equip, prepare.

warten, *wv.* (*pret.* **warte**) watch out, look; await.

waste, *sf.* desert place.

wasten, *wv.* lay waste, destroy (Lat. **vastare**).

wât, *sf.* clothing, dress (> **wætlîch**).

waz, *pron.* what; (+ *gen.*) what kind of: **waz mannes,** what kind of man; *adv.* why.

wazzer, *sn.* water; stream, river.

wê, *sn.* woe, pain; **wê tuon,** hurt; **wê (owê)!,** woe, alas!; **mir ist wê,** I am sad.

wec, -ges, *sm.* way, road, journey.

wecken (*pret.* **wacte, wahte**), *wv.* waken (*trans.*).

weder, *pron.* which of two; **weder — noch,** neither—nor; **weder — ode(r),** whether—or.

wegen, *wv.* move, swing; brandish.

weideganc, -ges, *sm.* hunting-path.

weine, *sf.* weeping.

weinen (*pres. part.* **weinende, weinde**), *wv.* weep; *trans.* bewail.

weise, *wm.* orphan; unrhymed line in a stanza; a precious stone in the royal crown, so called because unique (*see* VII. 321 and note).

Weisefort, *pn.* Wexford.

weizgot, *interj.* God knows, truly.

welîch, welch, *pron.* which, what kind of.

welen, weln, *wv.* choose.

wellen (*pres. sg.* **wil,** *pret.* **wolte, wolde**), *anom. vb* (§ 45, 10) will, wish; **des enwelle got,** God forbid.

welsch, *adj.* French, Italian (> **Walh**).

wende > **want.**

wenden (*p.p.* **gewant**), *wv.* + *gen.* turn, prevent, hinder; turn away; **sô gewant,** of such nature.

wênic, *adj., adv.* little, small.

wenken, *wv.* totter, stagger, waver (> **wanc**).

wer, *sf.* defence, protection; battle; **bî manlîcher wer,** brave.

wer, *neut.* **waz,** *pron.* who, what; **wes,** *adv.* why.

werben, *sv.* III turn to and fro, strive, work, be active; compete, woo.

werc, -kes, *sn.* work, deed.

werde, wert, *adj.* worthy, noble (§ 98).

werdeclîche, *adv.* nobly, worthily.

werdekeit, *sf.* worthiness, nobility, honour, excellence (§ 98).

werden, *sv.* III (*p.p.* **worden:** § 60) become, be, be born; **innen werden,** perceive, find out; **buoz werden** (*dat. of person, gen. of thing*): **dem wirt kumbers buoz** (§ 80), he has compensation for his grief, is freed from grief; **rât werden** + *gen.*, be a remedy for.

werelt, werlt, welt, *sf.* world, people (cf. Fr. **monde**); **der werlde riuwe,** great sadness (afflicting all the world).

werltlîch, *adj.* worldly, temporal, secular.

werlttôre, *wm.* foolish worldling; one befooled by the world.

werltfröude, *sf.* worldly joy.

werltzage, *wm.* arrant coward.

wern, weren, *wv.* (= NHG (**ver**)-**wehren**) check, ward off from, restrain, hinder; (*reflex.* + *gen.*) defend, protect oneself against; **einem ein dinc wern,** keep something from somebody, refuse.

wern (= **wërn:** § 8, note: = NHG **gewähren**), *wv.*: **einen eines dinges wern,** grant, bestow.

wern (= **wërn:** § 8, note: = NHG **währen**), *wv.* last, hold out, continue.

werren, *sv. III + dat.* perplex, confuse, trouble, ail; hinder, prevent.

wert, *adj.* = **werde.**

wes, *see* **wer, waʒ.**

wesen, *vb.* = **sîn.**

wesen, *sn.* (*infin.*) being, existence; stay (*residence*).

weter, *sn.* weather, good weather.

wider, *prep.* against, to; **wider einen sprechen,** speak to a person; *adv.* again, back.

widerkêre, *sf.* return.

widersagen, *wv. + dat.* renounce; declare war on, challenge; contradict.

widerseit = **widersaget** (§ 13).

widerstân, -stên, *sv. VI* (§ 47) + *dat.* resist, withstand, oppose.

widervarn, *sv. VI + dat.* happen to, fall to the lot of.

widerwarte, *wf.* adversary.

widerwertic, *adj.* hostile.

widerzæme, *adj.* revolting, disgusting; unreasonable, illogical (> **zemen**).

wiel > **wallen.**

wielt > **walten.**

wîgant, -des, *sm.* warrior.

wîhen, *wv.* consecrate, bless.

wilde, *adj.* wild; *sf.* wilderness.

wildenære, *sm.* hired hunter (?): *see* III. i. 78 and note.

wîle, wil, *sf.* time, while; **die wîle,** meanwhile, as long as.

wilen(t), *adv.* formerly, once upon a time; at times.

wille, *wm.* will, wish.

willec, -ic, *adj.* willing.

willeclich, *adj.* willing; *adv.* **willeclîche(n).**

willekomen, *adj., adv.* welcome.

wilt, -des, *sn.* game (wild animals).

win, *sm.* wine.

wine, *smf.* friend, beloved.

winster, *adj.* left-hand.

wint, -des, *sm.* wind; **ein wint,** nothing, a mere trifle.

wîp, -bes, *sn.* woman (*often contrasted with* **frouwe,** lady: § 74).

wîpheit, *sf.* womanliness.

wîplîch, *adj.* womanly, feminine.

wirde, *sf.* worthiness, dignity, honour (> **wert, werde**).

wirden, *wv.* make valuable, dignify.

wirp > **werben.**

wirret > **werren.**

wirs, *adv.* worse.

wirser, *adj.* worse.

wirsest, wirst(e), *adj., adv.* worst.

wirt, *sm.* head of a household, lord of a castle; host (§ 75): *see also* **gast; der helle wirt,** lord of Hell, devil.

wirtschaft, *sf.* sustenance, provision.

wis, *imper. of* **sîn.**

wîs(e), *adj.* wise, skilful.

wîse, *sf.* manner; melody.

wîsen, *wv.* (N.B. NHG **weisen** *sv.*) guide, direct.

wisent, *sm.* bison.

wîsheit, *sf.* wisdom.

wîslîchen, *adv.* wisely.

wît, *adj.* far, wide; *adv.* **wîten.**

wîte, *sf.* distance, open space.

wîtweide, *adj.* wide-ranging, far-browsing.

witze, *sf.* understanding, sense; good counsel.

wîʒ, *adj.* white.

wîʒe, *sf.* whiteness; **nâch wîʒe var,** white.

wîʒen, *sv. I + dat.* reproach, blame, accuse.

wiʒʒen, *pret.-pres.* (*pres.* **weiʒ,** *pret.* **weste, wiste, wesse, wisse:** § 45, 1) know.

wol, *adv.* well, truly; fully (cf. B, 43 and note); **wol gezogen,** well-mannered; **wol getân,** beautiful (> **getân**); **wol im,** well for him; **wol mich,** happy am I ; **wol tuon** + *dat.* do good, please.

wolken, *sn.* cloud.

wonen, *wv.* dwell, live; **mir wonet bî,** I possess.

worhte > **würken.**

wort, *sn.* word.

wortelîn, wörtelîn, *sn.* little word.

wortheide, *sf.* heath of words (i.e. field of poetry).

wortræze, *adj.* sharp-tongued.

wortwîse, *adj.* skilled in words, eloquent.

wunder, *sn.* wonder, miracle; abundance; **wundern küene,** very brave.

wunderlîch, *adj.* wondrous, strange.

wünne, wunne, *sf.* joy, pleasure; glory, splendour.

wünneclîch, *adj.* joyful, delightful, glorious; *adv.* **wünneclîche(n).**

wunsch, *sm.* wish; ideal, perfection (all one can wish for).

wunschleben, *sn.* ideal existence, perfect way of life (§ 90).

wunt, -des, *adj.* wounded.

wuocher, *sm.* fruit, yield; profit; abundance.

wuocherhaft, *adj.* fruitful, increasing, abundant.

würgen, *wv.* choke, throttle.

würken, wurken (*pret.* **worhte**), *wv.* work, perform; make, create.

wurm, *sm.* worm, snake; dragon.

wurz, *sf.* root, plant, herb.

zage, *wm.* coward.

zageheit, *sf.* cowardice.

zaher, *sm.* tear.

zal, *sf.* number.

zalen, *wv.* count.

zam, *adj.* tame, domestic.

zam > zemen.

zant, -des (*pl.* **zende**), **zan** (*pl.* **zene**), tooth, tusk.

ze (zuo), *prep.* at, in, to; **ze rehte,** rightly, properly; **ze sînen handen haben,** possess; *adv.* too; **ze sêre,** too much; § 56 (vi); **ze wiu, zwiu,** why (§ 29).

ze- (*prefix*) = **zer-.**

zebrechen (**zer-**), *sv. IV* break in pieces.

zehant, *adv.* at once.

zêhe, *wf.* toe.

zehen, *num.* ten; **zehenstunt,** ten times; **zehenzic,** a hundred.

zeime = **ze einem(e).**

zeleiten, *wv.* train (*plant*).

zelen, zeln, *wv.* (*pret.*) **zalte**), *wv.* reckon, count.

zemâle, *adv.* straightway.

zem(e) = **ze dem(e).**

zemen, *sv. IV* suit, be becoming or fitting; please.

zen, zer = **ze den, ze der.**

zergân, zergên, *sv. VII* (§ 47) perish, vanish, cease.

zerren (*pret.* **zarte**), *wv.* pull, tug, tear.

zerwürken (*p.p.* **zerworht**), *wv.* cut up, dissect; 'break up' (Dalby).

zesamene, *adv.* together,

zese, -wes, *adj.* right (hand).

zestunt, *adv.* at once.

zeswellen, *sv. III* swell up.

zetrîben, *sv. I* spread, scatter.

zewâre, zwâre, *adv.* in truth, truly.

ziehen (*pret. sg.* **zôch**), *sv. II* draw, pull, take; **sich ziehen,** withdraw, move,

zierheit, *sf.* beauty, splendour, adornment.

zîhen, *sv. I* accuse.

zil, *sn.* aim, goal; target; end.

zimieren, *wv.* furnish with crest, knightly accoutrements (OFr. **cimier**).

zins, *sm.* tribute; interest.

zinsen, *wv.* pay tribute; give as interest, give away.

zir = **ze ir.**

zirkel, cirkel, *sm.* circle; coronet, open crown (cf. VII. 319 and note).

zît, *sf.* time.

ziu = **ze iu.**

zobel, *sm.* sable, robe furred with sable.

zôch > ziehen.

zorneclîche(n), *adv.* angrily.

zornvar, *adj.* angry-looking (> **var, varwe**).

zoum, *sm.* bridle.

zücken (*pret.* **zucte, zuhte**), *wv.* pull, pluck, tear.

zuht, *sf.* breeding, upbringing, education; good manners; chastisement; **mit zühten,** becomingly, gracefully, politely (> **ziehen:** § 99).

zühtelôs, zuhtlôs, *adj.* ill-bred, insolent.

zunft, *sf.* propriety, dignity, good breeding; code of behaviour (> **zemen**).

zuo, *prep., adv.* to, towards (> **ze**); *also doubled* **zuo ze.**

zuome = **zuo dem(e).**

zwei > **zwêne.**

zweien, *wv. reflex.* fall out, quarrel; pair off.

zweinzic, -zec, *num.* twenty.

zwelf, *num.* twelve.

zwêne, *m.,* **zwô** *f.,* **zwei** *n., num.* two (§ 23).

zwîc, zwî (*gen.* **zwî(g)es**), *smn.* twig, bough.

zwir, zwirunt, *adv.* twice.

zwiu = **ze wiu** (§ 29).

zwivalt, *adj.* double.

zwîvel, *sm.* doubt, uncertainty, lack of faith; hesitation, inconsistency (§ 100).

zwîvellîch, *adj.* doubtful, uncertain; despondent.

zwîvellop, -bes, *sn.* ambiguous praise.

zwîveln, *wv.* doubt, hesitate, vacillate.

zwô, *num.* > **zwei.**

zwuo > **zwô** (cf. § 23 n.).